시진핑 시기 중국의 사영분야:
국가-사영기업가 관계의 동학과 변화

윤태희 지음

시진핑 시기
중국의 사영분야

국가-사영기업가 관계의
동학과 변화

한국문화사

시진핑 시기 중국의 사영분야:
국가-사영기업가 관계의 동학과 변화

1판 1쇄 발행 2025년 5월 30일

지 은 이 | 윤태희
펴 낸 이 | 김진수
펴 낸 곳 | 한국문화사
등   록 | 제1994-9호
주   소 | 서울시 성동구 아차산로49, 404호(성수동1가, 서울숲코오롱디지털타워3차)
전   화 | 02-464-7708
팩   스 | 02-499-0846
이 메 일 | hkm7708@daum.net
홈페이지 | http://hph.co.kr

ISBN 979-11-6919-316-0 93320

· 이 책의 내용은 저작권법에 따라 보호받고 있습니다.
· 잘못된 책은 구매처에서 바꾸어 드립니다.
· 책값은 뒤표지에 있습니다.

· 본 연구는 2024년도 상명대학교 교내연구비를 지원받아 수행되었습니다(2024-A000-0319).

오류를 발견하셨다면 이메일이나 홈페이지를 통해 제보해 주세요.
소중한 의견을 모아 더 좋은 책을 만들겠습니다.

서문

시진핑 시기 중국 공산당은 비공유제 경제(非公有制经济)의 건강한 발전과 비공유제 경제 인사(非公有制经济人士)의 건강한 성장의 촉진을 중요한 경제 문제일 뿐만 아니라, 중요한 정치 문제로 간주하고 있다. 또한 비공유제 경제의 건강한 발전의 전제(前提)는 비공유제 경제 인사의 건강한 성장임이 강조되고 있다.

본문은 이러한 맥락에서 발생되는 시진핑 시기 사영분야 관련 정책들을 검토하여 시진핑 시기 국가-사영기업가 관계의 동학과 변화를 검토하고자 한다. 시진핑 시기 중국의 사영분야와 국가-사영기업가 관계를 검토하는 과정에서 마주하였던 가장 큰 난점은 선행연구들이 보는 극명한 관점의 차이였다. 가령, 중국 국내에서 수행된 연구들의 상당수는 당-국가의 사영분야 육성에 대한 노력과 그에 따른 사영분야의 발전을 강조한다. 반면 중국 외부에서 검토한 시진핑 시기 중국 공산당의 사영분야 관련 정책은 당-국가의 사영분야에 대한 침투와 장악 등의 측면을 강조하는 면이 없지 않다. 이처럼 시진핑 시기 사영분야에 발생하는 다양한 동학들이 다양한 관점에서 해석되고 있었던 것이다.

본 저서는 시진핑 시기 사영분야에 대한 정책적 흐름을 검토한다. 이를 통해 본문의 내용에서는 시진핑 시기 중국 공산당은 육성과 함께 영도의 강화를 추구하며, 사영분야 발전의 방향성을 제시하는 역할을 수행한다는 점을 강조한다. 또한, 사영분야의 성장과 발전 과정은 사영분야 정책 외에도 여러 가지 정책들의 변화, 공동부유와 같은 국가적 아젠다 등의 다양한 요인들의 영향을 받는다는 점에 주목한다. 그 외에도 본문은 사영분야에 야기된 다양한 문제들은 다른 여파들을 초래하며, 이는 다시 사영분야에 예기치 않은 문제들을 야기한다는 점에도 주목한다.

본 저서는 필자가 중국의 사영분야를 주제로 다년간 학술지에 투고한 논문들을 기반으로 작성되었다. 구체적으로, 2장은 『아태연구』에서 2021년 발표된 '시진핑 시기 중국 공산당의 사영분야 정책에 관한 연구'의 내용을 수정·보완한 것이며, 3장은 '시진핑 시기 국유분야 약진의 사영분야 영향에 관한 연구'라는 제목으로 2023년 『아태연구』에서 발표된 내용을 수정·보완한 것이다. 4장은 『중국학연구』에서 2022년 발표된 '시진핑 시기 공동부유 담론이 사영분야에 미친 영향에 대한 연구'를 토대로 작성되었으며, 5장은 『중국과 중국학』에 2023년 발표된 '시진핑 시기 부동산 영역의 정책에 대한 연구'를 기반으로 작성되었다. 또한, 6장은 '시진핑 시기 〈쌍감(双減)〉 정책이 사교육 분야에 미친 영향에 대한 연구'라는 제목으로 『아태연구』에 2023년 발표된 내용을 수정·보완한 것이다. 7장은 2024년 『중국과 중국학』에 발표된 '20차 당대회 이후 중국 공산당의 사영분야 정책에 대한 연구'를 수정·보완한 것이며, 8장은 '중국 공산당 20기3중전회와 사영분야 정책'라는 제목으로 2024년 『아태연구』에 발표된 내용을 기반으로 작성되었다. 1장의 연구주제와 의의 및 연구대상에 대한 논의는 상술한 논문들의 일부 내용을 정리, 보완한 것이다.

본 저서의 출판 과정에 많은 분들의 도움이 있었다. 상명대학교에 감사드린다. 상명대학교는 본 저서의 내용 중 3장, 5장, 6장, 7장, 8장의 토대가 되는 다양한 논문들의 출판에 필요한 지원을 제공해주셨으며, 본 저서의 집필 역시 상명대학교의 연구지원(2024-A000-0319) 속에서 수행되었다. 서울대학교 국제학연구소에 감사드린다. 서울대학교 국제학연구소는 필자의 2장 및 4장의 초고에 해당하는 논문의 투고에 필요한 다양한 지원을 제공해주셨다. 서울대학교 국제대학원의 정종호 교수님께 감사드린다. 정종호 교수님께서는 바쁘신 와중에 본서의 서론과 결론에 대하여 아낌없는 조언을 제공해주셨다. 또한, 집필된 결과물에 대해서 긍정적으로 검토하시고 흔쾌히 도서 출간에 동의해주신 한국문화사에도 감사드린다. 끝으로 천안에서 정착하여 같이 생활하는 사랑하는 가족에게 감사함을 표한다.

목차

서문   5

1장 서론
    Ⅰ. 연구주제와 의의   11
    Ⅱ. 연구대상과 이론적 분석틀   16
    Ⅲ. 책의 구성   24

2장 2021년 공동부유 이전까지의 사영분야 정책
    Ⅰ. 개혁개방 이후 시진핑 시기 이전까지 사영분야 정책   27
    Ⅱ. 18차 당대회 이후 사영분야 관련 정책의 전개   32
    Ⅲ. 18차 당대회 이후 사영분야 관련 정책의 특징과 난점   44
    Ⅳ. 결론   53

3장 시진핑 시기 국유분야의 약진과 사영분야
    Ⅰ. 서론   55
    Ⅱ. 시진핑 시기 이전 국유분야의 약진과 국진민퇴 논란   60
    Ⅲ. 시진핑 시기 국유분야의 역량 강화와 사영분야   66
    Ⅳ. 결론   76

4장 공동부유와 사영분야: 인터넷 플랫폼 기업을 중심으로

　Ⅰ. 서론　　　　　　　　　　　　　　　　　　　79
　Ⅱ. 공동부유, 제3차 분배와 자본의 무질서 확장 방지　　83
　Ⅲ. 당국의 압박과 자발적 기부　　　　　　　　　　93
　Ⅳ. 결론　　　　　　　　　　　　　　　　　　　100

5장 시진핑 시기 부동산 영역의 사영분야

　Ⅰ. 서론　　　　　　　　　　　　　　　　　　　103
　Ⅱ. 중국 부동산 영역의 정책적 흐름과 변화　　　　106
　Ⅲ. 부동산 영역의 침체와 당국의 대응　　　　　　114
　Ⅳ. 결론　　　　　　　　　　　　　　　　　　　123

6장 시진핑 시기 사교육 영역의 사영분야

　Ⅰ. 서론　　　　　　　　　　　　　　　　　　　125
　Ⅱ. 개혁기 중국의 사교육 시장　　　　　　　　　129
　Ⅲ. 〈쌍감〉 이후 중국의 사교육 분야　　　　　　　137
　Ⅳ. 결론　　　　　　　　　　　　　　　　　　　148

7장 20차 당대회 이후의 사영분야

Ⅰ. 서론 151
Ⅱ. 사영분야 육성 기조의 지속 153
Ⅲ. 사영분야 관련 주요 현안과 당국의 대응 160
Ⅳ. 결론 173

8장 20기 3중전회와 사영분야 정책

Ⅰ. 서론 175
Ⅱ. 20기 3중전회에서 나타난 사영분야 육성 방침 179
Ⅲ. 20기 3중전회에서 나타난 사영분야 영도 강화 185
Ⅳ. 결론 193

9장 결론

Ⅰ. 시진핑 시기 사영분야 정책과 함의 195
Ⅱ. 중국 사영분야의 향후 전망과 과제 201

참고문헌 207

서론

I. 연구주제와 의의

개혁기 중국의 가장 중요한 특징 중 하나는 사영분야의 성장과 부상이다. 사영분야의 성장과 발전은 중국의 경제성장을 추동하였는데, 마오쩌둥(毛泽东) 시기 사영분야는 이데올로기적 사유로 제한, 이용, 개조, 소멸의 과정을 거쳐 거의 존재하지 않는 수준이 되었으며(康德颜 2018), 1978년의 경우 전체 공업 총량에서 사영분야가 차지하는 비중은 1% 수준에 불과하였다(王瑞芳 2018). 그러나 중국 공산당이 사회주의 현대화 건설을 새로운 당노선으로 채택하고, 경제발전을 최우선 과제로 선언하면서(조영남 2006, 29; 조영남 2009, 90), 사영분야는 개혁개방 이래 경제성장과 신규 일자리, 세금의 주요 원천으로 부상하게 되었다(Dickson 2003).

개혁개방 이후 40여 년 동안 중국의 사영분야는 지속적으로 성장해 왔으며(赵丽 2022; 石云鸣 2022; 刘倩 2023), 중국의 경제 사회발전에서 매우 중요한 위치를 차지하는 것으로 평가된다(高中华·杨小卜 2023; 于小悦 等 2023; 沈在蓉 2024). 단적으로, 2018년 민영기업 좌담회(民营

企业座谈会)에서 국가 최고지도자 시진핑은 중국의 사영분야가 50% 이상의 세수, 60% 이상의 GDP, 70% 이상의 기술혁신 성과, 80% 이상의 도시 일자리, 90% 이상의 기업 수를 차지한다는 의미로 사영분야가 '56789'의 특징이 있다고 언급한 바 있다.[1] 이러한 맥락에서, 중국 국내의 선행연구들은 사영분야가 경제성장과 시장화 개혁을 촉진하였을 뿐만 아니라, 기술혁신과 발전, 사회안정과 취업, 대외무역 등 다양한 영역에서 중국의 경제사회 발전의 중요한 역량이 되었음을 강조하는 한편(王印成 2023; 徐政 等 2024; 田娇·张雷 2024), 사영분야가 중국식 현대화의 신진세력(生力军)이자, 사회주의 현대화 건설의 중요 역량이 되었음을 지적하여 개혁기 중국의 성장과 발전에서 사영분야가 차지하는 중요성을 역설하였다(罗天彪 2023; 罗永宽·杨娇 2023).

또한, 중국의 국내 선행연구들은 시진핑 시기 사영분야에 대한 체계적인 영도가 전개되었다는 점을 강조한다(郭伦德 2023). 구체적으로 중국 국내 선행연구들에 따르면, 당국은 '두 가지 흔들림 없음(两个毫不动摇)'에 대한 강조 속에서 사영분야에 관한 흔들림 없는 격려, 지지, 인도를 천명하였고(杨静 2024; 王松 2024), '두 가지 건강(两个健康)'의 맥락 속에서 사영기업가들과 사영기업의 건강한 발전을 강조하는 한편(陆聂海 2020; 隗斌贤 2019; 王焕培 2019), 사영분야에 대한 통일전선 업무를 강조하였다(魏倩 2023; 王昆 2023; 陈晓莉·翟丰 2022). 그 외에도, 시진핑 시기 사영분야에 대한 당조직 건설(杨婷婷 等 2020; 王懂棋·范雅康 2020), 사영분야를 위한 다양한 경영환경 개선의 노력 등 사영분야에 대한 일련의 영도가 시진핑 시기 전개되었다는 점이 지적되었다(胡税根 等 2020; 彭艺璇 2024).

---

1 新华网, "习近平：在民营企业座谈会上的讲话" http://www.xinhuanet.com/politics/2018-11/01/c_1123649488.htm. (2024년 9월 3일 검색).

한편으로, 시진핑 시기 중국의 사영분야를 검토한 중국 국외의 선행연구들은 시진핑 시기 다양한 수단을 통해 사영분야에 대한 당국가의 영향력 확대가 발생하였다는 점에 주목한다(Naughton and Boland 2023; Mueller et al. 2023; Pearson et al. 2024).[2] 첫째, 시진핑 시기 사영분야에 대한 당국가의 영향력 확대와 영도 강화가 전개되고 있는데, 대표적 사례로 사영분야 당조직 건설과 사영분야에 대한 연계 강화 추구를 들 수 있다(He and Liu 2022; Koss 2021; Wang 2023a; Johnson 2023). 또한, 중국 공산당은 통일전선을 통한 사영분야 영도 강화, 황금주(golden shares) 도입을 통한 기업의 의사결정에 대한 영향력 확대 등 다양한 방식으로 사영분야에 대한 당국가의 영향력 확대를 도모하는 것으로 지적되었다(Livingston 2020; Dotson 2020; Zenglein and Gunter 2023; Overholt 2023).

둘째, 시진핑 시기 국유분야를 통한 사영분야 침투의 강화가 지적되었다(Chen and Rithmire 2020). 시진핑 시기 중국 공산당의 국유기업 역할 강화가 이루어지고 있는데(Lam and Schipke 2017; Liu 2021; Roberts 2021a; Verma 2022), 시진핑 시기 중국 공산당은 혼합소유제 개혁을 통해 사영기업의 국유기업 투자뿐만 아니라 국유기업의 사영기업 투자 또한 용인하여 국유 자본의 사영기업에 대한 참여와 영향력 확대가 발생하였으며(Parton 2023; Hu et al. 2023), 정부인도기금(政府引导基金)을 통해 잠재력이 있는 기업들에 대한 투자기금을 제공하여 이들에 대한 영향력 확대를 추진하고 있는 것으로 분석되었다(Pan et al. 2021; Wei et al. 2023).

---

2   Mueller, J., Wen, J. and Wu, C. (2023). "The Party and the Firm." *Working Paper*, https://www.hbs.edu/ris/Publication%20Files/2023.12.06.%20The_Party_and_the_Firm_5d1d06fd-dcb6-44e5-8edb-4db24d7186c8.pdf. (2024년 9월 1일 검색).

셋째, 선행연구는 최근 인터넷 플랫폼, 부동산, 사교육 분야 등에서 사영분야에 대한 당국의 규제를 지적하였다. 이에 따르면, 2020년 이후 부동산 기업에 대한 3개 레드라인(三道红线) 정책이 제시되어 부동산 관련 기업들의 위축과 침체가 발생되었고(Huang 2023; Hendy 2022), 공동부유의 맥락 속에서 강조된 인터넷 플랫폼 기업들에 대한 반독점 규제가 초래되었던 것으로 풀이되었다(Holbig 2022; Hofman 2022; Wu 2022; Hung 2023). 또한, 2021년 〈쌍감(双减)〉 정책의 시행은 중국의 사교육 분야 관련 상장기업들에 대한 막대한 타격과 관련 종사 기업들의 이탈을 야기하였던 것으로 지적되었다(Jones and Wu 2021; Bray and Zhang 2023).

그렇다면 시진핑 시기 중국 공산당의 사영분야 관련 정책을 우리는 어떻게 이해할 수 있을까? 일부 연구의 주장대로 국가의 영향력 확대와 영도의 강화가 이루어지고 있는가? 혹은 다른 관점에서 제시되는 바와 같이 사영분야에 대한 당국의 적극적인 육성과 지위의 개선이 발생하고 있다고 볼 수 있는가? 궁극적으로 시진핑 시기의 국가-사영기업가 관계는 어떠한 특징을 가진다고 볼 수 있는가? 본문에서는 이에 대한 검토를 진행하고자 한다.

이를 위해 본문에서는 시진핑 시기 중국의 사영분야를 크게 세 시기로 구분하여 검토할 것이다. 먼저, 2021년 공동부유가 강조되기 이전의 사영분야 정책에 대한 전반적인 흐름을 검토한다. 시진핑 시기 중국 공산당은 사영분야의 발전을 중시하는 동시에, 사영분야에 대한 정치적 영향력의 확대를 강조하였다. 이처럼 육성과 영도를 동시에 강조하는 것은 시진핑 시기 사영분야 방침의 주요 특징이라고 볼 수 있다. 한편으로, 본문은 시진핑 시기 국유분야의 약진 현상이 사영분야에 초래한 영향을 검토한다. 시진핑 시기 당국의 국유기업의 역량 강화의 방침은 한편으로 사영분야에 적지 않은 영향을 초래한 것으로 풀이되며, 시진핑 시기 혼합소유제 개혁 이후 국유자본의 사영기업 지분 확보 현상, 주식시장 위기 대응 과정에서 나타난 국가대표팀의 상장기업 지분 매입 등은 사영분야에 대한 당국의 영향력 확대가 다양한 수단을 통해서 발생할 수 있음을 보여주었다.

둘째, 본문은 공동부유가 강조되던 2021년 전후 사영분야 관련 정책들을 검토한다. 공동부유가 강조되던 시기 반독점과 자본의 무질서 확장 방지의 맥락 속에서 인터넷 플랫폼 기업들은 강도 높은 규제를 경험하였고, 기업 및 기업가 개인 차원에서 제3차 분배를 통한 공동부유 촉진의 노력이 전개되었다. 한편으로, 부동산 영역에서도 주택의 투기 불가 방침의 지속과 3개 레드라인을 통한 기업의 부채 통제의 강화는 사영기업들의 활동을 어렵게 만든 요인으로 풀이된다. 또한, 이와 비슷한 시기에 강조된 사교육 분야의 〈쌍감〉 정책 역시 사교육 관련 기업에 막대한 타격과 사교육 분야 이탈을 초래한 것으로 보인다.

셋째, 본문은 20차 당대회 이후 공산당의 사영분야 정책을 되짚어본다. 20차 당대회 이후 당국의 적극적인 사영분야 육성 방침이 재천명되었으며, 고품질 발전과 신품질 생산력에 대한 강조는 사영분야의 향후 발전 전망에 긍정적인 요소로 볼 수 있다. 그러나 앞서 살펴본 바와 같이 공동부유가 재차 강조되는 흐름 속에서의 인터넷 플랫폼, 부동산, 사교육 등 다양한 영역에서 사영기업들에 대한 당국의 대대적 규제에 따른 사영분야의 위축 뿐만 아니라, 소비자의 심리적인 위축, 외자기업의 대대적 이탈 등의 현상이 감지되었다. 최근 20기 3중전회는 사영분야에 대한 적극적인 육성과 영도를 동시에 중시하는 당국의 입장을 보여주었다. 이처럼 본문의 내용은 시진핑 시기 사영분야에 대한 적극적인 육성 및 지위 개선과 함께, 국가의 영향력 확대의 노력이 복잡한 맥락 속에서 이루어지고 있음을 강조한다.

II. 연구대상과 이론적 분석틀

본문에서 검토하고자 하는 연구 대상은 중국의 사영분야로, 본문에서 사영분야는 비공유제 경제(非公有制经济) 및 민영경제(民营经济) 등의 내용을 포함하는 것으로 이해하고, 논의를 전개하고 있음을 밝힌다. 먼저, 〈중화인민공화국 헌법(中华人民共和国宪法)〉 제11조(第十一条)에 따르면, 법률 규정 범위 내의 개체경제(个体经济), 사영경제(私营经济) 등의 비공유제 경제는 사회주의 시장경제의 중요구성요소로 정의된다.[3] 개체경제는 노동자 개인이 생산수단을 점유한 것을 바탕으로, 개체노동(个体劳动)과 개체경영(个体经营)에 종사하는 사유제 경제로(陈春花·尹俊 2021; 王靓 等 2007), 개인이나 가족이(혹은 8인 미만의 소수의 종업원을 고용하기도 하여) 소규모로 각종의 공·상업, 서비스활동에 종사하는 개인기업(개체기업 또는 개체공상호)으로 이루어진 경제범주를 지칭하며(서석홍 1993), 사영경제는 생산수단의 개인(私人) 소유와 고용노동 관계의 존재, 생산경영 성과의 생산수단 소유자 지배 및 잉여가치 혹은 이윤 추구 등의 특징을 가진 경제 요소로(毛三元 1995; 吳振坤 1999), 8명 이상의 노동자를 고용하여 영리활동에 종사하는 기업 또는 경제조직인 사영기업들로 이루어진 하나의 독자적인 경제범주 또는 경제 부문을 지칭한다(서석홍 1993). 개체경제와 사영경제 모두 생산수단의 개인 지배적인 영리성 경제조직이라는 점에서는 본질적인 차이점이 없는 것으로 이해되며(敖带芽 2005), 개체호와 사영기업의 이분법적 분류는 소규모 개체기업과 사영기업을 분리, 등록하는 정책의 산물로, 통제와 수입의 권한이 사적인 측면에서 양자는 모두 본질적인 공통

---

[3] 中国政府网, "中华人民共和国宪法" https://www.gov.cn/guoqing/2018-03/22/content_5276318.htm. (2024년 4월 6일 검색)

점을 가지는 것으로 지적된다(Huang 2008; 윤태희 2021).

한편, 통일전선 업무의 관점에서 '비공유제 경제 인사(非公有制经济人士)'는 사영기업주(私營企業主)와 개체공상호(个体工商户)를 지칭한다.⁴ 따라서 본문은 시진핑 시기 비공유제 경제와 관련 정책은 사영분야와 관련된 정책으로 간주하고 검토를 전개하였으며, 비공유제 경제 인사 관련 정책은 사영기업주와 개체공상호 등의 사영분야 종사자들에게 영향을 미치는 것으로 이해하고 분석을 진행하였다.

그 외에도, 민영경제라는 개념은 사영경제의 '사적 소유(私有)'적 성질을 모호화 하려는 측면에서 민영(民營)이라는 개념으로 대체하고자 제시된 개념으로, 실질적으로 사영경제를 지칭한다고 볼 수 있다(周新成 2010). 일반적으로 민영기업은 중국 시민이 사유재산을 이용하여 투자한 기업을 지칭하기 때문에(马淮 2013), 민영기업(民营企业)은 사실상 사영기업의 대명사로 이해될 수 있다(卫兴华·张福军 2010). 또한 '민영'이라는 용어는 '비공유제 경제'라는 용어가 기존 공유경제에 대비해서 내포하는 부정적인 의미 대신(黄语东 2018), '비공유제 경제의 '비공(非公)'이라는 단어 속 비(非)가 내포하는 부정적인 정치적 지향성이나 제도적 사전규정에서 벗어나, 폄하의 의미가 아닌 긍정적 의미에서의 정책적 지향성과 제도적 사전규정을 내포한다는 의미를 가지고 있다(刘迎秋 2018).

개혁기 민영경제에 대해서는 다양한 논의가 전개되었으나(程霖·刘凝霜 2017), 최근까지 권위있는 명확한 개념은 정립되지 않았던 것으로 평가되었다(姜力 2022; 周文·司婧雯 2021). 다만, 王俊(2021), 赵文强(2021) 등의 일부 연구에 따르면 협의(狭义)의 민영경제(民营经济)는 개

---

4   21财经, "你是7200万"新的社会阶层人士"的一员吗？请对号入座" https://m.21jingji.com/article/20170617/herald/90f487a706ed20fe3f8c7abc2dde039a.html. (2024년 4월 6일 검색)

체경제와 사영경제를 지칭하고, 광의(广义)의 민영경제는 국유 및 국유지분 우위 기업(国有控股企业)을 제외한 나머지 다양한 형태의 경제유형을 의미하는 것으로 이해되었다. 민영경제의 주체는 개체공상호와 사영기업 등으로 구성되며, 개체공상호와 사영기업은 통칭하여 '민영기업'으로 지칭될 수 있는 것으로 이해되었다(王喆 2021).

그러나, 2024년 10월 공개된 〈중화인민공화국 민영경제촉진법(초안 의견 청취고)(中华人民共和国民营经济促进法(草案征求意见稿))〉에서 민영경제조직(民营经济组织)은 중국 내에서 법에 의거하여 중국 공민이 지배하거나(控股), 실질적으로 통제하는 영리법인, 비법인 조직과 개체공상호 및 상술한 조직이 지배하거나 실질적으로 통제하는 영리법인, 비법인 조직으로 명시되어 국가적 차원에서 민영경제에 대한 정의가 제시되고 있는 것을 알 수 있다.[5] 이러한 맥락 속에서, 본문은 비공유제 경제, 민영경제 등과 관련된 내용이 사영분야 관련 정책을 포함하는 것으로 간주하고, 이에 대한 검토를 전개하였음을 밝힌다.

이러한 사영분야에서 발생한 다양한 동학들을 검토하기 위해 본문은 국가-사회관계 이론적 분석틀을 통해 국가-사영기업가 관계를 접근하고자 한다. 국가-사회관계 모델은 국가나 사회 자체에 대한 분석보다는 국가와 사회 간의 관계에 분석의 초점을 두고 있다(정종호 2000). 즉, 국가-사회관계 모델은 전체 이익 및 정권 안정을 중시하는 당국가와 통제로부터 자율과 부문의 이익을 추구하는 사회구성원 간의 역학관계 또는 상호작용을 연구대상과 범위로 하고 있는 것이다(전성흥 2000). 이러한 맥락에서 선행 연구들은 중국의 국가-사회관계를 시민사회론(civil society theory), 국가 조합주의(state corporatism), 후견주의

---

[5] 中华人民共和国司法部, "司法部　国家发展改革委关于《中华人民共和国民营经济促进法(草案征求意见稿)》公开征求意见的通知" https://www.moj.gov.cn/pub/sfbgw/lfyjzj/lflfyjzj/202410/t20241010_507325.html. (2024년 11월 7일 검색)

(clientelism) 등의 3가지 관점에서 검토하였다(조영남 2005; 윤태희 2021).

먼저, 시민사회론은 개혁개방과 시장경제의 도입 이후 발생한 일련의 흐름과 그에 따른 국가-사회관계의 역동성 및 변화의 가능성에 주목한다. 이에 따르면 개혁개방과 경제개혁에 의해 국가의 사회에 대한 통제에 이완이 발생하게 되었고(Strand 1990; Bian 2002), 사회의 다양한 계층적 분화가 야기되었다(So 2002; 루쉐이이 2004). 그에 따라, 일부 연구들은 국가로부터 독립적인 활동을 추구하는 영역으로의 시민사회에 주목하며(Gold 1990; Whyte 1992), 국가 권력에 대한 제한과 개인과 집단의 이익 표출에 대한 더 많은 가능성을 기대하였다(Cheek 1994; White 1993). 특히, 본문에서 검토하는 사영분야에 대해서도 일부 선행연구는 천안문 사건에서 사영기업가들의 활동에 주목하면서 이들의 자유로운 사회적 활동 추구에 대한 중요성을 강조하는 한편(McCormick et al. 1992), 사영분야의 성장과 발전으로 인한 국가의 영향력 감소를 기대하였다(Nee 1991).

그러나 이에 대한 다수의 비판이 존재하였다. 첫째, 시민사회론에서 강조하는 기업가들 간의 수평적인 연대는 발생하지 않았다. 즉 사영기업가들은 기업의 규모 등에 따라 내부적으로 분화된 다양성을 가진 집단으로 평가되며, 그에 따라 정부와의 관계를 형성하는 방식 역시 상이하였던 것이다(Wank 1999; Tsai 2007). 둘째, 사영기업가의 성장과 발전을 위해 지방정부와의 긴밀한 관계 형성이 필요하다는 점이 지적되었다(Solinger 1992; Goodman 2010).[6] 셋째, 개혁기 당국 역시

---

6 특히 원저우 지방의 경우, 지방정부는 사영분야의 성장을 위해 다양한 노력을 경주하였는데, 사영기업가들과 지방 정부 관료의 긴밀한 결탁 속에서 중앙의 관점에서 불법적인 관행을 통한 발전이 도모되어 논란을 야기하기도 하였다(Liu 1992; Lin 2017; Parris 1993).

사영분야의 성장과 발전을 위해 제도의 형성과 이념적 정당화, 그리고 사영기업가들에 대한 체제 내부로의 포섭을 추진하였다(Parris 1999; Solinger 2006; Dickson 2007). 그에 따라, 중국의 사영기업가들은 공산당의 개혁개방 정책의 수혜자이자, 일당 지배체제를 선호하는 현상 유지의 옹호 세력으로 평가되었다(Dickson 2010; Dickson 2011).

두 번째 관점은 국가 조합주의이다. 이는 Schmitter(1974)가 제시한 조합주의(corporatism) 분석틀을 중국의 국가-사회관계에 적용하는 것으로, 앞에서 제시한 시민사회론이 중국의 국가-사회관계의 분석에 적합하지 않다는 문제의식 속에서 적용되는 관점으로 볼 수 있다(Pearson 1997; Gallager 2004; Unger 2008).[7] 국가 조합주의적 관점에 따르면, 개혁기 중국의 경제 자유화와 당의 사회 직접 통제 완화가 발생하였으며, 당국가는 이러한 통제의 공백을 메워줄 다양한 결사체를 설립 또는 활용하여 과거 사회에 대한 직접적인 장악에서 대리적 결사체들을 통한 부분적인 장악으로의 전환을 추진하였다(Unger and Chan 1995; Unger and Chan 2015). 국가 조합주의 속에서 국가는 결사체의 수와 다양성을 통제하는 동시에 결사체의 지도자 교체 및 재정에 대한 권한을 보유한다. 또한 국가는 결사체의 정당성과 독점적 권한을 보호하는

---

7 Schmitter(1974)에 따르면 조합주의는 구성 단위들이 제한된 수의 단일하고, 의무적이며, 위계질서적으로 정렬되고 기능적으로 분화된 범주의 이익 대표 체계로, 국가에 의해 승인 또는 (설립되지 않았다면) 허가를 통해 각각의 범주 내에서 대표적인 권한을 부여받으며, 그에 대한 대가로 지도자의 선출과 요구 및 지지의 표출을 위해 특정한 통제를 받는다. 중국의 결사체는 하나의 사회 영역에 제한적 또는 단일적으로 승인되는 비경쟁적인 성격, 위계질서적 기반 위에서의 형성, 국가에 의한 설립 또는 독점적 권한의 보유, 국가의 결사체에 대한 통제 등의 측면에서 조합주의적인 특성을 가지는 것으로 평가된다(Gu 2011). 조합주의는 결사체 지도자가 구성원에 의해 선출되는 사회 조합주의, 결사체 행동에 대한 결정 권한이 국가에 있는 국가 조합주의의 두 가지 유형으로 나누어 진다(Unger 1996). 국가 조합주의는 일당 지배체제에서의 중앙 정부가 하위 정치 수준(lower political level)이나 하위 단위(subunit)를 영도하는 하향식(top-down) 정치 체제와 결부되는 경향이 있다(Weil 2018).

특징이 있다(Unger and Chan 1995; Pearson 1997; Dickson 2001). 특히 개혁기 중국 공산당은 사영분야에 대해서도 개체노동자 협회(个体劳动者协会), 사영기업협회(私营企业协会), 공상련(工商联) 등의 조직을 통해 기업의 규모에 따른 분류와 기업가들의 가입을 통해 영향력 확대를 추구하였던 것으로 평가되었다(Unger 1996).

이러한 조합주의적 분석틀에 대한 비판 또한 적지 않다. 사영분야에 설립된 관련 조직에 대한 일부 선행연구들에 따르면, 국가와의 효과적인 소통 및 특정 이익을 위한 사회 내부적 연대가 나타나지 않으며(Yep 2000), 이익집단에 대한 이익 대변의 기능이 형성되지 않는다(Foster 2002). 당국가 기관 역시 사영분야의 관련 조직들을 통해 구성원들에 대한 통제와 이익 옹호를 추진하지만, 개별 기업의 호소가 초래할 수 있는 위험은 감수하고자 하지 않는다(Nevitt 1996). 한편으로, 지방경제의 발전적 맥락 속에서 사영분야 관련 단체의 활동을 검토할 필요가 지적되었다. 예를 들어 기업가 주도의 발전이 진행된 원저우 지방의 경우, 국가 조합주의적 전제와 달리, 기업가들에 의해 설립되고 운영되는 상향식 결사체들이 활동을 수행하고 있다는 것이다(Zheng 2007).

세 번째로, 후견주의(clientelism)를 들 수 있다. 중국에서는 다양한 자원의 분배에 대한 권한을 가진 도시 국유기업 및 농촌 생산대의 주요 간부에 대한 개인적인 충성 및 신뢰의 제공과 이에 대한 대가로 주어지는 보상 또는 혜택 등의 상호작용적인 동학이 존재하였는데(Oi 1985; Oi 1989; Walder 1988), 이러한 중국적 맥락에서의 후견주의가 개혁개방 이후 국가-사영기업가 관계에도 영향을 미친다는 점이 강조되었다.

개혁기 중국의 지방정부는 세수의 분권화 등을 통해 경제성장을 촉진하는 동기를 부여받게 되었으며(Oi 1992; Lin et al. 2001), 지방의 관료들 또한 경제성장, 세수 확보, 일자리 창출 등 상급기관이 제시한 업적의 달성을 위해 관할 지역 내 사영분야의 성장과 발전을 촉진할 동기를 가지게 되었다(Edin 2003; Sun et al. 2014). 사영기업가의 입장에서도 기업의 성장을 촉진 또는 방해할 수 있는 역량을 가진 지방정부에 대해 기업의 발전에 필요한 다양한 지원과 혜택을 제공받고, 지방정부의 기업 성장에 대한 방해를 방지하기 위해 지방정부 관료와 긴밀한 관계의 형성을 모색하였다(Wank 1995; Braun 1995).[8] 특히, 기업가들은 자신에게 다양한 혜택을 제공한 관료들에게 대가의 지불, 고용의 혜택 제공, 협업의 추진 등의 수단을 통해 영향력을 확대하였다(Wank 1995; Paik 2014). 이렇게 형성된 지방정부 관료와 사영기업가 간의 후견주의는 개혁기 지방의 부동산 개발과 도시화 등을 통한 급속한 경제성장에 중요하게 작용하였으나(Paik and Baum 2014), 이는 불균형적이며, 인위적인 성장을 초래할 위험성을 지니는 것으로 지적되었다(Ang 2021).

다만 본문의 연구는 기존 이론적 분석틀에서 제시된 3가지 관점들과 다른 맥락에서 국가-사영기업가 관계를 검토하고 있다. 이는 시진핑 시기 거시적 맥락에서 발생한 다양한 변화 때문이다. 먼저, 시민사회에 대한 국가의 강한 배척과 억압이 시진핑 시기 전개되었다. 시진핑 시기 중국 공산당은 '9호 문건'을 발표하여 시민사회 등의 서구적 가치관을 강력하게 배척하였고(Shirk 2918), 정치적 영역에 있는 시민사회에 대하여 압박을 강화하였다(Dickson 2021). 또한, 후술하는 바와 같이, 시진핑 시기 중국 공산당은 비공유제 경제의 건강한 발전과 비공유제 경제 인사의 건강한 성장을 중요한 정치 문제로 간주하고, 통일전선 업무와 기업가정신의 강조 등을 통해 사영기업가에 대한 정치사상적인 영도를 더욱 중시하고 있는데, 이는 시민사회론에서 기대하는 사영분

---

8 한편으로, 지난 20년의 기간 동안 상장기업의 상당수는 지방정부 차원을 넘어 중앙정부 차원에서도 긴밀한 관계의 형성을 도모하는 것으로 지적되었다(Wang 2016).

야의 발전 이후 국가의 영향력 감소 대신, 국가의 영향력 확대가 시진핑 시기 국가-사영기업가 관계에서 추진되고 있는 것으로 판단된다.

둘째, 시진핑 시기 사영분야에 대하여 다양한 수단들을 활용한 당국가의 직접적인 침투가 진행되고 있는 것으로 사료된다. 이는 국가 조합주의에서 전제하는 사회 통제 약화에 대한 공백을 만회하기 위한 수단으로 다양한 결사체들을 통한 사영분야 영향력 확대와는 다른 양상이 시진핑 시기 발생하는 것으로 볼 수 있다. 구체적으로 시진핑 시기 중국 공산당은 사영분야에 당조직 설립을 통해 직접적인 영향력의 확대를 추진하고 있으며, 국유자본의 사영기업 지분 확보, 주식시장 위기 대응 과정에서의 상장기업 지분 매입 등을 통해 사영분야에 대한 영향력 확대를 전개하고 있는 것으로 판단된다. 이러한 맥락에서 국가 조합주의와는 다른 형태의 사영분야에 대한 직접적인 침투가 시진핑 시기 발생하고 있는 것으로 사료된다.

셋째, 지방정부 관료와 기업가 간의 후견주의적 상호작용에 대한 변화가 시진핑 시기 추진되는 것으로 판단된다. 시진핑 시기 반부패적 맥락 속에서 과거 지역사회의 급속한 경제성장을 추동하였던 지방정부 관료와 기업가 간의 결탁과 금권교역의 동학이 심각한 문제로 지적되었다(위엔위엔 앙 2023). 그에 따라 시진핑 시기 정부 관료와 기업가 간의 친밀하고 청렴함을 강조하는 신형 정부-기업가 관계(新型政商关系)가 제시되었고(Chen et al. 2023; Guo et al. 2024), 이는 후술하는 바와 같이 지방정부 관료와 사영기업가 간의 상호작용에 큰 영향을 미치는 것으로 보인다. 따라서 본문은 시민사회론, 국가 조합주의, 후견주의 등과는 다른 거시적 맥락에서 전개되는 시진핑 시기 사영분야 관련 정책과 이를 둘러싸고 야기되는 국가-사영기업가 간의 다양한 동학을 검토하고자 한다.

Ⅲ. 책의 구성

이 책은 모두 9개의 장으로 구성된다. 1장은 서론으로 시진핑 시기 중국의 사영분야라는 연구주제와 그것이 가지는 의의를 살펴보고, 중국의 사영분야에 대한 다양한 정의와 본서에서 사영분야를 분석하기 위한 이론적 접근법을 제시한다. 2장은 공동부유가 재차 강조되기 이전까지 중국 공산당의 사영분야 관련 정책을 검토한다. 시진핑 시기 중국 공산당은 사영분야의 발전을 격려하는 한편으로, 정치적 영향력을 확대하기 위한 일련의 정책을 제시하였다. 본문은 시진핑 시기 사영분야에 대한 적극적 육성과 체제 내부로의 포섭, 국가-사영기업가 관계의 재조정 등 일련의 정책들이 보여주는 다양한 특징들을 조망한다.

3장은 시진핑 시기 국유분야의 약진 현상을 검토한다. 시진핑 시기 중국 공산당의 국유기업의 경쟁력 강화, 질적 개선, 규모 확장 등의 국유기업 역량 강화 방침은 국유기업의 약진을 가져왔으나, 동시에 국유분야에 대한 금융지원 선호와 사영분야의 어려움 가중, 사영분야의 투자 위축 등의 현상을 야기하여 사영분야에 적지 않은 영향을 주었다. 또한, 시진핑 시기 혼합소유제 개혁은 국유자본의 사영기업에 대한 영향력 확대를 가능하게 하였으며, 시진핑 시기 급증한 정부인도기금의 사례는 국가의 투자수단을 통한 사영분야에 대한 영향력 강화가 발생할 수 있음을 보여주었다.

4장은 시진핑 시기 공동부유 담론이 인터넷 플랫폼 영역의 사영기업에 미친 영향을 검토한다. 절대 빈곤의 소멸과 전면소강사회 달성의 공식 선언을 전후하여 상대적 불균형 격차 문제가 대두되었고, 이를 해소하기 위한 공동부유와 공동부유의 실현 방안으로 제3차 분배가 강조되었다. 공동부유가 강조되는 가운데 자본의 무질서 확장 방지와 반독점의 문제가 대두되었고, 인터넷 플랫폼 영역의 사영기업들은 강도 높은 규제를 경험하였다. 일련의 정책적 흐름 속에서 인터넷 플랫폼 기업의 사회적 기부와 기업가들의 사회적 책임을 위한 기부 활동이 전개되었다. 공동부유와 인터넷 플랫폼 기업 규제 속에서 단기적으로 당국은 사영기업으로부터의 우위를 재확인하였고, 사영기업가는 당국의 정책에 협력하여 '정치적으로 현명한 사람(政治上的明白人)'임을 증명하였다.

5장은 시진핑 시기 부동산 영역의 정책이 사영분야에 미친 영향을 검토한다. 중국의 부동산 영역은 국가 발전에 중요한 동력으로 평가된다. 시진핑 시기 중국 공산당은 주택 투기 불가(房住不炒) 방침을 강조하였으며, 2020년에는 '3개 레드라인'을 제시하여 부동산 기업의 부채 통제를 강화하고자 하였다. 2021년 공동부유의 강조 속에서 주택 투기 불가 방침이 더욱 강조되었고, '3개 레드라인'은 부동산의 사영기업들의 융자 압박을 심화시켰다. 한편으로, 국유기업의 채무불이행으로 어려워진 사영기업 프로젝트 인수, 토지매입 시장에서 국유기업 진출 등의 부동산 영역의 국진민퇴 현상이 나타나게 되었으며, 어려움에 처한 부동산 기업들의 주택 건설 중단과 이에 반발한 수분양자들의 대대적인 주택 담보대출 상환의 거부 등의 현상이 야기되었다.

6장은 시진핑 시기 사교육 정책 변화가 사영분야에 미친 영향을 검토한다. 대학 입시시험의 부활 이후 중국의 사교육 분야는 가파르게 성장하였으나, 시진핑 시기 가정부담의 심화, 교육의 불균형, 사교육 기관의 혼선 등의 다양한 현안들이 문제점으로 지목되었다. 이러한 흐름 속에서 당국은 2021년 7월 〈의무교육 단계 학생의 숙제 부담과 사교육 부담의 진일보 감소에 관한 의견(이하 쌍감)〉을 발표하여 사교육 분야의 대대적 변화를 추진하였다. 〈쌍감〉의 발표 이후 당국의 사교육 분야의 비영리화 및 감독 강화가 전개되었으며, 이는 사교육 관련 기업들의 침체 및 사교육 관련 종사자들의 이탈, 사교육의 음성화 등의 문제를 야기하였다.

7장은 20차 당대회 이후 중국 공산당의 사영분야 정책을 검토한다. 중국 공산당은 20차 당대회 이후에도 다양한 방침을 천명하여 사영분야에 대한 적극적인 육성의 기조가 지속됨을 내포하였다. 또한, 20차 당대회 이후 고품질 발전에 대한 중요성의 역설과 신품질 생산력에 대한 당국의 강조는 사영분야의 향후 발전 전망에 긍정적으로 작용할 수 있는 요인으로 풀이된다. 그렇지만 당국의 사영기업에 대한 대대적인 규제에 따른 사영분야 위축, 부동산 영역의 침체와 COVID-19 등에 따른 소비자의 심리적 위축, 외자기업들에 대한 정책 기조 변화에 의한 외자기업의 이탈 등의 문제가 과제로 지적된다.

8장은 2024년 20기 3중전회에서 제시된 사영분야 정책을 검토하여 육성과 영도가 공존하는 사영분야 정책의 특성을 정리한다. 20기 3중전회에서 제시된 일련의 정책적 흐름은 중국 공산당이 향후 사영분야에 대한 적극적인 육성의 의지가 있음을 보여주었으며, 한편으로 사영분야에 대한 정치사상적 영도와 당국의 영향력 확대가 중시되는 것으로 풀이된다. 이처럼 사영분야에 대한 육성과 영도의 공존이 20기 3중전회를 통해서 나타나는데, 육성과 영도 중 당국의 정책이 어디에 더 우선순위를 두어서 집행이 될 것인가, 그리고 향후 얼마나 일관성있게 정책이 전개될 것인가 등은 추후 귀추를 주시할 필요가 있을 것으로 보인다.

9장은 결론에 해당하는 내용으로 시진핑 시기 중국 사영분야의 정책에 나타난 주요 특징을 요약, 정리한다. 또한 이에 기초하여 시진핑 시기 사영분야 정책의 변화가 주는 함의와 향후의 과제는 무엇인지를 간략히 조망한다.

2장

2021년 공동부유 이전까지의 사영분야 정책

Ⅰ. 개혁개방 이후 시진핑 시기 이전까지 사영분야 정책

중국의 개혁개방 과정에서 가장 큰 변화 중의 하나는 사영분야의 성장과 그에 따른 사영기업가들의 부상을 들 수 있다. 개혁기 중국 공산당은 사영분야의 성장과 발전을 위해 다양한 노력을 경주하였던 것으로 평가된다(Goodman 1999; Gold 1989; 王金柱 2021; 李国强·李初 2021; 王天义 2020). 중국 공산당은 1978년의 11기 3중전회를 통해 전당(全党) 업무 중점의 사회주의 현대화 건설로의 이동과 개혁개방 시행을 결정하였고(冯君 2013; 袁元·董瑞丰 2013), 1980년대 사영분야가 '보충'의 역할을 수행하는 것을 용인하였다(Chen and Dickson 2010). 예를 들어, 1982년 중국 공산당 12차 당대회는 당의 문건에서 최초로 개체경제가 공유제 경제의 필요한 유익한 보충임을 명시하는 한편(马建堂 2020), 1987년 10월 13차 당대회에서는 사영경제가 공유제 경제의 필요하고 유익한 보충임을 천명하였다(冯留建 2021). 이러한 시대적 흐름 속에서 1988년 제시된 〈중화인민공화국 헌법 수정안(中华人民共和国宪法修正案)〉은 국가의 법률 규정 범위 내에서 사영경제의 존재와 발전의 허용 및 사영경제가 사회주의 공유제의 보충임을 언명하여 헌법적 측면에서 사영경제의 합법적 지위를 확립하였으며(颜爱民 2023), 국무원이 발표한 〈사영기업 임시조례(私营经济暂行条例)〉 등의 규정은 사영경제 발전의 법률적 근거를 제공하였다(刘玉江·能建国 2013; 邢中先 2019).

1989년 천안문 사건이 발생한 이후, 사영기업가의 입당이 금지되는 등 당국의 사영분야에 대한 억압이 발생하였으나, 1992년 덩샤오핑의 남순강화를 계기로 사영분야에 대한 당국의 격려와 지지는 재차 강조되었다(Chen and Dickson 2010). 그에 따라, 1992년 14차 당대회를 통해 중국 공산당은 '공유제를 주체로 다양한 소유제 경제의 공동발전'의 방침을 제시하였으며(黄淑婷 2011), 1997년 15차 당대회를 통해서는 최초로 공유제 주체와 다양한 소유제 경제의 공동발전을 사회주의 초급단계 기본경제 제도로 천명하고(刘强 2009; 贺健 2011), 개체, 사영 등 비공유제 경제가 사회주의 시장경제의 중요구성요소(重要组成部分)임을 강조하여 사영분야의 지위를 공유제 경제의 보충에서 사회주의 시장경제의 중요구성요소로 격상하였다(贾康 外 2021; 李萍·杜乾香 2019; 刘凝霜·程霖 2021). 이러한 시대적 흐름 속에서 1999년 통과된 〈헌법〉 수정안은 개체경제와 사영경제 등 비공유제 경제의 지위를 중요구성요소로 명시하는 한편, 국가의 개체경제, 사영경제의 합법적 권리와 권익 보호를 강조하여 사영분야의 합법적 지위는 더욱 공고화되었다(沈春光 2006; 戴敬 2009; 欧健 2009).

공산당의 사영분야에 대한 적극적인 육성의 흐름은 2000년대에도 지속되었다. 구체적으로 2002년 16차 당대회에서는 '두 가지 흔들림 없음(两个毫不动摇)'의 방침이 최초로 사회주의 초급단계에서 견지 및 완비되어야 할 중요한 원칙으로 제시되었는데(张雷声 2022; 郭强 2022), 이는 공유제 경제와 비공유제 경제가 대립적인 성격이 아니며 공산당은 양자 모두의 발전을 지지한다는 의미를 가지고 있었다(张雷声 2022).[1] 한편으로, 16차 당대회는 당 역사상 최초로 직접적으로 개인의 재산 보호를 명시하여 사영분야의 성장과 발전에 큰 영향을 야기한 것으로 평가되었다(陈雨涵 2010).[2] 이러한 흐름 속에서 법적인 측면에서 사유재산의 보호가 명시되었다. 구체적으로, 2004년 통과된 〈헌법〉 수정안은 국가의 개체경제, 사영경제 등 비공유제 경제의 합법적 권익과 이익 보호, 시민의 합법적 사유재산 침범 불가, 국가의 법률과 규정에 따른 시민의 사유재산 및 승계권의 보호 등을 명시하여 사유재산에 대한 법적 보호가 제시되었으며(郑红亮·吕建云 2008; 李海涛 2011), 2007년 공포된 〈소유권법(物权法)〉은 모든 시장주체의 평등한 법률 지위와 발전 권리 및 국가, 집체, 개인의 소유권과 기타 권리자의 소유권에 대한 법률의 보호와 불가침성을 강조하여 공유재산과 사유재산에 대한 동등한 보호가 강조되었다(刘灿 2019; 张厚义 2019).

또한, 이 시기 중앙 정부 차원에서 사영분야 육성의 문건들이 제시되기 시작하였다. 예를 들어, 2005년에는 건국 이래 최초로 전면적인 비공유제 경제의 발전을 지지하는 국무원의 문건인 〈개체 사영 등 비공유제 경제 발전의 격려 지지와 인도에 관한 약간의 의견(关于鼓励支持和引导个体私营等非公有制经济发展的若干意见)〉이 발표되었고(『财经界』 2006), 2010년 5월에는 국무원 최초로 민간투자를 전문적으로 다룬 정책인 〈민간투자의 건강한 발전의 격려와 인도에 관한 약간의 의견(关

---

1 이러한 맥락에서 '두 가지 흔들림 없음'은 공유제와 사유제 간의 이원적 대립 문제를 해소하고, 기본경제 제도의 측면에서 비공유제 경제의 발전에 필요한 조건을 제공한 것으로 평가되었다(周戎 等 2022).
2 한편으로, 2007년 17차 당대회에서는 '평등한 재산권 보호와 상이한 소유제 경제의 평등한 경쟁의 새로운 국면 형성'이 강조되어 사영분야에 대한 법률상의 평등 및 경제상의 평등 경쟁의 '두 가지 평등(两个平等)'이 강조되었다(辜胜阻 2008; 林昌华 2022; 马立政·陆红红 2024).

于鼓励和引导民间投资健康发展的若干意见〉〉이 발표되어 민간투자의 범위, 영역을 확대하는 등 사영분야 육성에 적극적인 태도를 보여주었던 것이다(张敏 2012; 陈东·刘志彪 2020).

이처럼 국가의 정책적 지지 속에서 시진핑 시기 이전까지 중국의 사영분야는 양적으로 크게 성장하였다. 구체적으로, 1978년 14만 개에 불과하였던 개체공상호의 수와 종사자 규모는 2012년 9월까지 각각 약 3,985만 개, 8,458만 명으로 증가하였고, 등록 자금 역시 1조 8,800억 위안에 달하게 되었다. 또한, 1989년 등록이 허가된 이후 약 9만 500개에 불과하던 사영기업 역시 비약적으로 증가하여 2012년 9월까지 약 1,060만 개에 이르게 되었으며, 등록 자금은 29조 8,000억 위안, 종사자와 투자자의 규모는 1억 1,000만 명이 넘는 것으로 풀이되었다(陈东·刘志彪 2020).[3] 그에 따라 2012년 9월 기준 사영기업은 중국 전체 기업 수의 78.9%, 등록 자금은 기업 전체 총량의 37.2%를 차지하게 되었다.[4]

한편으로, 사영분야의 중요성이 대두됨에 따라, 사영분야에 대한 당국의 영향력 확대가 점차 추진되었다. 첫째, 사영기업가들을 체제 내에 포섭하기 위한 당국의 방침이 모색되었다. 2000년 2월 광둥성을 시찰하는 과정에서 '삼개대표(三个代表)'를 최초로 제기하여 사영기업가의 입당을 이념적으로 정당화하였던 당시 국가 최고지도자 장쩌민은 2001년 〈7.1 강화〉를 통해 사영기업주 등의 신사회계층을 중국 특색 사회주의 사업의 건설자로 공식 언급하였으며, 이를 기반으로 16차 당대회에서 사영기업가들의 입당이 공식 허용되었다(毛传清 2004; 张菀洺·刘迎秋 2021; 张厚义 2016: 345-346; 윤태희 2021).

3　中国政府网, "改革开放40年我国市场主体数量增长222倍" https://www.gov.cn/xinwen/2018-12/26/content_5352263.htm. (2024년 12월 14일 검색).

4　中国政府网, "党的十八大以来全国企业发展分析" https://www.gov.cn/zhuanti/2017-10/27/content_5234848.htm. (2024년 12월 14일 검색).

둘째, 갈수록 증가하는 사영기업에 대한 당의 영향력 확대를 위한 방안이 제시되었다. 2000년 중공중앙 조직부는 〈개체와 사영 등 비공유제 경제조직 중 당의 건설 강화에 관한 의견(시행)(关于在个体和私营等非公有制经济组织中加强党的建设工作的意见(试行))〉을 발표하여 3인 이상의 당원이 있는 비공유제 경제에 대한 당 기층조직 건설을 강조하였으며, 2002년 16차 당대회에서는 사영분야 당조직 건설의 임무가 〈당헌〉에 삽입되는 등 사영분야 당조직 건설이 적극적으로 모색되었다(李中·张彦 2023). 더 나아가 2012년에는 개혁개방 이래 최초의 사영분야 당조직 건설 관련 회의인 전국 비공유제 기업 당의 건설 공작 회의(全国非公有制企业党的建设工作会议)가 개최되는 한편,[5] 〈비공유제 기업 당의 건설 공작 강화와 개진에 관한 의견(시행)(关于加强和改进非公有制企业党的建设工作的意见(试行))〉이 발표되어 비공유제 기업의 당조직 건설이 더욱 구체화되는 단계에 접어들게 되었다(陈向群 2012; 肯剑忠 2018). 그 외에도, 2006년 〈기업법〉 제19조를 통해서 기업의 〈당헌〉 규정에 의거한 당조직 설립 및 당의 활동에 필요한 조건 제공을 명시하여 법적인 측면에서도 당조직 건설이 강조되었다(윤태희 2021). 이러한 일련의 정책적 흐름 속에서, 사영분야 당조직은 2002년 9.9만 개에서 2012년 147.5만 개로 비약적인 증가세를 거두게 되었다(陈秋红 外 2023).

요컨대, 시진핑 시기 이전까지 중국 공산당의 사영분야 관련 정책을 검토하면 이하의 특징이 있었음을 알 수 있다. 첫째, 중국 공산당은 다양한 방면에서 사영분야에 대한 적극적인 육성의 방침을 제시하였다. 이는 크게 주요 당대회를 통한 사영분야에 대한 지속적인 지지의

---

5 中央政府门户网站, "习近平会见全国非公有制企业党建工作会议代表" http://www.gov.cn/ldhd/2012-03/21/content_2096653.htm. (2021년 7월 2일 검색).

표명, 사영분야의 발전에 우호적인 〈헌법〉의 수정과 〈소유권법〉의 공포 등을 통한 법적 환경의 개선, 중앙 정부 차원에서의 사영분야 발전을 위한 다양한 정책적 제시 등으로 이루어진 것으로 볼 수 있다. 둘째, 사영분야에 대한 중요성이 대두됨에 따라 사영분야에 대한 정치적 영향력 확대가 전개되었다. 중국 공산당은 '삼개대표'와 〈7.1강화〉 등을 통해 사영기업가의 입당을 공식화하였으며, 사영분야에 대한 당조직 건설을 모색함으로써 사영분야에 대한 당국의 영향력 확대를 추진하고자 노력하였다.

이러한 중국 공산당의 사영분야에 대한 정책은 시진핑 시기 새로운 국면에 접어들었다. 시진핑 시기 중국 공산당의 사영분야에 대한 영도는 전방위적인 성격을 지니게 되었기 때문이다(郭伦德 2023). 이하에서는 18차 당대회 이후 2021년 공동부유가 재차 강조되기 이전 시기까지의 시진핑 시기 중국 공산당의 사영분야 정책의 주요 내용, 특징과 난점에 대한 검토를 통해 시진핑 시기 사영분야에 대한 정책적 지향을 분석하고자 한다.

II. 18차 당대회 이후 사영분야 관련 정책의 전개

개혁개방이 진행됨과 동시에 중국은 빠르게 경제적으로 성장하였으며, 사영분야의 중요성 또한 크게 강조되었다. 예를 들어, 1978년 중국의 국내 총생산(GDP)은 3,679억 위안에 불과하였으나, 2020년에는 101조 5,986억 위안에 이르게 되어 최초로 100조 위안을 달성하게 되었으며,[6] 중국의 GDP 규모 역시 1990년 전 세계의 1.6%에서 2020년 16%로

---

[6] 中国政府网, "GDP破百万亿元的中国答卷" http://www.gov.cn/shuju/2021-01/19/

성장하는 등 국제 사회에서 매우 중요한 위치를 차지하게 되었다(李国强·李初 2021). 이 과정에서 사영분야는 중국의 경제성장에 크게 기여하였는데, 국가 최고 지도자인 시진핑은 사영분야가 중국 경제의 50% 이상의 세입, 60% 이상의 국내총생산, 70% 이상의 기술혁신, 80% 이상의 도시 일자리, 90% 이상의 기업 수를 차지하고 있다고 언급함으로써 중국 경제에서 사영분야가 차지하는 위상을 설명하였다.[7]

이처럼 시진핑 시기 사영분야의 중요성은 당국가 최고 지도자로부터 공인되었으며, 공산당의 사영분야에 대한 격려와 정치, 경제적 지위 개선의 방침 또한 지속되었다. 이는 18차 당대회 및 19차 당대회를 통해 반복적으로 제시된 '두 가지 흔들림 없음'의 맥락 속에서 강조된 사영분야에 대한 '흔들림 없는 격려, 지지, 인도'의 방침과 국가 지도자 시진핑의 사영분야에 대한 지지 발언, 19차 당대회 보고에서의 '민영기업' 최초 언급 등을 통해서 확인할 수 있다. 먼저, 2012년 11월 중국 공산당은 18차 당대회를 통해 '두 가지 흔들림 없음'의 맥락 속에서 '비공유제 경제에 대한 흔들림 없는 격려, 지지, 인도'의 방침과 '각종 소유제 경제의 법에 의거한 생산요소 평등 사용의 보장, 공평한 시장 경쟁 참여, 동등한 법률 보호'를 명시하였으며,[8] 2013년 18기 3중전회(十八届三中全会)를 통해서는 '공유제 경제와 비공유제 경제 모두 사회주의 시장경제의 중요구성요소임'을 최초로 인정하였다(刘迎秋 2018).[9] 더 나아가 중국 공산당은 2017년 11월의 19차 당대회를 통해 '두 가지

---

content_5580906.htm. (2021년 7월 1일 검색)

7 中央政府门户网站, "习近平：在民营企业座谈会上的讲话" http://www.gov.cn/xinwen/2018-11/01/content_5336616.htm. (2021년 7월 2일 검색)

8 中央政府门户网站, "胡锦涛在中国共产党第十八次全国代表大会上的报告" http://www.gov.cn/ldhd/2012-11/17/content_2268826_3.htm. (2021년 7월 2일 검색)

9 中央政府门户网站, "中共中央关于全面深化改革若干重大问题的决定" http://www.gov.cn/jrzg/2013-11/15/content_2528179.htm. (2021년 7월 2일 검색)

흔들림 없음'의 맥락 속에서 제시된 '비공유제 경제의 발전에 대한 흔들림 없는 격려, 지지, 인도'의 방침을 신시대 중국특색 사회주의 사상과 기본방침(新时代中国特色社会主义思想和基本方略)의 항목에 삽입하여 사영분야의 육성과 지지가 당과 국가의 중요한 방침으로 자리매김하였음을 천명하였다(谢富胜·王松 2021).[10]

또한, 국가 지도자인 시진핑은 사영분야 퇴출에 관한 여러 논란을 일축하고, 사영분야의 지지와 격려의 방침이 변하지 않았음을 재차 강조하여 기업가들이 안심하고 생업에 종사할 수 있도록 노력하였다. 2018년 1월 인민대학교 맑스주의 학원의 저우신청(周新城) 교수는 "공산주의자는 자신의 이론을 한마디로 개괄할 수 있다: 사유제의 소멸(共产党人可以把自己的理论概括为一句话: 消灭私有制)"이라는 제목의 글을 통해 '사유제의 소멸과 공유제의 건설은 공산주의자가 잊어서는 안 되는 초심이며, 공산주의자가 반드시 기억해야 할 사명'이라는 사유제 소멸론을 주장하여 큰 논란을 야기하였고,[11] 2018년 9월 우샤오핑(吴小平)은 '사영경제는 공유경제 발전의 협력을 완수하였으며, 점차 퇴출되어야 한다'는 사영경제 퇴출론(私营经济离场论)을 주장하여 『경제일보(经济日报)』, 『중화공상시보(中华工商时报)』, 『인민일보(人民日报)』 등의 주요 언론으로부터 거센 비판을 받았다(洪功翔 2020).[12] 같은 시기인 2018년 9월 인력자원과 사회보장부(人力资源和社会保障部) 부부장(副部

10　中央政府门户网站, "习近平：决胜全面建成小康社会 夺取新时代中国特色社会主义伟大胜利——在中国共产党第十九次全国代表大会上的报告" http://www.gov.cn/zhuanti/2017-10/27/content_5234876.htm. (2021년 7월 2일 검색)

11　新浪网, "人大教授批判五常、吴敬琏等经济学家鼓吹私有制" https://finance.sina.com.cn/review/jcgc/2018-01-14/doc-ifyqqieu6378090.shtml. (2021년 7월 2일 검색)

12　新华网, ""中国私营经济离场论"引争议 舆论呼吁激发民营经济活力" http://www.xinhuanet.com/2018-09/15/c_1123433359.htm. (2021년 7월 2일 검색); 新浪网, "从"离场论"到"自己人" 民营经济惊心动魄的50天" https://finance.sina.cn/2018-11-04/detail-ihmutuea6766117.d.html?vt=4. (2021년 7월 2일 검색)

長) 추샤오핑(邱小平)은 '민영기업 민주관리 심화, 혁신발전 내부 동력 강화 현장회의(深化民營企業民主管理, 增强创新发展内生动力現場会)'에서 '민영기업이 직공의 주체적 지위를 견지하고, 직공을 근본으로 삼아, 직공이 민주적 권리를 향유하고, 기업 관리에 공동으로 참여하며, 기업 발전의 성과를 공유할 수 있도록 해야 한다'는 발언을 하였는데, 이것이 '당이 직공의 민영기업 공동관리와 민영기업 발전의 이윤을 공유하도록 영도해야 한다'로 와전되어 민영기업에 대한 새로운 '공사합영(公私合营)'의 논란을 야기하였다.[13]

이러한 상황에서 시진핑은 2018년 11월 민영기업 좌담회(民营企業座谈会)를 통해 사영분야에 대한 당국가의 방침이 변화하지 않았음을 역설하였다. 시진핑은 '민영경제 퇴출론', 당조직과 공회를 통한 민영기업 통제 강화 등의 표현은 잘못된 것이며 당의 국정방침과 부합하지 않는다며 이를 부정하였다.[14] 또한, 시진핑은 비공유제 경제가 중국의 경제사회 발전에서의 지위와 역할이 변화하지 않았으며, 공산당의 비공유제 경제의 발전에 대한 흔들림 없는 격려, 지지, 인도 방침이 변화하지 않았으며, 비공유제 발전을 위한 양호한 환경 조성과 더 많은 기회 제공의 방침이 변화하지 않았다는 점을 강조하였다.[15] 더 나아가 시진

---

13 搜狐网, "人社部副部长: 民营企業要以职工为本, 让职工共同参与企業管理" https://www.sohu.com/a/254754481_114988. (2021년 10월 5일 검색); 凤凰周刊, "改革要快一点了!" http://www.ifengweekly.com/detil.php?id=6811. (2021년 10월 5일 검색); 人民网, "批驳'私营经济离场论'创作谈" http://media.people.com.cn/n1/2019/1129/c40606-31481173.html. (2021년 10월 5일 검색)

14 이러한 사회 내부의 사영분야에 대한 부정적 인식과 여론에 대하여 시진핑은 일찍이 2015년 5월 중앙 통일전선 공작 회의(中央统战工作会议)에서 '일부 사람들이 비공유제 경제 인사를 사회 재산의 갈취자, 빈부 격차의 제조자라고 간주하고, 못마땅하게 보는 것은 중국의 기본경제 제도에 대한 잘못된 인식에서 비롯된 것'이라고 지적하여 당의 국정 노선과 부합하지 않은 것임을 언명하였다(王可园 2021; 张峰 2018). 中国农工民主党, "习近平: 深刻认识做好新形势下统战工作的重大意义" http://www.ngd.org.cn/jczt/2019bwcx/2019xxzl/65099.htm. (2021년 7월 2일 검색)

핑은 민영기업과 민영기업가를 '우리 편(我们自己人)'으로 호칭하고, 기업가들이 안심하고 발전을 추구할 것을 당부하였다.[16]

한편으로 민영기업 호칭의 당대회 보고에서 최초 언급, 민영경제와 민영경제인사에 대한 중요성의 문건 명시 등을 통해 시진핑 시기 당국의 사영분야에 대한 의지가 재천명되었다. 구체적으로 19차 당대회에서 중국 공산당은 '민영기업(民营企业)의 발전을 지지하고 다양한 시장주체의 활력을 활성화한다'는 방침을 언급하여 민영기업이라는 단어를 최초로 당대회 보고에 삽입하였는데, 이는 민영기업의 가치에 대한 인정을 의미하였다.[17] 더 나아가 2020년 9월 〈신시대 민영경제 통일전선 공작 강화에 관한 의견(关于加强新时代民营经济统战工作的意见)〉에서 민영경제는 '중국 경제제도의 내재적 요소로 중국 특색의 사회주의 견지와 발전의 중요 경제기초'로, 민영경제인사는 '우리편으로 당의 장기 집정을 위해 단결하고 의존해야 할 중요한 역량'으로 최초로 문건에 언급되었다. 이처럼 시진핑 시기 사영분야와 사영기업가가 정치와 경제에서 차지하는 중요성은 당대회 보고 및 주요 문건 등을 통해 명시되었고, 이를 당의 영도 하에 이끌어 가려는 공산당 지도부의 의지 또한 강조되었다(肖文 2021).[18]

---

15 이러한 '세 가지 변화 없음(三个没有变)'의 입장에 대한 시진핑의 언급은 2016년 3월 전국정협 12기 4차회의(全国政协十二届四次会议) 민주건국회, 공상련 위원의 연합회의(民建, 工商联界委员联组会)에서 이미 이루어진 바 있었다. 이러한 맥락에서 시진핑의 사영분야 지지와 발전에 대한 발언은 일관성을 가지고 되풀이되었다고 볼 수 있다. 中央政府门户网站, "习近平：毫不动摇坚持我国基本经济制度 推动各种所有制经济健康发展" http://www.gov.cn/xinwen/2016-03/09/content_5051083.htm. (2021년 7월 2일 검색); 新华网, "新闻多一点 | 总书记讲话中提到的"两个毫不动摇""三个没有变""两个健康" http://www.news.cn/2023-03/07/c_1129417265.htm. (2024년 12월 13일 검색)

16 中央政府门户网站, "习近平：在民营企业座谈会上的讲话" http://www.gov.cn/xinwen/2018-11/01/content_5336616.htm. (2021년 7월 2일 검색)

17 搜狐网, "让民营企业迎来新的春天" https://www.sohu.com/a/199407975_114988. (2021년 10월 7일 검색)

둘째, 시진핑 시기 중국 공산당의 사영분야에 대한 체제 내 포섭은 지속되었다. 먼저, 사영분야에 대한 당조직 건설의 방침이 강조되었다. 앞에서 살펴본 바와 같이 2012년 3월 전국 비공유제 기업 당의 건설 공작 회의(全国非公有制企业党的建设工作会议)가 개최되었는데, 당시 국가 부주석이었던 시진핑은 이 회의에서 비공유제 기업이 사회주의 시장경제 발전의 중요한 역량이며, 비공유제 기업의 수와 역할이 차지하는 중요성에 의해 비공유제 기업의 당조직 건설 업무가 전체 당조직 건설 업무 중에 차지하는 비중 또한 갈수록 중요하게 되었음을 역설하여 사영분야 당조직 건설 업무의 중요성을 강조하였다.[19] 또한, 앞에서 언급한 바와 같이 중공중앙은 2012년 5월 〈비공유제 기업 당의 건설 공작 강화와 개진에 관한 의견(시행)(关于加强和改进非公有制企业党的

18　한편으로 시진핑 시기 사영분야의 발전과 성장을 추동하기 위한 다양한 정책들이 제시되었다. 예를 들어, 2014년 11월 국무원은 〈중점영역에서의 투자와 금융 기재 혁신과 사회 투자 격려의 지도에 관한 의견(关于创新重点领域投融资机制鼓励社会投资的指导意见)〉을 통해 공공서비스 자원 환경, 생태건설, 인프라 건설 등 중점영역에서의 투자금융 기재의 혁신과 사회자본, 특히 민간자본의 적극적 역할 발휘 격려의 방침을 천명하였고, 2016년 10월 국가발전개혁위원회는 〈민간 투자의 건강 발전 촉진의 몇 가지 정책적 조치(促进民间投资健康发展若干政策措施)〉를 통해 민간 투자의 발전을 제약하는 난제들을 해소하기 위해 투자 성장 촉진, 금융 서비스 개선, 재정과 세수 정책의 개선, 기업의 원가 절감, 종합관리 서비스 개선, 관련 법규의 제정과 수정 등 6개 방면의 26가지 구체적 조치를 제시하였다. 또한, 2019년 12월 중공중앙과 국무원은 〈민영기업의 개혁과 발전을 지지하기 위한 더 나은 발전 환경 조성에 관한 의견(关于营造更好发展环境支持民营企业改革发展的意见)〉을 발표하여 공평한 경쟁을 위한 시장환경 개선, 효과적인 정책 환경의 완비, 평등보호의 법제 환경 설립, 민영기업의 혁신개혁 격려와 인도 등의 방침을 천명하였다. 中央政府门户网站, "国务院关于创新重点领域投融资机制鼓励社会投资的指导意见" http://www.gov.cn/zhengce/content/2014-11/26/content_9260.htm. (2021년 11월 2일 검색); 中央政府门户网站, "发展改革委印发促进民间投资健康发展若干政策措施" http://www.gov.cn/xinwen/2016-10/13/content_5118440.htm. (2021년 7월 2일 검색); 中央政府门户网站, "中共中央 国务院关于营造更好发展环境支持民营企业改革发展的意见" http://www.gov.cn/zhengce/2019-12/22/content_5463137.htm. (2021년 7월 2일 검색)
19　中央政府门户网站, "习近平会见全国非公有制企业党建工作会议代表" http://www.gov.cn/ldhd/2012-03/21/content_2096653.htm. (2021년 7월 2일 검색)

建設工作的意见(试行)》을 발표하였는데, 해당 〈의견(시행)〉은 사영분야 당조직을 기업 내 당의 전투보루로 선언하는 동시에, 기업 직공 군중 사이에서 정치적 핵심의 역할 수행과 기업의 발전에서 정치적 지도의 역할 수행을 기능으로 제시하였다.[20] 이러한 사영분야 당조직 건설의 방침은 2012년 18차 당대회를 통해 '비공유제 경제조직, 사회조직의 당조직 건설 업무 역량 강화'로 되풀이되었고,[21] 2017년 19차 당대회에서도 '산업 노동자, 청년 농민, 고지식 집단 내부와 비공유제 경제조직, 사회조직 내부에서의 당원 충원 중시'로 명시되어 우수한 사영기업가에 대한 체제 내 포섭의 중요성이 강조되었다.[22]

한편으로 통일전선(统一战线) 관련 업무를 통한 젊은 세대 사영기업가에 대한 애국주의적 포섭과 사상교육이 강조되었다.[23] 2015년 시진핑은 통일전선 업무(统战工作)에서 비공유제 경제의 건강한 발전의 전제는 비공유제 경제 인사의 건강한 성장임을 강조하며 사영분야에 대한 정치적 포섭이 가지는 중요성을 역설하였는데(杨娟 2021), '비공유제 경제 인사 중 특히 젊은 세대'를 반드시 포섭해야 하는 중점 단결대상(重点团结对象) 중 하나로 지목하였다.[24]

---

20 国家市场监督管理总局, "中共中央办公厅印发《关于加强和改进非公有制企业党的建设工作的意见(试行)》" http://www.samr.gov.cn/djzcj/scdjgz/wjfg/201902/t20190215_281570.html. (2021년 7월 2일 검색)
21 中央政府门户网站, "胡锦涛在中国共产党第十八次全国代表大会上的报告" http://www.gov.cn/ldhd/2012-11/17/content_2268826_7.htm. (2021년 7월 2일 검색)
22 中央政府门户网站, "习近平：决胜全面建成小康社会 夺取新时代中国特色社会主义伟大胜利——在中国共产党第十九次全国代表大会上的报告" http://www.gov.cn/zhuanti/2017-10/27/content_5234876.htm. (2021년 7월 2일 검색)
23 〈중국 공산당 통일전선 공작 조례(中国共产党统一战线工作条例)〉에 따르면 통일전선이란 공산당 영도와 노동자와 농민의 연맹을 기반으로, 전체 사회주의 노동자와 사회주의 사업 건설자를 포함하는 조국 통일과 중화민족의 위대한 부흥에 전력을 다하는 애국자들의 연맹을 지칭한다. 中央政府门户网站, "中共中央印发《中国共产党统一战线工作条例》" http://www.gov.cn/zhengce/2021-01/05/content_5577289.htm. (2021년 8월 2일 검색)

이러한 맥락에서 2015년 중국 공산당은 통일전선 업무 관련 최초의 당내 법규인 〈중국 공산당 통일전선 공작 조례(시행)(中国共产党统一战线工作条例(试行))〉을 통해 비공유제 경제 인사에 대한 이상 신념 교육의 전개, 의법 성실 경영의 인도, 정치참여의 통로 개선, 공익사업과 사회적 책임 이행의 인도 등을 통해 비공유제 경제 인사를 합격한 중국 특색 사회주의 사업의 건설자로 인도할 것임을 천명하였다(束赟 2021).[25] 한편으로, 2017년 중공중앙과 국무원은 〈기업가의 건강한 성장 환경 조성 및 우수한 기업가 정신의 발양을 통한 진일보한 기업가의 역할 발휘에 관한 의견(关于营造企业家健康成长环境弘扬优秀企业家精神更好发挥企业家作用的意见)〉을 발표하였는데,[26] 이를 통해 기업가 중 특

---

24 新浪网, "中央统战会议召开 习近平新提重点团结三类人" http://news.sina.com.cn/c/2015-05-21/021831856821.shtml (2021년 10월 10일 검색). 이에 대한 배경은 크게 두 가지 때문으로 풀이된다. 먼저, 민영기업의 세대교체 문제가 있었다. 개혁 개방이 장기간 지속됨에 따라 많은 민영기업은 세대교체의 단계에 접어들게 되었는데, 민영기업의 85% 이상은 가족기업이며, 향후 5-10년 사이 약 75%의 가족기업이 세대교체 문제를 직면할 것으로 예측되었다. 또한, 매년 창업하는 당해 졸업자 수가 10여만 명, 해외 유학파의 귀국 창업자 수가 2-3만 명에 달하게 되었다. 따라서, 민영기업 차세대 기업주 및 청년 창업세대 등의 젊은 세대 비공유제 경제 인사에 대한 포섭은 공산당에 매우 중요한 문제로 대두되었던 것이다(刘在华 2017). 둘째, 왕쓰총(王思聪) 등 일부 젊은 세대 민영기업가의 잘못된 행실이 사회적으로 크게 논란이 되었는데, 이에 대하여 통전부는 재벌 2세(富二代)와 젊은 세대 기업가에 대한 규범 수립의 필요성을 강조하였다. 이러한 맥락에서 보면 젊은 세대 민영기업가에 대한 적극적 사상교육은 일종의 '기강 잡기'의 성격을 가진다고 볼 수 있다. 新浪网, "中央统战部: 要为中国富二代树立行为规范" http://news.sina.com.cn/c/2015-06-12/015531941302.shtml. (2021년 10월 10일 검색).

25 中国共产党新闻网, "中国共产党统一战线工作条例(试行)" http://cpc.people.com.cn/n/2015/0923/c64107-27622040.html. (2021년 8월 2일 검색)

26 해당 문건에서 중공중앙과 국무원은 기업가의 합법적 권익 보호의 법적 환경 조성, 기업가의 공평한 경쟁, 성실 경영 촉진의 시장환경 조성, 기업가의 업무와 창업을 존중하고 격려하는 사회 분위기의 조성, 기업가의 애국, 직업정신, 준법 준수의 고군분투 정신 발양, 기업가의 혁신발전과 품질 집중, 탁월성 추구의 정신 발양, 기업가의 책임이행과 사회 서비스 담당의 정신 발양, 기업가에 대한 우수하고 효율적인 서비스의 강화, 우수한 기업가의 육성 강화, 당의 기업가 대오 건설의 영도에 대한 강화 등의 방침을 제시하였다. 中央政府门户网站, "中共中央 国务院关于营造企业家健康成长环境弘扬优秀企业家精神更好发挥企业家作用的意见" http://www.gov.

히 젊은 세대 민영기업가들의 이상 신념 및 사회주의 핵심 가치관 교육 강화, 우수한 혁명 전통과 형세 정책, 준법 성실의 교육 훈련 전개를 통한 기업가의 국가 사명감 및 민족 자부심 배양, 기업가의 국가 이익, 기업 이익, 직공 이익과 개인 이익의 관계에 대한 정확한 인식 및 개인의 이상과 민족 부흥의 위대한 실천 융합의 인도 등을 명시하여 젊은 세대 민영기업가의 사상교육 강화와 애국주의적 대의를 통한 포섭을 강조하였다.[27]

더 나아가 2020년 9월 중국 공산당은 〈신시대 민영경제 통일전선 공작 강화에 관한 의견(关于加强新时代民营经济统战工作的意见, 이하 의견)〉을 통해 민영경제인사의 시진핑 신시대 사회주의 사상의 정신적 무장과 실천에 대한 교육과 인도, 당중앙과의 정치 입장, 정치 방향, 정치 원칙, 정치 노선에서 높은 수준의 일치 유지, 시종 정치적으로 현명한 사람(政治上的明白人)으로 만들기 등 정치적 공감대의 공고와 확대의 방침을 언명하는 한편,[28] 기성세대 민영기업가들의 경험 전수를 통한 중화민족 전통 미덕의 대대적 고취, 가정(家庭), 가정 교육(家教)과 가풍(家风) 건설의 중시, 젊은 세대의 당의 말을 듣고, 당과 함께 가는 영예로운 전통 계승과 고취의 인도, 사업의 신구교체와 질서 있는 승계

---

cn/zhengce/2017-09/25/content_5227473.htm. (2021년 8월 2일 검색)
27 中央政府门户网站, "中共中央 国务院关于营造企业家健康成长环境 弘扬优秀企业家精神 更好发挥企业家作用的意见" http://www.gov.cn/zhengce/2017-09/25/content_5227473.htm. (2021년 8월 2일 검색)
28 〈의견〉은 애국주의와 사회주의의 기치 제고, 이상 신념 교육의 심화, 정치적 인도와 가치관 지도 등 민영경제인사의 사상정치 건설을 민영경제 통일전선 업무의 선결 과제로 제시하였으며, 인선 기제 완비, 대오 구조 개선, 교육 배양 강화, 정치적 안배 규범화, 젊은 세대에 대한 배양 노력 확대 등 자질이 뛰어난 민영경제 대표인사 대오의 건설을 민영경제 통일전선 업무의 관건으로 지적하였다. 中央政府门户网站, "指导开创民营经济统战工作新局面的纲领性文献——中央统战部负责人就《关于加强新时代民营经济统战工作的意见》答记者问" http://www.gov.cn/zhengce/2020-09/16/content_5543717.htm. (2021년 8월 2일 검색)

의 실현 등 젊은 세대 민영경제인사의 건강한 발전 촉진을 위한 계획의 수립과 실행 및 교육의 강화를 명시하였다.[29] 이처럼 시진핑 시기 중국 공산당은 통일전선 업무를 통해 사영분야 관련 종사자들의 애국주의적 포섭과 정치적 신념 강화를 위한 일련의 정책을 제시하였고, 젊은 세대 사영분야 종사자들을 포섭의 중점대상으로 지목하여 이에 대한 교육과 인도를 강조하였다.

셋째, 정부-기업가 관계(政商关系)에 대한 재조정의 시도가 이루어졌다. 이에 대한 배경에는 시진핑 시기 전개된 강도 높은 반부패 정책과도 연관이 있다(张国清 外 2016). 2021년 6월 중앙기율위원회 및 국가감찰위원회(中央纪委国家监委)의 자료에 따르면, 18차 당대회 이후 전국의 기율 검사 감찰 기관(纪检监察机关)의 입안 건수는 380.5만 건, 조사 및 처분자 수 408.9만 명, 당기 정무 처분(党纪政务处分)을 받은 자의 수는 374.2만 명에 달하게 되었다.[30] 많은 부패안건에서 정부와 기업가 간의 결탁과 이익 공유의 문제가 노출되었으며, 건강한 정부-기업가 관계의 수립은 매우 중요한 문제로 대두되었다(郑尚植·赵雪 2020). 이러한 맥락에서 시진핑은 집권 초기인 2013년 3월 양회 기간 정부 관료

---

29 中央政府门户网站, "中共中央办公厅印发《关于加强新时代民营经济统战工作的意见》" http://www.gov.cn/zhengce/2020-09/15/content_5543685.htm. (2021년 8월 2일 검색) 그 외에도, 중국 공산당은 2020년 12월 〈통일전선업무조례(统一战线工作条例)〉를 통해서 비공유제 경제 영역에서 신임, 단결, 서비스, 인도, 교육 방침의 전면적 관철, 친밀하고 청렴한 정부-기업가 관계 수립, 공유제의 건강한 발전과 비공유제 경제 인사의 건강한 성장을 촉진의 방침을 강조하는 한편, 당중앙 이하 지방 당위원회에 설립된 통전부(统战部)의 사영분야 경제발전 정책 제정과 실행에 대한 참여와 비공유제 경제 인사에 대한 통일전선 업무의 통합적 전개를 명시하여 사영분야에 대한 통일전선의 영향력 확대를 추진하였다(杨东 2021). 新华网, "新时代统一战线工作的基本遵循——中央统战部负责人就《中国共产党统一战线工作条例》答记者问" http://www.xinhuanet.com/2021-01/05/c_1126949562.htm. (2021년 8월 2일 검색); 中央政府门户网站, "中共中央印发《中国共产党统一战线工作条例》" http://www.gov.cn/zhengce/2021-01/05/content_5577289.htm. (2021년 8월 2일 검색)

30 中央纪委国家监委网站, "新时代全面从严治党取得历史性开创性成就" https://www.ccdi.gov.cn/100year/202106/t20210629_245048.html. (2021년 7월 19일 검색)

(官)와 기업가(商) 간의 교류에서 상호 존중, 개인적 결탁의 엄금 및 공사 구분의 명확성을 강조하였으며,[31] 2014년에는 〈판공청 업무에서 '다섯 가지 견지'를 이루어야 한다(办公厅工作要做到"五个坚持")〉를 발표하여 '간부가 되었으면 부를 축적할 생각을 하지 말아야 하고, 부를 축적할 생각이 있으면 간부가 되지 말아야 한다'고 언급하는 등 관료의 권력과 기업가의 자본 간 결탁의 위험성을 경고하였다(习近平 2014).

시진핑의 정부-기업가 관계의 재조정 시도는 2016년 3월 친밀하고(亲) 청렴한(清) '신형 정부-기업가 관계(新型政商关系)'의 제시를 통해 구체화되었다. 즉, 시진핑은 '신형 정부-기업가 관계'를 '친밀함(亲)'과 '청렴함(清)'의 두 단어를 통해 개괄적으로 설명하였는데(姚炳宇 2020; 聂勇钢 2021), 이를 통해 정부 관료와 기업가 간의 상호작용 원칙을 재정립하고자 한 것이었다. 지도자 간부에게 있어 '친밀함'은 민영기업과의 성심성의를 갖춘 적극적 교류를 의미하는데, 특히 민영기업이 직면한 문제에 적극적으로 해결을 위해 나서야 하며, 비공유제 경제 인사에 대한 많은 관심과 소통 및 인도를 통해 어려움을 해결하도록 도와야 함을 의미하였으며, '청렴함'은 민영기업가와의 관계에서 청렴결백함을 유지하며, 권력을 통한 사익의 도모나 권력과 자본 간의 거래를 추구해서는 안 된다는 것을 지칭하였다. 한편으로, 민영기업가에게 '친밀함'은 각급 당위원회 및 정부 부처와의 적극적 교류와 솔직한 소통과 간언을 통한 지방 발전의 적극 지지를 의미하였으며, '청렴함'은 기업 운영의 규율 준수와 떳떳한 기업 경영을 의미하였다.[32] 이러한 신형

---

31 中国共产党新闻网, "解构政商关系新生态：不能"勾肩搭背"也不能"背对着背"" http://cpc.people.com.cn/xuexi/n/2015/0327/c385474-26761604.html. (2021년 7월 19일 검색)

32 한편으로 시진핑은 18차 당대회 이래 전개되고 있는 공산당의 강도 높은 반부패 투쟁을 강조하면서, 일부 부패 안건에서 민영기업가들이 관계가 있음을 언급하였다. 시진핑은 일부 간부들의 주도적인 뇌물 요구 사례 및 기업 경영자의 주도적인

정부-기업가 관계는 2017년 19차 당대회를 통해서 '친밀하고 청렴한 신형 정부-기업가 관계의 구성'으로 재천명되었으며,[33] 2019년 10월의 19기 4중전회(十九屆四中全会)에서는 '친밀하고 청렴한 정부-기업가 관계 정책 체계의 구성 완비'로 명시되어 신형 정부-기업가 관계를 통한 정부 관료와 기업가 간 상호작용의 조정이 시진핑 시기 매우 중요하게 추진되는 정책임을 단적으로 보여주었다.[34]

요컨대, 시진핑 시기 국가-사영기업가 관계에 영향을 준 사영분야 관련 주요 정책들을 살펴보면 이하의 흐름이 전개된 것을 알 수 있다. 첫째, 사영분야의 성장과 발전에 대한 지지의 방침은 지속되었다. 이는 지속적으로 되풀이된 사영분야에 대한 흔들림 없는 격려, 지지, 인도의 방침과 사영분야의 퇴출의 논란에 대한 시진핑의 대응, 민영경제와 민영경제인사에 대한 중요성의 문건 내 명시 등으로 나타났다. 둘째, 사영분야에 대한 체제 내의 포섭 역시 지속적으로 추진되었다. 시진핑 시기 중국 공산당은 사영분야에 대한 당조직 건설을 강조하고 있으며, 통일전선을 통한 젊은 세대 사영기업가의 포섭과 정치적 신념 강화를 추진하였다. 셋째, 시진핑 시기 신형 정부-기업가 관계의 제시를 통한 국가-사영기업가 관계의 재조정 시도가 이루어졌다. 강도 높은 반부패 정책

뇌물 제공의 사례가 있음을 지적하면서, 간부들의 주도적인 뇌물 요구에 대해서는 단속의 강도를 높일 것이라고 언급하는 동시에, 기업가들의 주도적인 뇌물 제공 또한 경계로 삼아야 하며, 이러한 일을 절대로 해서는 안 된다고 경고하였다. 中央政府门户网站, "习近平：毫不动摇坚持我国基本经济制度 推动各种所有制经济健康发展" http://www.gov.cn/xinwen/2016-03/09/content_5051083.htm. (2021년 7월 2일 검색)

33 中央政府门户网站, "习近平：决胜全面建成小康社会 夺取新时代中国特色社会主义伟大胜利——在中国共产党第十九次全国代表大会上的报告" http://www.gov.cn/zhuanti/2017-10/27/content_5234876.htm. (2021년 7월 2일 검색)

34 中央政府门户网站, "中共中央关于坚持和完善中国特色社会主义制度 推进国家治理体系和治理能力现代化若干重大问题的决定" http://www.gov.cn/zhengce/2019-11/05/content_5449023.htm. (2021년 7월 19일 검색)

의 맥락 속에서 정부 관료와 민영기업가는 '친밀함'과 '청렴함'을 원칙으로 상호 교류할 것이 요구되었으며, 이러한 신형 정부-기업가 관계는 시진핑 시기 매우 중요하게 추진되었다.

III. 18차 당대회 이후 사영분야 관련 정책의 특징과 난점

이처럼 시진핑 시기 중국 공산당의 사영분야 육성과 사영기업가의 건강한 발전의 촉진을 위한 노력은 지속되었다. 그 결과, 사영분야는 양적인 측면에서 증가하였다. 2019년 현재 중국 사영기업의 수는 3,516만 개, 취업인 수는 2억 2,833만 명으로 성장하였고, 개체호의 수 또한 8,210만 개, 취업인 수 또한 1억 7,691만 명에 달하게 되었다.[35] 이는 2012년 대비 사영기업 2,430만 개, 취업인 1억 1,537만 명의 증가와 개체호 4,151만 개 및 취업인 9,063만 명 증가를 의미하는 것이었다. 특히, 2019년 현재 도시 지역의 사영기업 취업인 수는 1억 4,567만 명, 개체호 취업인 수는 1억 1,692만 명에 달하였다. 그에 따라, 시진핑 시기 사영분야는 앞에서 시진핑의 발언 등에서 언급된 것과 같이 중국 경제의 중요한 부분을 차지하게 되었으며, 80% 이상의 도시 일자리와 90% 이상의 신규 일자리를 제공하는 취업의 주력군으로 자리매김하였다.[36]

사영분야에 대한 포섭의 노력 또한 성과를 거둔 것으로 보인다. 먼저,

---

35 国家统计局, "4-8 分地区工商登记注册的私营企业就业人数(2019年底)" http://www.stats.gov.cn/tjsj/ndsj/2020/indexch.htm. (2021년 7월 2일 검색); 国家统计局, ""4-9 分地区工商登记注册的个体就业人数(2019年底)" http://www.stats.gov.cn/tjsj/ndsj/2020/indexch.htm. (2021년 7월 2일 검색)

36 人民网, "把保障就业放在宏观政策优先位置(权威发布)" http://politics.people.com.cn/n1/2021/0831/c1001-32212728.html. (2021년 10월 10일 검색)

사영분야에 대한 당조직의 양적 증가가 이루어졌다. 중국 공산당은 2018년 말까지 158.5만 개의 사영분야 기업 법인단위에 당조직을 설립하였는데, 이는 2012년 대비 약 11만 개의 당조직이 증가한 수치였다(张月·刘兴平 2020).[37] 또한, 중국 공산당은 전국의 2,540여 개 성급 이상의 경제개발구, 첨단기술 산업구, 자유무역구 등 각종 원구(园区)에 '원구 당공작위원회(园区党工委)-비공유제 기업 종합 당위원회(非公企业综合党委)-당조직 건설 업무 지도 스테이션(党建工作指导站)-비공유제 기업 당조직(非公企业党组织)'의 4단계 업무 체계를 수립하여 원구의 50명 이상 기업에서의 당원 확보, 100명 이상 기업에서의 당조직 건설과 500대 민영기업의 당조직 전면 도달 등을 실현하였다.[38] 이러한 당조직의 양적 증가와 당조직의 영향력 확대는 시진핑 시기 사영분야에 대한 적극적 포섭의 지속을 단적으로 시사하였다.

또한, 여러 설문조사들은 젊은 사영기업가들의 중국 특색의 사회주의와 중국몽(中国梦)에 대한 공감대 형성을 보여주었다. 예를 들어, 후난(湖南) 지방의 젊은 세대 비공유제 경제 인사 관련 설문조사에 따르면 응답자의 90%가 사회주의 핵심가치관의 주창과 실천이 필요하다고 응답하였고(李桂梅·郑自立 2017), 안후이성(安徽省)의 설문조사에서 중국 특색의 사회주의 핵심가치관에 동조하는 젊은 세대 비공유제 경제 인사는 90.1%에 이르렀다(夏红莉 外 2019). 또한, 산시성(陕西省)의 설문조사에서도 '사회주의만이 중국을 구할수 있으며, 중국 특색의 사회주의만이 중국을 발전시킬수 있다'에 동의하는 피응답자 젊은 세대 비공유제 경제 인사는 85%에 달하였다(王晓琤·何虹 2017). 그 외, 윈난성 위시

---

[37] 中国共产党新闻网, "2018年中国共产党党内统计公报" http://cpc.people.com.cn/n1/2019/0701/c419242-31204440.html. (2021년 7월 2일 검색)

[38] 人民网, "以高质量党建助推非公企业高质量发展(奋斗百年路 启航新征程·党旗在基层一线高高飘扬)" http://politics.people.com.cn/n1/2021/0610/c1001-32127028.html. (2021년 7월 2일 검색)

시(玉溪市)의 설문조사에서도 '중국 특색의 사회주의 견지와 발전'에 대한 중요성에 공감하는 젊은 세대 비공유제 경제 인사는 응답자의 92.9%, 자신의 개인적 꿈(个人梦想)이 중국몽의 실현이라는 응답자는 43%, 개인적 꿈이 중국몽의 일부라고 인식한 인사는 89%에 달하였으며(胡伟 2020), 후베이성(湖北省)의 설문조사에서도 자신의 개인적 꿈이 중국몽의 실현이라고 응답한 젊은 세대 비공유제 경제 인사는 34.4%, 개인적 꿈을 중국몽의 일부로 인식하는 응답자는 90.6%에 달하였다(肖建平 2019). 이처럼 중국 국내에서 전개된 여러 설문조사에서 젊은 세대의 사영기업가들은 중국 특색의 사회주의와 중국몽에 동조하는 모습을 보여주었는데, 통일전선 업무를 통한 젊은 세대의 사영기업가에 대한 정치적 포섭에 대한 강조가 영향을 발휘한 것으로 보인다.

셋째, 국가-사영기업가 간 상호작용의 재조정을 위한 노력이 발생하였다.[39] 민영기업에 대한 정부 당국의 직접적 관료 파견을 통한 소통과 서비스 제공이 대표적 현상으로 제시될 수 있다. 예를 들어, 산시성(山西省)은 전국 최초로 지도자 간부와 민영기업 간의 연계 제도를 수립하여 성시현(省市县) 3급의 지도자 간부와 성 직속 부서의 민영기업 지원을 추진하였다. 그에 따라, 2016년 9월 산시성은 14,477명의 간부를 4,580

---

[39] 친밀하고 청렴한 신형 정부-기업가 관계의 형성을 위해 일부 지방정부들은 간부의 민영기업 일대일 지원, 민영기업과의 직접적 교류, 기업 현지 조사, 좌담회 개최 등의 형식으로 민영기업과의 소통을 강화하고, 민영기업의 어려움 해소에 도움을 주고자 노력하였다(王德宁 2017; 唐昊 2018; 秦丛丛 2020). 예를 들어, 선양시(沈阳市)의 경우 다양한 민영기업에 관련 정책 정보 제공, 민영기업 투자 증가, 기술혁신의 추동 등의 지원을 제공하고자, 1만 명의 간부가 1만 개의 기업에 대해 전화, 위챗 등을 통해 1대1로 기업의 어려움을 지원하는 활동(万人进万企)을 전개하였다(李盼盼·解建秀 2019; 齐洪华·赵艳 2021). 이를 통해 선양시는 2020년 11월까지 10,166명 간부의 11,282개 기업 지원과 현지 방문 16,976회, 시구 양급 기업 좌담회 732회 개최, 기업의 각종 요구사항과 문제 총 3,522개 안건의 해결 등의 성과를 거두었다. 新华网, "我市召开深化 "万人进万企"工作部署会议" http://www.ln.xinhuanet.com/2020-11/09/c_1126714436.htm. (2021년 7월 2일 검색)

개의 기업에 파견, 2달 동안 집중 기업 상주 서비스 제공의 업무를 수행하여 8,812개의 문제를 해결하는 성과를 거두었다(闫晓红 2017). 또한, 항저우시(杭州市)는 관할구역의 알리바바(阿里巴巴), 지리(吉利), 와하하(娃哈哈) 등 100개 중점 민영기업에 100명의 간부를 파견하여 정부사무대표(政府事务代表)로 상주하게 하여 기업들에게 정보 교류, 정책 소개 및 프로젝트의 추진 등 다양한 방면에서의 서비스를 무상으로 제공하고자 하였으며(陈一良 2019),[40] 허난성 허비시(鹤壁市)는 발전 잠재력이 있는 민영기업에 간부를 파견하는 서비스 봉사(服务管家) 제도를 통해 169명의 간부를 기업에 파견하여 자금, 전력이용, 환경보호, 직공 고용, 수속절차 등 358개의 문제에 대한 처리를 지원, 연인원 1만 1,000명에 달하는 기업 직공 관련 문제와 융자금액 22.3억 위안에 달하는 문제 해결에 도움을 주었다.[41]

더 나아가, 일부 지방에서는 정부 관료의 기업 파견과 기업 핵심인재의 정부 파견이라는 상호파견 현상이 등장하였다. 예를 들어, 저장성 하이닝시(海宁市)는 정부 간부의 기업 파견을 통한 기업의 어려움 해소와 기업 핵심 간부의 정부 부처 파견 및 학습활동 전개를 추진하였다. 구체적으로, 하이닝시는 180여 명의 간부를 기업에 장기 파견하여 당 건설 지도, 프로젝트 신고, 주식 개혁 상장, 심사 대행 등 30여 개의

---

40 浙江在线, "杭州向阿里巴巴等100家企业派驻"政府事务代表"" https://js.zjol.com.cn/ycxw_zxtf/201909/t20190920_11055129.shtml. (2021년 7월 2일 검색); 观察者网, "杭州市政府为何抽调干部进驻阿里、吉利等民企？" https://www.guancha.cn/politics/2019_09_23_518882.shtml. (2021년 7월 2일 검색). 한편으로 이러한 방침에 대해 당국의 기업 활동에 관한 개입의 확대를 우려하는 여론이 야기되었다. CNN Business, "China is sending government officials into companies like Alibaba and Geely" https://edition.cnn.com/2019/09/24/business/china-government-officials-companies/index.html (2021년 7월 2일 검색)

41 中国网, "河南鹤壁派驻干部到有潜力的民营企业企业"服务管家"真管事儿" http://henan.china.com.cn/news/2019-10/21/content_40927563.htm. (2021년 7월 2일 검색)

서비스를 전개하였으며, 기업의 핵심인사 22명을 주요 경제 부처에 배치, 관련 정책과 법규의 학습 및 혁신 능력의 제고를 도모하였다(朱建军 2019). 이처럼, 중앙의 친밀하고 청렴한 신형 정부-기업가 관계 제시 이후 일부 지방에서 추진된 친밀하고 청렴한 상호파견(亲清互挂)은 민영기업 관계자의 관련 정책 학습을 통한 재정 보조 확보 증가, 파견 간부의 협력을 통한 민영기업의 세수와 비용의 감면, 학습을 통한 민영기업 핵심 인재 성장 등의 혜택을 주었으며, 지방정부 입장에서도 지역 내 경영 환경의 개선을 통한 민영기업 유치 가능성 증가, 부처 업무 인력 부족의 해소 등의 효과를 제공하였다(郑春勇・杨乾 2020).[42]

요컨대, 시진핑 시기 일련의 정책은 사영분야의 양적 성장, 사영분야에 대한 당조직의 양적 증가와 영향력의 확대, 통일전선을 통한 젊은 세대 사영기업가의 중국 특색의 사회주의와 중국몽에 대한 동조, 신형 정부-기업가 관계의 제시 이후 국가-사영기업가 간의 상호작용 방식 변화 등의 특징을 보여주었다고 할 수 있다.

반면, 시진핑 시기 사영분야에 대한 적극적 육성과 정치적 포섭 노력에도 불구하고 사영기업 활동에서의 어려움 또한 야기되었다. 먼저, 강도 높은 반부패 정책의 맥락 속에서 추진된 신형 정부-기업가 관계 수립의 노력이 발생시킨 '청렴하나 친밀하지 않은(清而不亲)' 현상은 신형 정부-기업가 관계 수립에서 해결되어야 할 대표적인 문제점으로 지적된다(杨卫敏 2019; 刘丹 2021). '친밀하고' '청렴한' 신형 정부-기업가 관계의 수립에서 '청렴함'에 대한 국가의 요구는 왕래 및 접촉의 감소를 통해 해결할 수 있으나, '친밀함'에 대한 요구는 구체적인 기준이 모호하고, 업무를 전개하기 어렵다는 난점이 존재하는데(金彦海

---

[42] 이러한 친밀하고 청렴한 상호파견은 저장성 하이닝 외에도 하이옌(海盐), 핑후(平湖), 성저우(嵊州) 등의 지역과 광둥성의 후이저우(惠州), 산시성(陕西省)의 시안(西安), 산둥성의 칭다오(青岛) 등 다양한 지방에서 전개되었다.

2017), 일부 관료들은 기업가와의 관계에서 부패문제에 연루되지 않기 위해 기업가와의 접촉을 회피하거나, 소극적으로 대응하는 현상이 발생하였으며, 한편으로는 기존과 다른 새로운 교류 방식에 혼선을 가지게 되어 기업가와의 소통에서 어려움이 초래되었던 것이다(中共河南省委统战部课题组 2019; 江阴市委统战部江阴市委党校联合课题组 2017). 이는 정책 및 관련 규정에 대한 기업가의 정보 접근 어려움과 관료에 대한 기업가의 불신, 정부 관료의 복지부동 등의 문제를 야기하여 기업가의 활동에 어려움을 초래하는 것으로 지적된다(丁少英 外 2018; 沈启旺 2017; 张李娟 2019; 李淑萍·刘长松 2018).

둘째, 국가의 그림자은행 규제 강화와 사영기업 대출 확보의 어려움 문제 또한 극복되어야 할 중요한 과제로 지적된다. 그림자은행은 상업은행의 기능을 수행하나 감독을 받지 않는 비은행 금융 기관을 지칭한다.[43] 개혁기 중국의 사영분야는 공식적 대출 경로를 통한 신용대출의 확보에 어려움을 겪었다(余雪飞·宋清华 2013).[44] 한편으로, 2008년 금융위기 이후 빠르게 성장한 중국의 그림자은행은 중소형 민영기업 융자대출의 중요한 채널로 부상하였으나, 국가 감독 체제 외부에 존재하는 그림자은행은 금융 위험을 야기할 수 있는 잠재적 문제를 안고 있었기 때문에 규제의 대상으로 지적되었다(王喆 外 2017; 卢盛荣 外 2019).[45]

---

[43] 中央政府门户网站, "人民银行行长周小川：金融政策对金融危机的响应" http://www.gov.cn/gzdt/2011-01/04/content_1778426.htm. (2021년 9월 13일 검색)

[44] 개혁기 중국의 사영분야는 국유은행의 국유분야 지지와 사회안정, 국가의 발전 우선순위, 시장 수준보다 낮은 금리 유지에 대한 압력, 비국유분야 서비스 제공에 대한 조직적, 기술적 한계, 당국가 자원의 자본주의적 창업 투자 지원에 활용하는 것에 대한 이념적, 정치적 민감성 등의 요인에 따라 다양한 비공식적 금융 기재에 의존하여 발전하여 왔다(Tsai 2015; Tsai 2017).

[45] 그림자은행은 만기 불일치에 의한 유동성 위험, 신용 부도의 위험, 중앙은행의 화폐 정책에 대한 위험 등의 잠재적 불안요인을 가진 것으로 평가되었다(张明 2013).

이러한 맥락에서 2016년 말 시진핑은 중앙경제공작회의(中央經濟工作会议)에서 금융 리스크에 대한 대비와 해소에 대한 중요성을 강조하였으며, 2017년 2월 중앙재경영도소조(中央財經領導小組) 제15차 회의에서는 시장의 혼란에 대한 거버넌스와 위법 행위에 대한 규제 강화를 지적하여 그림자은행에 대한 단속을 전개하였다.[46] 그 결과 2017년 초 100.4조 위안에 달하던 광의의 그림자은행은 2019년 말 84.8조 위안으로 감소하였고, 협의의 그림자은행 또한 12조 위안이 감소한 39.14조 위안으로 크게 축소되었다(中国银保监会政策研究局课题组·中国银保监会统计信息与风险监测部课题组 2020).[47]

한편으로, 사영기업들은 은행으로부터의 대출 자금의 확보에 난항을 겪게 되었는데, 2018년 11월 중앙인민은행의 당위원회 서기이자 중국은행보험감독관리위원회(中国银保监会)의 주석인 궈수칭(郭树清)에 따르면, 은행의 대출에서 여전히 국유기업이 약 3/4을 차지하고, 민영기업은 1/4을 차지하였다.[48] 그에 따라 중앙인민은행은 은행의 신규 기업 대출에서 대형 은행의 민영기업 대출이 전체 1/3 이상, 중소은행의 민영기업 대출은 2/3 이상, 3년 이후 은행업계의 민영기업에 대한 대출

---

46 中国金融新闻网, "中国影子银行首份官方报告出炉透露后续监管方向" https://www.financialnews.com.cn/jg/dt/202012/t20201204_206995.html. (2021년 9월 13일 검색). 2017년 이후 정부 당국의 그림자은행 관련 정책에 관해서는 廖儒凯·任啸辰 (2019), 李文喆(2021), 肖钢(2019) 등을 참고.

47 중국은행보험관리감독위원회 정책연구국 과제조와 중국은행보험관리감독위원회 통계정보와 위험 감측 과제조의 연구(中国银保监会政策研究局课题组·中国银保监会统计信息与风险监测部课题组 2020)에 따르면, 광의의 그림자은행(广义影子银行)은 은행 동업의 특수목적기구, 위탁대출, 자금신탁, 은행 자산관리, 비주식 공모 펀드, 증권업 자산관리, 보험 자산관리, 자산 증권화, 비주식 사모펀드, 온라인 P2P 대출 등을 의미하며, 협의의 그림자은행(狭义影子银行)은 이들 중 리스크가 더 큰 일부 은행 동업의 특수목적기구, 일부 은행 자산관리(동업 자산관리, 비표준채권, 자산상품 등), 위탁대출, 자금신탁, 비주식 사모펀드, 온라인 P2P 대출 등을 지칭한다.

48 新华网, "郭树清中国人民银行党委书记 中国银保监会主席 打好'组合拳'纾解民营企业融资困境" http://www.xinhuanet.com/talking/character/2018110806.htm. (2021년 7월 16일 검색)

이 신규 기업 관련 대출의 50% 이상을 차지하도록 하는 '125'목표("一二五'目标)를 발표하였다.[49] 그렇지만, 이에 반하여 은행은 민영기업 대출에 소극적 태도를 보였는데, 이는 사영기업의 대출 상환이 국유기업보다 더 많은 시간이 걸리며, 대출의 담보가 국유기업보다 더 불충분하기 때문이었다(Schubert & Heberer 2021).[50] 이처럼, 시진핑 시기 민영기업은 그림자은행 등 비공식적 통로에 대한 규제 강화와 동시에 은행으로부터의 대출의 어려움을 경험하였으며, 2014년부터 2020년 12월 10일까지 발생한 채무불이행 전체 757건 중 71.2%, 채무불이행 액수 전체의 66.3%를 차지하였다(中银研究 2020).

셋째, 시진핑 시기 중국 사영분야가 처한 환경의 변화는 민영기업의 생존과 발전에 불리하게 작용하였다. 2017년 8월 미국의 트럼프 대통령은 미국무역법 301조에 기반을 둔 무역대표부의 중국의 기술이전, 지식재산권 등의 영역에서의 불공정행위에 대한 조사를 진행하였고, 2018년 4월에는 500억 달러 규모의 중국 수입품에 대한 25% 관세 부과를 선포하였는데, 이에 반발한 중국은 마찬가지로 500억 달러 규모의 미국산 수입품에 대한 25% 관세 부과로 대응하여 미중 간의 무역갈등이 본격화되었다(刘元春 2018).[51] 이러한 미중 간의 무역갈등은 민영기업의 성장과 발전에 큰 타격을 주었다(张丁予·张端民 2020). 특히 상품

---

49 新浪网, ""一二五"目标引导银行资产结构优化" http://www.xinhuanet.com/money/2018-11/12/c_1123697854.htm (2021년 7월 16일 검색).
50 그 외에도 은행의 민영기업의 거버넌스 구조, 재정관리, 미래전망 등 여러 항목에 대한 불신은 은행의 민영기업에 대한 대출에 의구심을 자아내어 많은 중소 규모 민영기업들의 대출을 어렵게 만드는 요인으로 지적된다(周志华 2018; 沈伟 2019).
51 이러한 미중 간의 무역갈등은 미중 양국의 전반적인 경제성장률 하락, 무역량의 감소를 초래하였고, 중국의 제조업 구매관리자지수(PMI) 부진, 위안화 화폐가치의 하락 등으로 이어지게 되었다. CNBC, "These 6 charts compare the US and China economies in the second year of their trade war" https://www.cnbc.com/2020/01/02/trade-war-6-charts-comparing-us-china-economies-and-markets-in-2019.html. (2021년 9월 16일 검색).

경쟁력이 약하고 대체성이 강한 기업은 크게 타격을 받았는데, 이는 기업의 공장 운영 중단과 직공의 일자리 문제를 초래하였다. 또한, 미중 무역갈등은 기업의 원자재 구매 가격 상승을 야기하여 기업의 어려움을 더욱 가속화시키는 요인이 되었다(金正·周睿 2020; 徐英 2020). 이처럼 미중 무역갈등의 여파에 따라 2018년 상반기 전체 3,100만여 개의 등록된 법인 중 약 1/6에 해당하는 약 504만 개의 기업이 파산하고 200만 명의 신규 실업자가 발생하였는데,[52] 파산한 500만여 기업 중 대다수는 민영기업인 것으로 보도되었다.[53]

한편으로 2019년 말 발생한 COVID-19 역시 기업의 생존과 발전에 큰 도전이 되었는데, 국유기업보다 민영기업이, 대형기업보다 소형기업이 주문 발주량의 감소, 생산력의 감소, 생산단가 상승, 이윤 감소 등 여러 측면에서 더 크게 영향을 받았던 것으로 지적되었다(中国企业家调查系统 2020; 万建民·郭立琦 2020).[54] COVID-19 발생 이후 시장의 위축과 수요의 감소, 생산요소, 상품, 서비스의 유통난과 생산재 및 소비재 순환의 악화 등의 요인은 민영기업의 경영에 어려움을 초래하였는데(王书柏·胡祎 2021; 程艳 2020; 梁小红 2021), 규모가 상대적으로 작고, 리스크 관리능력과 압력에 대한 대응능력이 부족한 중소 민영기업은 자금의 압박, 시장의 압력, 비용의 문제, 환경의 압력, 이윤의 압박 등의 측면에서 더 크게 타격을 받게 되었던 것이다(罗茜 2021; 侯立文 2021; 彭建国 2020). 그에 따라 2020년 1/4분기 동안 영업 취소 혹은

---

[52] 조선일보, "중국 - 美·中 무역분쟁 후 수출기업 심각한 타격, 올 파산 사상 최대 504만 곳… 6개 중 1개꼴" http://weeklybiz.chosun.com/site/data/html_dir/2018/11/01/2018110101973.html. (2021년 7월 2일 검색)

[53] 自由亚洲电台, "中国民营企业家：永远在通往监狱路上？" https://www.rfa.org/mandarin/yataibaodao/jingmao/wy-01162019115043.html. (2021년 7월 2일 검색)

[54] 新华网, "中国企业改革与发展研究会关于新冠肺炎疫情对企业经营发展影响的调查分析" http://www.xinhuanet.com/money/2020-03/28/c_1125782056.htm. (2021년 9월 28일 검색)

파산한 소형 민영기업은 46만 개에 이르렀으며(庄聰生 2020), 2020년 1월부터 11월까지 영업 취소 혹은 말소된 개체호, 개체호에서 전환된 기업(个转企) 등의 시장 주체는 모두 301만 개에 달하였다.[55]

이처럼 시진핑 시기 사영분야는 여러 가지 어려움에 직면하였다. 반부패의 맥락 속에서의 신형 정부-기업가 관계의 제시는 일부 관료들의 기업가와의 관계에서 대응을 회피하거나 소극적으로 만드는 문제를 야기하여 기업가들의 불만을 초래하였으며, 그림자은행 규제의 강화 속에서 은행의 소극적인 자금 대출의 태도는 사영기업의 대출원 확보의 난항을 초래하였다. 한편으로 시진핑 시기 전개된 미중 무역갈등과 COVID-19 등의 사태는 사영분야의 생존과 발전에 변수로 작용하였으며, 많은 기업들의 경영활동에 타격을 주었던 것으로 보인다.

Ⅳ. 결론

개혁개방 이후 중국 공산당은 사영분야의 육성을 위해 적극적인 지지의 표명 뿐만 아니라, 사영분야의 발전을 위한 법적 환경의 개선, 중앙 차원의 다양한 정책들의 발표가 이루어 지는 등 다양한 노력이 지속적으로 이루어졌다. 한편으로, 사영분야의 중요성이 대두됨에 따라 사영기업가의 입당 공식화, 사영분야에 대한 당조직 설립 모색 등 당국의 사영분야에 대한 정치적 영향력의 확대 또한 추진되었던 것을 알 수 있다.

---

[55] 新华网, "百万家倒闭, 小店"熬冬"" http://www.xinhuanet.com/fortune/2021-03/02/c_1127155545.htm. (2021년 9월 28일 검색). 개체호에서 전환된 기업(个转企)은 개체공상호가 기존의 생산경영 조건을 이용, 법에 의거하여 유한책임공사(有限責任公司), 개인독자기업(个人独资企业), 파트너십 기업(合伙企业) 등 각종 유형으로 재등록한 기업을 의미한다(俞萍 2014; 牛婵 2014).

한편으로, 시진핑 시기 중국 공산당은 사영분야의 발전을 격려하는 한편, 정치적 영향력을 확대하고자 하는 노력을 보여주었다. 예를 들어, 시진핑 시기 중국 공산당은 사영분야에 대한 인정과 격려를 지속적으로 보여주었으며, 일각에서 제기된 사영분야의 퇴출 논란에도 적극 수습하고자 하였다. 또한 사영분야 당조직을 통한 사영분야에 대한 정치적 침투와 통일전선을 통한 젊은 세대 사영기업가들에 대한 애국주의적 포섭이 추진되었다. 한편으로, 시진핑 시기 강도 높은 반부패의 맥락 속에서 정부 관료와 기업가 간의 상호작용에 관한 재조정이 이루어졌고, 이는 친밀하고 청렴한 신형 정부-기업가 관계를 통한 정부 관료와 사영기업가 간의 상호 교류의 새로운 원칙의 제시로 이어지게 되었다. 이러한 맥락에서 시진핑 시기 사영기업가와의 관계에 관한 정책은 사영분야의 적극적 육성과 체제 내부로의 포섭, 국가-사영기업가 관계의 재조정 등의 특징을 보였다고 볼 수 있다.

일련의 정책에 의해 사영분야의 양적성장과 당조직을 통한 사영분야 영향력 강화, 통일전선을 통한 젊은 세대 사영기업가의 중국 특색의 사회주의와 중국몽에 대한 동조 현상, 정부 관료의 사영분야 파견과 정부 관료 및 기업 인재의 상호 파견이라는 새로운 유형의 상호 교류 방식 등이 시진핑 시기 나타나게 되었다. 그러나 한편으로 신형 정부-기업가 관계의 제시 이후 정부 관료의 보신주의와 그에 대한 사영기업가의 불만, 사영분야 육성을 위한 대출원의 확보, 미중 무역갈등과 COVID-19 등 돌발변수에 대한 대응의 문제 등은 사영분야 관련 정책에서 추후 고민이 필요한 과제로 제시될 수 있다.

3장

시진핑 시기 국유분야의 약진과 사영분야

I. 서론

국유분야의 약진과 사영분야의 후퇴를 시사하는 국진민퇴(国进民退)에 대한 논란이 시진핑 시기 야기되었다. 국진민퇴(国进民退)는 경제구조의 조정 과정으로, 소유제 구조상 국유경제 비중의 증가와 민영경제 비중의 감소를 의미한다고 볼 수 있는데(余菁 2010; 周杨 2012), 협의적 의미에서 국진민퇴는 민영기업의 지배 권한의 국유기업으로의 이전 등 특정 기업이나 영역 내에서 국유기업의 민영기업 매입 혹은 영향력 확대 등 특정 산업 영역에서 국유경제의 시장 점유율 확대와 민영기업의 해당 영역 시장 점유율 감소 또는 퇴출 등을 의미한다고 볼 수 있으며(刘明宇 2012; 罗进辉 2013; 孔高文 外 2013), 광의적 의미에서 국진민퇴는 협의적 국진민퇴의 맥락 외에 정부의 시장 개입 혹은 거시적 통제의 강화로 이해될 수 있다(陈建芬 外 2009).[1]

---

1   이러한 국진민퇴에 대한 논란은 시진핑 시기 새로운 현상이 아니다. 국진민퇴 현상을 둘러싼 논란은 후진타오 시기인 2008년 글로벌 금융위기에 대한 대응과정에서 당국은 경기 활성화를 위해 제시한 4조 위안의 대부분이 국유분야를 통한 유입과

2018년 미중간의 무역 갈등과 그로 인한 거시적 경제환경의 변화는 중국 기업에 큰 영향을 야기하였다. 특히, 미국의 보호주의적 정책하에서 미국기업과 경쟁하는 것은 불가능하기 때문에 국유기업의 역량 강화를 통한 국제 경쟁 참여의 여론이 대두되었으며, 이는 국진민퇴의 논란을 야기하였다(何泓 2022; 江劍平 外 2020). 또한, 2018년 중국 주식시장의 위기는 국진민퇴 현상에 대한 논란을 심화시켰다. 구체적으로, 2018년 17개 지방의 국자위가 29개의 상장 민영기업을 매수하는 현상이 발생하여 국가자본에 의한 사영기업 접수 등에 대한 국진민퇴 논란을 야기한 것이었다(任森春·俞飞飞 2018; 郭芳·李永华 2018; 宋坤·田祥宇 2021).² 이에 대해 당시 국무원 부총리(副总理) 류허(刘鹤)는 국진민퇴는 존재하지 않는다며 이러한 논란을 일축하고자 하였다.³ 더 나아가, 사영분야의 지속에 대한 의구심을 표하는 사회적 여론의 등장과 그에 따른 논란이 발생되었다. 특히, 앞에서 살펴본 바와 같이, 2018년 1월 저우신청(周新城)의 '공산당원은 자신의 이론을 한마디로 개괄할 수 있다: 사유제의 소멸(共产党人可以把自己的理论概括为一句话：消灭私有制, 이하 사유제의 소멸)'의 제목의 글과 2018년 9월 '공유경제 발전에

국유기업들의 사영기업 인수합병 등의 현상이 야기되면서 심화되었다(刘瑞·王岳 2010; 任真 2010; 马淮 2012). 선행연구들에 따르면, 당시 중국에서 발생한 국진민퇴 현상이 시대적 흐름과 맞지 않는 현상임을 비판하는 관점(胡星斗 2010; 李明峰 2013; 詹花秀 2013), 국진민퇴와 관련된 현상들이 국가 이익의 보호 과정에서 발생할 수 있음을 강조하는 관점(吴强 2010; 陶正付 2012), 통계 데이터 등의 자료로 비추어 볼 때 총체적 측면에서 국진민퇴 현상이 발생하지 않았음을 지적하는 연구(胡乐明·王杰 2012; 胡鞍钢 2012), 국진민퇴 현상이 보편적으로 나타나는 것이 아니며, 일부 지역이나 업계에서 나타난다는 입장(汪海波 2011; 刘国光 2012) 등 다양한 반응을 보였던 것으로 풀이된다. 당시 국진민퇴를 둘러싼 다양한 견해들에 대해서는 彭腾·詹博(2010), 钱凯(2010) 등의 논의를 참고.

2 平言 (2018), "国企"接盘"民企并非"国进民退"", http://paper.ce.cn/jjrb/page/1/2018-10/18/09/2018101809_pdf.pdf. (2023년 4월 13일 검색)
3 新浪财经, "刘鹤：不存在"国进民退"的问题" https://finance.sina.cn/china/gncj/2018-10-19/detail-ifxeuwws5964642.d.html. (2023년 4월 13일 검색)

협조하는 시대적 소임을 다한 사영경제의 퇴출'을 주장한 우샤오핑(吴小平)의 글은 사영분야의 입지를 둘러싼 논란을 야기하였다. 구체적으로, 2018년 1월 저우신청의 '사유제의 소멸'은 팔로워 110만 명을 보유한 중국 공산당의 공식 이론지인 치우스(求是) 산하의 치즈(旗帜) 공식 웨이보(微博)에 공유, 게재되었다. 치즈 웨이보에 공유된 '사유제의 소멸'의 조회 수는 약 16일 만에 154만 회에 달하였고, 온라인상으로도 빠르게 확산되어 사회적으로 큰 반향을 야기하였다. 또한, 2018년 9월 우샤오핑의 '사영분야 퇴출론' 역시 온라인에 퍼진 이후 여론의 소란을 초래하였는데, 이는 당시 미중 무역갈등의 외부적 요인으로 인한 사영분야의 거센 압박과 당국의 사영경제 격려, 지지, 발전의 방침에 대한 일부 부처와 지방의 미집행과 그에 따른 사영기업의 어려움이 초래한 시기적 민감성 때문이었다. 우샤오핑의 사영분야 퇴출론은 다양한 중앙급(中央级) 주류 언론매체들로부터 비판을 받게 되었다.[4] 이에 대하여 2018년 11월 시진핑은 민영기업 좌담회를 통해 사영기업의 지위와 공헌을 인정하고, 사영경제 퇴출론을 반박하는 모습을 보였다(张霄 2019; 方福前 2021).

한편으로, 시진핑 시기 중국 당국이 제18기 중앙위원회 제3차 전체회의(中国共产党第十八届中央委员会第三次全体会议: 이하 18기 3중전회), 2017년 중국공산당 제19차 전국대표대회(中国共产党第十九次全国代表大会: 이하 19차 당대회), 2019년 중국공산당 제19기 중앙위원회 제4차 전체회의(中国共产党第十九届中央委员会第四次全体会议, 이하 19

---

[4] 昆仑策网, "秋枫晓理：周新城教授"消灭私有制"一文引起的反响" http://www.kunlunce.com/e/wap/show.php?bclassid=0&classid=16&id=126228. (2022년 7월 19일 검색); 中国记协网, "难忘50天——批驳"私营经济离场论"创作谈" http://www.zgjx.cn/2020-05/18/c_139065447.htm. (2022년 7월 19일 검색); 21经济网, "央媒批驳"私营经济离场论" 稳定企业界预期" http://www.21jingji.com/article/20180914/herald/cd9109280a475f842b44220a57f68946.html. (2022년 7월 19일 검색)

기 4중전회) 등을 통해 국유분야와 사영분야의 공동발전 방침을 강조함에 따라,[5] 다수의 연구들은 국유분야와 사영분야의 공존의 가능성에 주목하였다(张杰 外 2017; 汪立鑫·左川 2019).[6] 즉, 국유경제와 민영경제의 발전은 모순적이라고 볼 수 없으며(李晓鹏 2019), 국유기업과 사영기업의 관계가 대립적인 관계로만 볼 수 없기 때문에 국진민퇴(国进民退) 또는 국퇴민진(国退民进) 등으로 양자관계를 규정하기를 반대하고(胡梅玲 2016; 刘俊海 2018; 李锦 2018), 국유경제와 사영경제의 상호보완과 공동발전의 '국민공진(国民共进)'의 중요성을 강조하였던 것이다(中国宏观经济分析与预测课题组 2017; 何召鹏 2022).

그렇지만 일각에서는 시진핑 시기 국진민퇴 현상이 발생하고 있음을 지적한다(Yu 2019; Kennedy 2021). 선행연구에 따르면, 2000년대 중반 이후 중국 당국은 산업정책의 전환을 통해 첨단산업의 육성을 통한 경제 성장을 추진하게 되었는데(Tan 2021; Naughton 2021), 특히 시진핑 시기 국가의 자금 제공 및 소유제, 전략적 통제 등의 측면에서 영향

---

5 구체적으로 2013년 11월 중국 공산당은 18기 3중전회를 통해 공유제 경제와 비공유제 경제 모두 사회주의 시장경제의 중요구성요소이며, 중국 경제사회발전의 중요 기초임을 언명하였으며, 흔들림 없는 공유제 경제의 공고와 발전 및 흔들림 없는 비공유제 경제발전 격려, 지지, 인도의 '두 가지 흔들림 없음(两个毫不动摇)' 방침을 강조하였다. 이러한 '두 가지 흔들림 없음' 방침은 19차 당대회, 19기 4중전회 등에서도 되풀이되어 공유제 경제와 비공유제 경제 간의 관계가 공동발전의 관계임을 강조하였다(洪功翔 外 2018; 王欣·肖红军 2022; 谢富胜·王松 2020). 한편으로, 공유제 경제의 전형은 국유기업으로, 비공유제 경제의 전형은 사영기업으로 볼 수 있기 때문에(王欣·肖红军 2022), 본문에서는 공유제 경제에 관한 논의는 국유분야를 포함하는 것으로 이해하고, 비공유제 경제에 관한 논의는 사영분야를 포함하는 것으로 이해하고 분석하고자 한다.
6 한편으로 시진핑 시기에도 통계 데이터를 기반으로 국진민퇴 현상이 존재하지 않음을 지적하는 선행연구들이 존재하였는데(盖凯程 外 2019; 胡红亮·张俊祥 2019), 이에 대하여 冉昊(2020)는 정부의 정치, 경제, 사회 자원 점유 증가, 정부의 사영경제에 대한 과도한 개입, 국유기업의 사영기업 매입, 국유자본의 일부 영역에서의 확장 등의 측면에서 국진민퇴 현상을 주시해야 함을 지적하였고, 李稻葵(2019)는 정부주도의 투자 점유 비중의 증가와 국유경제의 신속한 발전과 동시에 사영기업 특히 중소기업의 융자난 심화 현상이 존재함을 언급하였다.

력 확대와 국가의 자원배치에서 역할 증가, 시장 및 사영기업의 역할 축소 등의 현상이 발생하고 있음을 지적한다(Huang 2019; Lardy 2019). 이러한 흐름 속에서 국가의 국유분야에 대한 선호와 사영분야 대비 대출적 측면에서의 혜택 증가는 사영분야의 어려움을 가중시켜 국진민퇴를 초래하는 것으로 지목되었고(Liu & Tsai 2021; Wright 2023), 국유기업의 경쟁력 강화(做强), 질적 개선(做优), 규모 확장(做大) 등 일련의 역량 강화를 위한 노력 또한 국진민퇴에 대한 논란을 야기하였던 것으로 평가되었으며(Zhang & Lan 2023), 국유자산의 사영분야에 대한 유입은 국가의 사영분야에 대한 영향력 강화로 풀이되었다(Pearson et al. 2022; Naughton & Boland 2023). 이처럼 국가의 경제에서의 영향력 확대와 국유기업 역량 강화를 통한 통제의 강화는 사영분야와 시장에 타격을 주었고, 사영기업의 가치하락 문제를 초래한 것으로 지적되었다(Zhai 2017; Hillman 2018).

본 장은 이러한 맥락에서 시진핑 시기 국유분야의 역량 강화가 사영분야에 어떠한 영향을 미치는가에 대한 검토를 진행하고자 한다. 이를 위해 본문은 구체적으로 이하의 연구질문을 제시한다. 첫째, 시진핑 시기 이전 국유분야의 약진은 어떠한 현상을 야기하였고, 어떠한 특징을 가지고 있었는가? 둘째, 시진핑 시기 국유분야의 역량 강화를 위해 추진된 일련의 정책들이 사영분야에 미친 영향은 무엇인가? 셋째, 국가의 사영분야로의 국유자본 투입은 사영분야의 성장과 발전에 어떠한 영향을 주었으며, 어떠한 파급을 야기하였는가? 궁극적으로, 일련의 흐름을 볼 때 시진핑 시기 국유분야 역량 강화를 위한 노력이 사영분야의 성장과 발전에 어떠한 함의를 주었다고 볼 수 있는가?

이러한 연구질문에 기반을 두어 본문은 이하의 내용을 주장한다. 첫째, 2000년대 초반 이후 국유분야의 약진, 톄번사건(铁本事件)과 랑구논쟁(郎顾之争) 등으로 야기된 국진민퇴의 논란은 2008년 금융위기 이후 당국의 대응과정과 일련의 국유분야의 영향력 확장 속에서 더욱 심화되었다. 둘째, 시진핑 시기 당국은 국유분야의 역량 강화를 추진하고 있는데, 이는 국유분야로의 금융지원 선호와 사영분야의 어려움 가중, 사영분야의 투자 위축 등의 현상을 초래하였다. 셋째, 시진핑 시기 혼합소유제(混合所有制) 개혁은 국유자본의 사영기업 지분 확보를 용인하여 국유자본의 사영분야 침투와 사영분야에 대한 국가의 영향력 확대를 야기하였다. 끝으로, 정부인도기금 등 국가의 투자수단을 통한 전략산업 육성은 국유분야의 사영분야에 대한 투자 확대와 사영기업의 금융 안정성에 대한 잠재적 위험성을 노출하였다. 이러한 맥락에서 시진핑 시기 전개되는 국유분야의 역량 강화와 영향력 확대는 사영분야의 성장과 발전에 큰 영향을 미치고 있다고 볼 수 있다.

II. 시진핑 시기 이전 국유분야의 약진과 국진민퇴 논란

개혁개방 이후 중국의 국유분야는 지속적인 개혁을 거듭하였다. 1978년 이후 중국 당국은 권력이양과 이윤양도(放权让利)의 기업 경영 자주권 확대의 국유기업 개혁을 추진하였으며, 기업의 소유권과 경영권을 분리하여 기업의 경영 권한을 강화하는 방침이 제시되었다(张维迎 2015; 胡迟 2018; 张嘉昕·孙舒悦 2020). 또한, 1992년 14차 당대회를 통해서 사회주의 시장경제체제의 건설이 중국 경제체제 개혁의 목표로 천명되었는데, 1993년 14기 3중전회(十四届三中全会)에서는 14차 당대회의 방침에 따라 국유기업의 현대 기업제도(现代企业制度) 건립을 목표로 한 개혁이 제시되어 국유기업 개혁은 현대기업제도 건설의 단계에 접어들게 되었다(中国管理40年项目课题组 2022). 더 나아가, 1997년 조대방소(抓大放小)를 주요 내용으로 하는 국유기업의 개혁이 전개됨에 따라 2007년에는 1998년 대비 공업 분야 국유기업의 83%가 민영화 또는 폐쇄의 길을 가게 되었고(Hsieh & Song 2015), 국유분야의 전략적 영역 집중과 일반 경쟁적 영역에서의 퇴출(吳敬璉 2011), 또는 국유경제 규모의 급속한 하락의 국퇴민진(国退民进) 현상이 발생하게 되었다(杨春学·杨新铭 2015).

한편으로, 중국 당국은 2003년 국유자산감독관리위원회(国有资产监督管理委员会: 이하 국자위)를 수립하여 국유자산관리의 주체 형성, 국유자산의 분권적 관리, 국유자산의 유실방지, 기업 거버넌스 구조 규범 개선, 국유기업의 주요업무과 보조업무 분리 등을 추진하였다(杨瑞龙 2018). 국자위는 국가를 대표하여 출자인의 직무를 이행하였고, 국민경제 생명과 국가 안보와 관련된 대형 국유기업, 인프라와 중요 천연자원 등을 관할 범위에 포함하였다.[7] 이러한 정책적 변화 속에서 중국의 국유기업은 정부와의 관계, 금융자원과 행정독점 등의 우위를 통해 민영기업에 밀리지 않는 성과를 거두게 되었는데(冀志罡 2009), 특히 중앙기업의 약진이 두드러지게 발생하였다.[8] 2003년 중앙기업은 196개에서 2007년 150개로 감소하였으나, 이윤의 총액은 3,006억 위안에서 9,968.5억 위안으로 3배 이상 증가하였고, 납세금액 역시 3,565억 위안에서 8,303.2억 위안으로 급증하였다(张卓元 2008). 이러한 시대적 흐름 속에서 학계에서도 국진민퇴에 대한 논의가 야기되었다. 국진민퇴의 용어는 2001년 최초로 언급되었는데(冷兆松 2013), 국가의 거시적 정책

---

7 天则经济研究所课题组, "国有企业的性质、表现与改革" http://unirule.cloud/xiazai/2015/20150917.pdf. (2023년 1월 6일 검색)

8 본문에서 중앙기업(央企)은 중앙관리기업(中央管理企业)을 의미하는데, 이는 국유기업의 일종으로 중앙의 당국가에 의해 직접적으로 통제되는 대형 기업 그룹 및 금융기관들을 지칭한다. 중앙기업의 정의와 개념에 대해서는 Li(2016)와 이하의 搜狐网 자료를 참고. 搜狐网, "中央企业的分类和级别" https://www.sohu.com/a/498030302_120056596. (2023년 6월 17일 검색)

의 조정에 따라 2004년과 2006년에 집중적으로 논의가 전개되기 시작하였다(李政 2010; 李中义 2014).

이 시기 발생한 톄번사건과 랑구논쟁은 국진민퇴 기조의 강화를 야기하였던 것으로 평가된다(刘金贺 外 2010). 2003년 당시 등록자금 3억 위안, 철강생산량 80만 톤의 사영기업 장수 톄번철강 유한공사(江苏铁本钢铁有限公司)의 법인대표 다이궈팡(戴国芳)은 연 생산 840만 톤, 총 투자 규모 105.9억 위안의 대형 철강 프로젝트를 위해 2002년 5월부터 7개 기업을 수립, 22개의 프로젝트로 분산하여 지방 관련 기관의 승인을 받고, 허위 재무보고를 통해 6개 금융기관으로부터 43억 위안을 대출받는 한편, 불법적으로 6,541무(亩)에 해당하는 토지의 징용을 승인받는 사건이 발생하였다(何伟 2004; 袁雪飞 2005; 李军杰·周卫峰 2005). 이에 대하여 중앙 지도부는 2004년 4월 톄번철강의 불법적 건설 프로젝트의 중단을 명령하였는데, 이러한 톄번사건은 중국의 거시적 통제에 새로운 전환점이 된 것으로 풀이되었다(杨勇·张晓霞 2008).

한편으로, 2004년 8월 홍콩중문대학 교수인 랑셴핑(郎咸平)은 그린쿨(Green Cool, 格林柯尔)의 회장(董事长) 구추쥔(顾雏军)이 국퇴민진의 과정에서 국가 재산을 착취하였다는 의문을 제기하였다(刘开云 2005). 구체적으로 랑셴핑은 그린쿨이 9억 위안으로 총 자산가치가 136억 위안이 넘는 커룽(科龙), 메이링(美菱), 야싱(亚星), 샹저우(襄轴) 등의 기업들을 인수합병하여 100억 위안이 넘는 국유자산에 대한 침탈의 의구심을 제기하였던 것이다.[9] 이에 반발한 구추쥔은 비방죄로 홍콩 고등법원에 공식 소송을 제기하였으며, 이는 언론 등에서 랑구논쟁으로 불리게 되었다(罗珊 2005). 랑구논쟁은 경제학계, 법학계 등에 큰 논란을 야기

---

9   新浪财经, "郎咸平：在"国退民进"盛筵中狂欢的格林柯尔" http://finance.sina.com.cn
    /t/20040816/1202951523.shtml. (2023년 1월 8일 검색)

하였고, 대중과 중앙 국가 관련 부서 역시 매우 중시한 사건이 되었는데, 한 기업의 병합에 대한 문제에서 국유기업의 재산권 개혁 지속 여부, 개혁과정에서 공평과 효율의 관계, 사영기업가의 공헌 평가 등으로 확대되었다(何贵忠 2005). 이러한 랑구논쟁은 중국의 경제 국면에서 국퇴민진이 국진민퇴로 대체되는 전환점으로 지적되었다(张紫藤 2016).

국진민퇴를 둘러싼 논란은 2008년 금융위기와 그에 대한 당국의 대응에서 더욱 가속화되었다. 2008년 금융위기의 극복과정에서 당국이 제시한 대대적인 경기부양책에서 중앙정부가 통제하는 대기업들이 대부분 수혜자로 등극했으며, 다수의 수출 의존적인 사영기업들은 국제무역의 침체 속에서 타격을 받게 되었다(Yang & Jiang 2012). 금융위기 이후 당국은 국유기업 중심으로의 합병과 인수, 초대형 국유기업을 통한 대대적인 산업구조조정이라는 재국유화를 통해 난관을 극복하고자 하였는데, 이것이 당시 국진민퇴 형성의 중요한 맥락이 되었다(김성옥 2012). 특히 당국은 금융위기에 대응하고자 4조 위안에 달하는 막대한 금액을 경기부양책으로 투입하였는데(王中保 2010), 4조 위안 투입의 대부분은 정부 주도의 인프라 건설 프로젝트와 공업 투자 프로젝트로 거의 90%는 국유기업이 확보하고, 사영기업의 참여는 거의 이루어지지 않은 것으로 지적되었다(杨速炎 2010; 陈功 2009). 이처럼 4조 위안의 약 90%에 달하는 금액이 국유기업으로 유입된 것으로 추산되었는데(Huang 2011), 이러한 막대한 금액의 유입은 국유기업의 확장에 조건을 제공하는 것으로 지적되어 경제영역에서의 국가의 약진이라는 결과를 초래하였던 것으로 풀이되었다(周明生 2012; Johansson & Feng 2016).

한편으로, 국유기업의 강력한 경쟁력을 가진 동일업계 내 사영기업에 대한 인수합병이 전개되었다. 2009년 9월에 발생한 국유기업 산동 철강(山东钢铁)의 사영기업 르자오 철강(日照钢铁) 병합 사례는 국진민퇴 현상을 보여주는 대표적 사건으로 평가된다(杨卫东 2013). 장기간 적자를 면치 못하던 국유기업인 산동 철강은 2009년 상반기 12.85억 위안의 적자를 거두었던 반면, 르자오 철강은 2003년 생산에 들어간 이후 연 50%의 성장을 거듭하여 중국 내 2위의 철강 사영기업으로 빠르게 성장하여 2009년 상반기 18억 위안의 순이익을 실현한 상황이었다(曹思源 2010; 新财经 2009). 그러나 산동성 정부의 강력한 개입하에 산동 철강의 르자오 철강으로의 증자 형식으로 구조조정이 이루어지게 되어 산동 철강은 67%의 지분을 가지게 되었고, 르자오 철강은 33%의 지분을 가지게 되었다(李明峰 2011). 그 결과, 거대한 적자를 기록하던 국유기업인 산동 철강은 이윤을 실현하던 르자오 철강을 인수 합병한 이후 새로운 철강업계의 거두로 도약하게 되었으나, 과거 눈부신 업적을 거두었던 사영기업 르자오 철강은 그 이후 사라지게 된 것이었다(袁晶 2010).

또한 정부 주도하에 특정 산업의 국유기업 중심으로의 재편 현상이 야기되었다. 산시(山西) 탄광(煤矿) 병합과 구조조정은 이러한 유형의 국진민퇴를 반영하는 현상으로 평가되었다(余菁 2010). 2009년 4월 산시성 정부는 〈탄광 기업 병합 구조조정 통합의 진일보 촉진 관련 문제에 관한 통지(关于进一步加快推进煤矿企业兼并重组整合有关问题的通知)〉를 발표하여 산시성의 탄광 통합을 대대적으로 전개하는데(王佳 2012), 중메이 그룹(中煤集团), 산시 석탄 수출입 공사(山西煤炭进出口公司), 통메이 그룹(同煤集团), 산시 자오메이 그룹(山西焦煤集团), 루안 그룹(潞安集团), 양메이 그룹(阳煤集团), 산시 진청 우옌메이 그룹(山西晋城无烟煤集团) 등 국유기업 중심으로의 탄광 병합이 추진되었다(张晨耕 2012). 그에 따라 2010년 2,200여 개의 탄광 기업 주체는 130개로 감소하였고, 연 생산능력 1억 톤급의 특대형 탄광 그룹 4개, 연 생산 능력

5,000만 톤급 이상의 대형 탄광 그룹 3개 등으로 재편되었는데(郭玉亮 2010), 구조조정 과정에서 폐쇄된 중소형 탄광 기업은 상당수 사영기업이었고, 국유자본과 국유기업이 민간자본을 밀어내는 문제를 노정하였다는 점에서 국진민퇴 현상을 반영하는 것으로 지적되었다(王红茹·张伟 2010; 张晨耕 2012).

그 외에도, 국유기업의 경쟁부문으로의 확장 현상 또한 출현하였다. 2009년 7월 중국의 최대 식용유 식품기업인 중량그룹(中粮集团)은 허우포 기금(厚朴基金)과 연합하여 61억 홍콩 달러를 투자하여 멍니우(蒙牛)의 20%에 해당하는 주식을 매입, 멍니우의 최대주주가 되었다.[10] 이를 통해 중량그룹은 낙농업(乳业)으로의 진출과 경작지에서 식탁까지의 '전산업 체인(全产业链)' 구상 실현에 한 걸음 더 다가서게 되었고(张君 2009; 新经济导刊 2009; 高燕 外 2012), 2008년 멜라민 파동 등의 여파로 경영에 어려움을 겪었던 멍니우 역시 국유기업인 중량그룹으로 인해 어려움에서 벗어날 수 있었다(许艳芳 2009; 雷永军 2009). 그렇지만, 경영에 대해서 관여하지 않겠다던 중량그룹이 멍니우의 경영권을 확보하여 멍니우가 중량그룹의 식품 부문에 소속된 회사로 전락되었다는 점에서 해당 사례는 중앙기업의 경쟁부문 침투의 성격을 가진 국진민퇴의 한 유형으로 평가되었다(김성옥 2012; 黄志伟·邝龙 2012).

결론적으로, 개혁개방 이후 국유분야의 개혁 속에서 국유경제의 규모는 지속적으로 감소하였으나, 2000년대 초반 이후 국자위를 통한 국유기업의 성과 개선, 톄번철강의 불법적 건설 프로젝트 문제가 야기한 톄번사건과 그린쿨의 국유기업 인수합병 문제가 초래한 랑구논쟁 등으로 국진민퇴에 관한 논의가 전개되었다. 이러한 국진민퇴의 논란

---

10 中央政府门户网站, "中粮集团6日宣布入股蒙牛 收购价高达61亿港币" http://www.gov.cn/jrzg/2009-07/06/content_1358661.htm. (2023년 1월 14일 검색)

은 2008년 금융위기를 둘러싼 당국의 대응 속에서 더욱 심화되었다. 특히, 당시 당국의 글로벌 금융위기의 극복을 위한 경기부양책의 수혜자로 국유기업들이 등장하고, 만년 적자를 기록하던 국유기업의 건실한 동종업계 사영기업에 대한 인수합병, 정부 주도의 특정 산업에 대한 국유기업 중심으로의 개편, 국유기업의 사영기업 인수합병을 통한 경쟁부분으로의 확장 등의 현상이 관찰되면서 국유분야의 약진과 그에 따른 사영분야의 후퇴를 지칭하는 국진민퇴 현상이 발생한 것으로 지적되었다. 이처럼 당시 시대적 흐름과 국가의 정책적 기조 속에서 발생한 국유분야의 역량 강화는 사영분야에 대한 국유분야의 영향력 확대를 야기한 것으로 볼 수 있다.

III. 시진핑 시기 국유분야의 역량 강화와 사영분야

한편으로, 시진핑 시기 국유기업 개혁의 목표이자 지도사상의 핵심으로 국유기업의 경쟁력 강화(做强), 질적 개선(做优), 규모 확장(做大)의 방침이 제시되었는데(何干强, 2016; 马东艳 2018), 이 또한 사영분야의 성장과 발전에 큰 영향을 준 것으로 보인다. 구체적으로, 국가 최고 지도자 시진핑은 2013년 국자위에 대한 업무 지시(批示)에서 국유기업의 경쟁력 강화, 질적 개선, 규모 확장의 방침을 최초로 언급하였고(程恩富 2018), 2016년 7월 전국 국유기업 개혁 좌담회(全国国有企业改革座谈会)를 통해서는 당당하게 국유기업의 경쟁력 강화, 질적 개선, 규모 확장을 추진할 것을 강조하는 한편,[11] 같은 해 10월 전국 국유기업 당의

11　新华网, "理直气壮做强做优做大国有企业" http://www.xinhuanet.com/politics/2016-07/06/c_1119173933.htm. (2023년 3월 14일 검색)

건설 공작 회의(全国国有企业党的建设工作会议)에서도 국유기업 경쟁력 강화, 질적 개선, 규모 확장의 흔들림 없는 추진을 재차 언급하였다.[12] 이러한 시진핑의 국유기업의 역량 강화에 대한 강조는 당국가 차원의 중요 방침으로 이어져 국유기업 개혁의 중요한 이론적 기반이 되었다 (丁晓钦 2021).

예를 들어, 2015년 중국 당국은 〈중공중앙과 국무원의 국유기업 개혁의 심화에 관한 지도 의견(中共中央国务院关于深化国有企业改革的指导意见: 이하 지도 의견)〉을 통해 국유기업 개혁 심화를 위한 지도사상(指导思想)으로 국유기업의 경쟁력 강화, 질적 개선, 규모 확장과 국유경제 활력, 통제력, 영향력, 리스크 방지 능력의 부단한 강화 등을 제시하였고,[13] 2017년 10월 19차 당대회를 통해 국유자본의 경쟁력 강화, 질적 개선, 규모 확장 추동 등의 방침을 언급하는 한편,[14] 2022년 10월 20차 당대회를 통해서도 국유자본과 국유기업의 경쟁력 강화, 질적 개선, 규모 확장 추동과 기업 핵심 경쟁력 강화 등을 명시하여 당과 국가 차원의 국유기업 개혁의 중요한 방침으로 자리잡았음을 단적으로 내포하였다.[15] 이러한 맥락에서 시진핑 시기 중국 당국은 국유기업의

---

[12] 新华网. "习近平在全国国有企业党的建设工作会议上强调:坚持党对国企的领导不动摇" http://www.xinhuanet.com/politics/2016-10/11/c_1119697415.htm. (2023년 3월 14일 검색) 그 외에도 시진핑은 국유기업 경쟁력 강화, 질적 개선, 규모 확장에 대한 필요성을 수차례 언급하여 국유기업 역량 강화의 중요성과 의의를 강조하였다. 이에 대한 자세한 논의는 宋方敏(2018), 张国(2018) 등을 참고

[13] 中国政府网, "国资委主要负责同志就《关于深化国有企业改革的指导意见》答记者问" http://www.gov.cn/zhengce/2015-09/13/content_2930382.htm. (2023년 3월 14일 검색)

[14] 中国政府网, "习近平：决胜全面建成小康社会 夺取新时代中国特色社会主义伟大胜利——在中国共产党第十九次全国代表大会上的报告" http://www.gov.cn/zhuanti/2017-10/27/content_5234876.htm. (2023년 3월 14일 검색)

[15] 中国政府网, "习近平：高举中国特色社会主义伟大旗帜 为全面建设社会主义现代化国家而团结奋斗——在中国共产党第二十次全国代表大会上的报告" http://www.gov.cn/xinwen/2022-10/25/content_5721685.htm (2023년 3월 14일 검색)

역량 강화를 추진하였던 것으로 평가되었다(Economy 2018).[16]

당국의 국유기업 경쟁력 강화, 질적 개선, 규모 확장이라는 방침 속에서 국유기업의 약진 현상이 발생하였다. 먼저, 국유기업의 고속 성장이 달성되었다. 2021년 전국의 국유자산 계통 감독 관리 기업의 자산 총액은 259조 3,000억 위안이 되었는데, 이는 2012년 대비 2.6배 증가한 수치이며, 연평균 15.4% 성장의 달성을 의미하였다. 또한, 전국 국유자산 계통 감독 관리 기업이 2012년부터 2021년 기간 동안 실현한 부가가치는 111조 4,000억 위안에 달하여 연평균 9% 성장의 성과를 거둔 것으로 지적되었다(本刊记者 2022; 黄群慧 2022). 그 외에도, 중앙기업의 자산 규모 역시 2012년 40조 위안에서 2021년 75조 6,000억 위안으로 141% 정도 증가하는 한편, 중앙기업이 달성한 이윤 누적 총액 역시 15조 7,000억 위안에 달하여 연평균 8%의 증가율을 보였으며, 순이익 역시 2012년 9,000억 위안에서 2021년 1조 8,000억 위안으로 연평균 7.9% 증가하였던 것으로 평가되었다(胡鞍钢 2023; 原诗萌 2022; 闫永 外 2022). 이러한 흐름 속에서 국유기업의 국제무대에서의 경쟁력 역시 향상되어 세계 500대 기업에 진입한 국유기업의 수 역시 2012년 65개에서 2021년 96개로 증가하였다.[17]

그러나 한편으로 이러한 국유기업 역량 강화는 사영 분야에도 적지 않은 영향을 준 것으로 보인다. 특히, 당국의 강한 국유분야 형성에 대한 선호는 금융지원의 측면에서 국유분야의 상대적 혜택 증가를 야기하던 것으로 지적된다(DiPippo et al. 2022). 정부 당국의 국유분야에

---

[16] 그에 따라 시진핑 시기 중국 공산당은 국유기업의 경쟁력 강화를 위한 일련의 개혁을 추진하였다. 이 시기 중국 공산당이 추진한 일련의 구체적인 개혁 내용에 대해서는 张鹏 外(2023), 孙明华 外(2022) 등을 참고.

[17] 国务院国有资产监督管理委员会, "经济日报：96家进入世界500强！国企十年成绩单" http://www.sasac.gov.cn/n2588025/n2588139/c25171690/content.html. (2023년 3월 14일 검색)

대한 금융지원 선호 속에서 사영분야의 어려움 가중 현상이 초래되었다. 예를 들어, 2012년부터 2018년까지 중국의 비금융 상장기업(非金融类上市公司) 중 국유기업이 확보한 정부 보조금은 연평균 906.87억 위안인 반면, 사영기업이 받은 정부 보조금의 연평균은 그 절반에 못미치는 423.53억 위안에 달하였다(张晨 外 2022). 한편으로 사영분야는 국유분야에 비해 대출 등의 측면에서 차등적인 대우를 받았던 것으로 평가되었는데(刘燕 2019; Garcia-Herrero & Ng 2021), 단적으로 2021년 전국 기업의 평균 대출 금리는 4.61%였던 반면 사영기업의 평균 대출 금리는 5.26%로 사영기업은 국유기업 등을 포함한 기업의 평균보다 더 높은 대출 금리의 문제에 직면하였던 것으로 지적되었다(王欣·肖红军 2022). 이러한 상황에서 전개된 정부 당국의 그림자 금융에 대한 대대적인 규제는 사영분야의 대출의 어려움을 더욱 가속화하여 2014년부터 2020년까지 발생한 채무불이행의 71.2%가 사영분야에서 발생하는 등 국진민퇴에 대한 논란을 초래한 것으로 지목되었다(中银研究 2020).[18]

이러한 흐름 속에서 사영 분야의 투자 위축 현상이 발생하였다. Lardy(2014; 2019)에 따르면, 개혁개방 이후 국유분야의 전체 투자는 1980년 82%에서 점차 감소하였던 반면, 사영 분야의 전체 투자는 점차 증가하여 2006년 36%에서 2011년 48%에 달하게 되었다. 그러나 이러한 사영 분야의 투자 속도는 시진핑 집권 이후 점차 감소세에 접어들었

---

18 Hirson, M. (2019), "State Capitalism and the Evolution of "China, Inc.": Key Policy Issues for the United States Testimony before the U.S.-China Economic and Security Review Commision on "China's Internal and External Challenges"" https://www.uscc.gov/sites/default/files/Hirson_USCC%20Testimony_FINAL.pdf. (2023년 4월 3일 검색); Christensen, C. P. (2019), "State Advances, Private Retreats" https://english.ckgsb.edu.cn/knowledges/soes-versus-private-firms-in-china-retreat/. (2023년 4월 3일 검색). 사영분야의 채무불이행과 그림자 금융 등에 대해서는 앞 장에서 검토한 바 있다.

고, 특히 2016년 이후에는 국유분야보다 더욱 저조한 증가세를 보이게 된 것으로 분석되었다(Lardy 2018; Lardy 2019). 사영 분야의 투자 위축 현상은 2022년 더욱 현저하게 나타나 국유분야의 투자는 약 10% 정도 증가한 반면, 사영분야의 투자는 0.9% 가량의 상승만 발생하였는데, 이러한 사영 분야의 투자 위축 현상은 향후 국가 발전의 잠재력을 저해시킬 수 있는 요인으로 지목되었다.[19]

둘째, 시진핑 시기 강조된 혼합소유제 개혁은 국유자본의 사영기업 투자를 용인하여 국유자산의 사영 분야에 대한 침투와 영향력 확대를 야기하였다(Wang et al. 2022c; Beck 2023). 시진핑 시기 중국 공산당은 2013년 11월 18기 3중전회에서 통과된 〈중공중앙의 전면심화개혁의 약간의 중요 문제에 관한 결정(中共中央关于全面深化改革若干重大问题的决定)〉을 통해 국유자본과 집체자본(集体资本), 비공유 자본(非公有资本) 등의 교차 지분 보유와 상호 융합의 혼합소유제 경제를 기본 경제제도의 중요 실현 형식으로 명시하는 한편, 비공유제 기업의 국유기업 개혁 참여와 비공유 자본 지주의 혼합소유제 기업 발전, 조건을 갖춘 사영기업의 현대화 기업 제도 건설 등의 격려 방침을 제시하였다.[20] 이처럼 혼합소유제 개혁은 민간투자자의 국유기업 지분의 일부 확보를

---

19 PIIE, "China's support for the private sector is only lip service so far" https://www.piie.com/blogs/realtime-economics/chinas-support-private-sector-only-lip-service-so-far. (2023년 4월 3일 검색)

20 中央政府门户网站, "中共中央关于全面深化改革若干重大问题的决定" http://www.gov.cn/jrzg/2013-11/15/content_2528179.htm. (2022년 7월 19일 검색). 그 외에도, 국무원은 2015년 9월 〈국유기업 혼합소유제 경제 발전에 관한 의견(关于国有企业发展混合所有制经济的意见)〉을 제시하여 혼합소유제 경제 발전의 총제적 목표와 기본 원칙을 제시하였고(王婷·李政 2020), 2020년 중앙전면심화개혁위원회(中央全面深化改革委员会) 제4차 회의를 통해서는 〈국유기업 개혁 3년 행동방안(2020-2022년)(国企改革三年行动方案(2020-2022年))〉을 통과하여 국유기업 혼합소유제 개혁 심화를 위한 행동 지침을 언명하였다(张晶 2023). 혼합소유제 개혁에 관한 일련의 흐름에 대해서는 李正图(2022), 石颖(2022) 등의 내용을 참고.

용인하는 것으로 이해되었다(여유경 2014). 특히 2013년 이후 2020년까지 중앙기업은 약 4,000개 항목의 혼합소유제 개혁을 단행하여 1조 5,000억 위안을 초과하는 각종 유형의 사회적 자본을 확보할 수 있었고,[21] 〈국유기업 개혁 3년 행동 방안(2020-2022년)〉을 통해 2020년 이래 9,000억 위안을 초과하는 사회적 자본을 유입하는데 성공하였다.[22] 이처럼, 혼합소유제 개혁을 통해 국유기업은 막대한 민간자본의 유입을 달성할 수 있었던 반면, 상장 국유기업의 민영 통제로의 유의미한 전환의 흐름은 존재하지 않는 것으로 지적되었다.[23] 한편으로, 혼합소유제 개혁은 국유자본의 사영기업 지분 확보의 용인을 초래하였다(Naughton 2017).

구체적으로, 2015년 9월 발표된 〈지도 의견〉은 국유자본의 비국유기업에 대한 다양한 방식으로의 주식 투자를 격려하였는데, 특히 발전 잠재력이 있고, 성장성이 강한 비국유기업에 대한 지분투자를 명시하였다.[24] 이처럼 시진핑 시기 혼합소유제 개혁은 민간자본의 국유기업 지분 참여뿐만이 아닌, 국유자본의 민간기업 지분 참여 또한 시사하였던 것이다(이홍규 2016). 그 결과, 국유자본의 상장 사영기업에 대한 투자가 증가하였다. 특히, 2018년까지 중국의 A주 시장에 상장된 사영기업 전체 60% 이상에 해당하는 약 1,400개의 기업이 이미 국유 주주를

---

[21] 国务院国有资产监督管理委员会, "中国新闻网：国务院国资委：7年来央企"混改"引进社会资本逾1.5万亿元" http://www.sasac.gov.cn/n4470048/n13461446/n15390485/n15390510/c15671411/content.html. (2023년 4월 24일 검색)

[22] 中国政府网, "国企改革三年行动, 带来哪些改变？" http://www.gov.cn/xinwen/2023-02/01/content_5739479.htm. (2023년 4월 24일 검색)

[23] Asia Society Policy Institute, "State-owned Enterprise" https://aspi-gist-cdn.sfo2.digitaloceanspaces.com/chinadashboard/websites/5ff763b6d9ac920410bd7c65/pages/5ff763b9d9ac920410bd7c6f/pdf/SOE─Winter_2021.pdf. (2023년 4월 24일 검색)

[24] 中央政府门户网站, "中共中央国务院关于深化国有企业改革的指导意见" http://www.gov.cn/gongbao/content/2015/content_2937313.htm. (2022년 7월 19일 검색)

받아들여 혼합소유제 개혁을 진행한 것으로 분석되었다(孙亮·刘春 2021). 그 외에도 2019년 국유기업의 상장 사영기업 구매를 위해 1,290억 위안을 상회하는 규모의 거래가 발생하였으며(Beck 2023), 2020년에도 시가 총액 2,000억 위안에 해당하는 액수에 대한 국유자본의 상장 사영기업 주식매입이 진행된 것으로 풀이되었다.[25]

또한, 2015년 중국의 주식 시장 위기의 경험은 당국의 국유기업에 대한 신뢰 강화를 초래한 것으로 보인다. 2015년 상하이 증권거래소의 종합지수가 거래일 기준 60일도 되지 않아 40% 넘게 폭락하고, 당시 중국 GDP의 30%를 넘어서는 가치에 해당하는 21조 위안 이상의 주식 가치가 증발하는 현상이 발생하였다(Li & Zheng 2023). 한편으로, 상하이 및 선전 증권 시장의 2,800개의 상장 기업 중 1,600개 이상 기업의 거래 중단이 승인되는 사태 또한 야기되었다(Li 2015). 이러한 위기에 대응하기 위해 2015년 6월부터 중국 증권 금융 주식 유한공사(中国证券金融股份有限公司)와 중앙 후이진 투자 유한 책임 공사(中央汇金投资有限责任公司)는 21개의 중개 기관에 자금을 대출하는 한편, 국가대표팀(national team)을 구성하여 주식매입에 참여하였다. 국가대표팀은 약 1조 5,000억 위안으로 추산되는 막대한 금액을 통해 1,000개가 넘는 상장 기업의 지분을 매입하여 위기에 대응하였다(Zeng et al. 2016; Cheng et al. 2022). 이러한 2015년 증권 시장을 둘러싼 혼선은 보수적인 정치 엘리트의 정부의 금융위기 방지를 위한 필수적인 수단으로써의 중앙기업의 역할에 대한 확신을 공고화하였다(Leutert 2016). 이러한 일련의 흐름 속에서, 2019년 현재 중국 증권 금융 주식과 중앙 후이진 투자 유한 책임 공사는 국유기업과 사영기업 양자 모두에 걸쳐 균등

---

[25] 德勤, "【国企改革】德勤国企改革系列报告之《以"混股权"促"改机制"——混合所有制改革进入新阶段》" https://www2.deloitte.com/cn/zh/pages/soe/articles/white-paper-on-the-new-stage-of-mixed-reform.html. (2023년 4월 6일 검색)

한 수준에서 1,175개 기업의 지분을 보유하고 있는 것으로 분석되었다(Chen & Rithmire 2020).[26] 이처럼, 혼합소유제의 전개는 국유자산의 사영분야에 대한 침투를 정당화하는 수단이 되었고, 어려움에 처한 사영기업의 지분 매입을 국가가 주도함으로써, 사영분야에 대한 국가의 영향력 확대에 큰 영향을 미친 것으로 보인다.

셋째, 당국의 국유자산을 통한 사영분야에 대한 영향력 확대를 들 수 있다. 시진핑 등 국가지도부는 경제의 민영화, 자유화 대신 중앙통제의 강화를 선택하였고(Oh 2021), 정부 의견에 부합하는 방향으로 사영기업들을 육성할 수 있는 재정적 지원을 더욱 강화하였다(Naughton 2019). 그에 따라 국가의 투자 수단을 통한 전략산업의 육성과 사영분야에 대한 영향력 강화가 이루어졌는데, 이에 대한 대표적인 사례가 정부인도기금(政府引导基金)으로 지적된다.[27] 정부인도기금이란 각급 정부가 예산안배를 통해 단독 출자하거나, 사회자본과 공동으로 출자하여 설립한 정책성 기금을 지칭하는데(蔣亮 2019; 杜萍秀・刘金润

---

[26] Rithmire, M. (2021), "Testimony before the U.S.-China Economic and Security Review Commission: U.S. Investment in China's Capital Markets and Military Industrial Complex" https://www.uscc.gov/sites/default/files/2021-03/Meg_Rithmire_Testimony.pdf. (2022년 7월 20일 검색)

[27] 정부인도기금은 넓은 의미에서 창업투자인도기금(创业投资引导基金), 산업인도기금(产业引导基金) 및 중소기업 창업기금(中小企业创新基金) 등을 포괄하는 개념으로(李艳 2017; 李善民・梁星韵 2020), 孟春 外(2016)에 따르면 중앙 차원에서 집적회로 산업 투자기금(集成电路产业投资基金), 현대 종업 발전기금(现代种业发展基金), 농업산업발전기금(农业产业发展基金), 과학기술 성과 전환 인도기금(科技成果转化引导基金), 문화산업투자기금(文化产业投资基金), 국가신흥산업 창업투자 인도기금(国家新兴产业创业投资引导基金), 국가 중소기업 발전기금(国家中小企业发展基金) 등 다양한 유형의 정부인도기금이 존재한다. 따라서, 본문의 정부인도기금에 대한 검토는 Naughton(2020), Chen & Rithmire(2020), Blanchette(2020) 등의 선행연구에서 다루어진 산업인도기금 등에 대한 논의를 포함해서 이루어지고 있음을 밝히고자 한다. PIIE, "Government-Guided Funds in China: Financing Vehicles for State Industrial Policy" https://www.piie.com/blogs/china-economic-watch/government-guided-funds-china-financing-vehicles-state-industrial-policy. (2023년 4월 6일 검색)

2021; 曹珺 2011), 재정자금의 레버리지를 이용해 사회자본을 동원, 특정 지역의 산업이나 기업을 지원하는 것이 본질적 특징이다.[28] 2001년 5억 위안 규모의 중관춘 창업투자 인도기금(中关村创业投资引导基金)을 시초로 시작된 중국의 정부인도기금은 시진핑 시기 빠르게 성장하였다(邢斯达 2017; 孙雯 外 2017).

특히, 2014년 5월 당시 국무원 상무회의는 중앙 재정의 신흥산업 창업투자 인도자금(新兴产业创投引导资金) 규모 확대와 국가 신흥산업 창업투자 인도기금(国家新兴产业创业投资引导基金) 설립 촉진을 천명하는 한편,[29] 2015년 1월 총규모 400억 위안의 국가 신흥산업 창업투자 인도기금 설립 및 2015년 9월 총규모 600억 위안의 국가 중소기업 발전기금(国家中小企业发展基金)의 설립 등을 결정하였는데, 이러한 흐름 속에서 2014년-2016년의 3년 기간 동안 정부인도기금은 폭발적으로 성장하였던 것으로 평가된다(赵建刚 2016; 吕斌 2021). 罗志恒(2021)에 따르면, 2014-2016년 3년 동안 신설된 정부인도기금의 수는 각각 95개, 365개, 499개로 3년 동안 113.9%의 복합성장률을 보였으며, 신설 기금의 목표 금액 또한 각각 3,271억 위안, 1조 6,363억 위안, 3조 7,308억 위안에 달하여 3년간 368.8%의 복합성장률을 달성하였다.[30] 2022년

---

28 侯春晓·陈历轶 (2019), "政府引导基金的使命、发展与影响——科创行业股权投资机构研究之一" http://www.sse.com.cn/aboutus/research/report/c/4743535.pdf. (2023년 4월 6일 검색) 2008년 국가발전과 개혁위원회(发改委), 재정부(财政部), 상무부(商务部)가 공동으로 발표한 〈창업투자인도기금 규범 설립과 운영에 관한 지도 의견(关于创业投资引导基金规范设立与运作指导意见)〉에 따르면, 인도기금의 자금 출처는 재정적 특별자금, 인도기금의 투자수익과 담보수익, 여유자금의 은행 보관 혹은 국채매입을 통한 이자수익, 개인 기업 혹은 사회 기관의 무상 기증 등을 제시하고 있다. 그러나 실질적으로 인도기금의 자금 재원은 대부분 정부재정 출자이기 때문에, 국유자산의 범주에 속한다. 母基金周刊, "政府引导基金退出机制研究报告" https://www.fofweekly.com/z_c_j_d/3253.html. (2023년 4월 15일 검색)

29 中央政府门户网站, "我国将成倍扩增中央新兴产业创投引导资金" http://www.gov.cn/xinwen/2014-05/22/content_2684349.htm. (2023년 4월 6일 검색)

30 罗志恒 (2021), "政府引导基金：发展历程、运行机制及对隐性债务的影响" http://www.ykzq.com/

까지 중국 전역에는 총 2,107개의 정부인도기금이 설립되었으며, 목표 규모 12조 8,400억 위안, 납입 규모 6조 5,100억 위안에 달하는 것으로 분석되었다.[31]

정부인도기금은 의료, 인공지능(AI), 기술 미디어 통신, 빅데이터, 사물 인터넷(IoT) 등 전도유망한 전략 신흥산업에 대한 투자를 통해 국가의 시장규율과 자본 이용을 통한 전통적 산업정책 수단의 비효율적 문제 개선, 신흥산업 육성을 위한 장기적 중요 자원 투입, 신흥 첨단산업 육성을 위한 산업정책 수단의 보완 등의 측면에서 유용한 것으로 평가되었다(Luong et al. 2021; 张增磊 2017). 또한, 정부인도기금은 사영기업과 시장화 정도가 높은 지역, 자본 집약형 업종 등에서 혁신을 추동하는데 더욱 효과적인 것으로 풀이되었다(陈旭东 外 2020). 그렇지만, 정부인도기금은 투자과정에서 정부주도로 이루어지며, 실질적으로 국유기업, 국유 금융기관 등이 주요 투자자로 공헌한다는 점에서 국가의 경제 전반에 대한 역량 강화뿐만 아니라(Pan et al. 2021), 국유분야 투자의 사영분야 유입을 통한 사영기업의 금융 안정성에 대한 감시 수단 제공의 잠재적 위험성을 가진 것으로 지적되었다.[32]

요컨대, 시진핑 시기 국유분야의 역량 강화와 국가의 사영분야에 대한 영향력 확대가 발생한 것으로 보인다. 먼저, 시진핑 시기 일련의

---

products/download/%A1%BE%D4%C1%BF%AA%BA%EA%B9%DB%A1%BF%D5%FE%B8%AE%D2%FD%B5%BC%BB%F9%BD%F0%A3%BA%B7%A2%D5%B9%C0%FA%B3%CC%A1%A2%D4%CB%D0%D0%BB%FA%D6%C6%BC%B0%B6%D4%D2%FE%D0%D4%D5%AE%CE%F1%B5%C4%D3%B0%CF%EC.pdf. (2023년 4월 6일 검색)

31 新浪网, "清科2022年度盘点：新设立政府引导基金120支整合优化成常态" http://stock.finance.sina.com.cn/stock/go.php/vReport_Show/kind/search/rptid/729766442535/index.phtml. (2023년 4월 6일 검색)

32 Adler, D. (2022), "Guiding Finance: China's Strategy for Funding Advanced Manufacturing" https://americanaffairsjournal.org/2022/05/guiding-finance-chinas-strategy-for-funding-advanced-manufacturing/. (2023년 4월 10일 검색)

국유기업 역량 강화 정책은 국유기업의 약진을 초래하였으나, 국유분야로의 금융지원 선호와 사영분야의 어려움 가중 및 사영분야의 투자 위축 현상 등을 야기하였다. 또한, 당국의 혼합소유제 개혁은 국유기업이 다양한 유형의 사회적 자본 유입을 용인하였고, 한편으로 사영기업으로의 국유 자본의 진출을 정당화하였다. 특히, 2015년 증시의 위기는 중앙기업의 사영기업의 지분 매입에 큰 영향을 준 것으로 풀이된다. 더 나아가, 시진핑 시기 폭발적으로 성장한 정부인도기금은 국유자산의 사영분야에 대한 투자 확대와 사영기업의 금융 안정성에 대한 감시 수단 제공의 잠재적 위험성을 노출하고 있는 것으로 보인다. 이처럼, 시진핑 시기 국유분야의 역량 강화 속에서 사영분야에 대한 영향력 확대는 지속적으로 발생하고 있음을 알 수 있다.

Ⅳ. 결론

2000년대 초반 이후 국유분야의 약진과 사영분야의 후퇴, 국진민퇴에 대한 논란은 지속적으로 전개되었다. 특히, 2008년 글로벌 금융위기 이후 국유기업들이 경기부양책의 주된 수혜자가 되고, 국유기업의 사영기업 인수합병, 국유기업 중심으로의 산업 개편, 국유기업의 사영기업 인수합병을 통한 경쟁부분으로의 확장 등이 나타나면서 국유분야의 역량 강화가 사영분야의 성장과 발전에도 큰 영향을 줄수 있음을 보여주었다. 또한, 시진핑 시기 국유분야의 역량 강화가 지속되면서 국유기업에 대한 금융지원 선호 속에서 나타난 사영기업의 어려움 가중과 사영분야의 투자 위축 등의 현상이 관찰되었고, 시진핑 시기 강조된 혼합소유제 개혁은 국유자본의 사영분야에 대한 적극적 투자를 용인하여 국가의 사영분야에 대한 영향력 확대를 야기한 것으로 풀이된다.

또한, 시진핑 시기 급증한 정부인도기금의 사례는 국가의 투자수단을 통한 사영분야에 대한 영향력 강화가 발생할 수 있음을 보여주었다. 이처럼, 시진핑 시기 국유분야의 역량 강화와 국가의 사영분야에 대한 투자 및 영향력 확대는 사영분야의 성장과 발전에 큰 영향을 미치고 있음을 알 수 있다. 다만, 이러한 영향이 어떠한 측면에서 부정적이거나 긍정적으로 작용하게 될지는 후속 연구를 통해 귀추를 주목할 필요가 있을 것으로 보인다.

4장

공동부유와 사영분야:
인터넷 플랫폼 기업을 중심으로

I. 서론

2021년 중국 공산당이 성공적인 절대 빈곤의 탈출을 공식 선언한 이후 '공동부유(共同富裕)'라는 용어는 광범위하게 출현하게 되었다.[1] 민신 페이(Minxin Pei)에 따르면, 2020년 공동부유는 신문기사 제목으로 42회 언급되었으나, 2021년 1월부터 10월까지 1,134회 언급되었으며(Pei 2021), 시진핑(习近平)의 공동부유에 대한 언급 역시 2020년 30

---

[1] BBC News, "习近平提"共同富裕"和"三次分配", 大型私企或成为中国贫富不均的"替罪羊"" https://www.bbc.com/zhongwen/simp/chinese-news-58265470. (2021년 12월 31일 검색). 2021년 2월 시진핑은 '탈빈곤 공방전(脱贫攻坚战)'에서 전면적인 승리를 거두었으며, 9,899만 농촌 빈곤인구의 전원 빈곤 탈출, 832개 빈곤 현(县)과 12.9만 개 빈곤촌(村)의 빈곤 해소 및 지역성 빈곤의 전반적 해결을 통해 절대 빈곤의 해소라는 어려운 임무를 완수하였다고 선언하였다. 즉, 중국은 개혁기 이래 농촌에 존재한 7.7억 빈곤 인구의 해소라는 성과를 달성하여 〈UN 2030 지속가능발전 목표〉에서 제시된 빈곤 감소의 목표를 10년 일찍 실현하였다는 것이다. 더 나아가 시진핑은 탈빈곤 공방전의 전면적인 승리는 공산당이 단결하여 인민을 이끌어 아름다운 생활을 창조하고, 공동부유의 길에 굳건한 큰 걸음을 내디뎠음을 의미한다고 강조하였다. 新华网, "(受权发布)习近平: 在全国脱贫攻坚总结表彰大会上的讲话" http://www.xinhuanet.com/politics/leaders/2021-02/25/c_1127140240.htm. (2021년 12월 31일 검색).

회에서 2021년 1월부터 8월까지 65회로 급증하는 등 공동부유라는 용어는 2021년 한 해 동안 지속적으로 등장하였다.[2] 특히 2021년 8월 개최된 중앙재경위원회 제10차 회의(中央财经委员会第十次会议)에서 시진핑은 착실한 공동부유 추진의 역사적 단계에 접어들었음을 선언하여 공동부유가 가지는 중요성에 다시 한번 이목이 집중되었다.[3]

선행연구는 최근 재차 공동부유가 강조된 요인을 크게 두 가지 차원에서 비롯된 것으로 지적한다. 먼저, 중국적 맥락에서 공동부유 담론의 제시는 개혁기 심각해진 빈부격차 및 지역격차 문제에 대한 해결방안의 모색으로 볼 수 있다(Qian et al. 2021; Jacob and Subba 2022).

---

[2] SCMP, "What is China's common-prosperity strategy that calls for an even distribution of wealth?" https://www.scmp.com/economy/china-economy/article/3146271/what-chinas-common-prosperity-strategy-calls-even. (2021년 12월 31일 검색). 한편으로, 공동부유는 시진핑 시기 새롭게 등장한 것이 아니며, 신중국의 성립 이후 지속적으로 논의된 담론이다. 공동부유의 개념은 마오쩌둥(毛泽东) 시기인 1953년 〈중공 중앙의 농업생산합작사 발전에 관한 결의(中共中央关于发展农业生产合作社的决议)〉에서 점진적인 농업의 사회주의 개조와 사회주의 노선을 통해 농민의 점진적인 빈곤 상황 탈출과 공동부유와 보편적 번영의 실현을 강조함으로써 최초로 언급되었다(侯晓东 外 2022; 唐任伍 外 2022). 당시 평균적인 배분과 차별의 해소는 공동부유 실현의 전제조건으로 인식되었으나, 인민의 생활수준의 실질적 개선은 나타나지 않았으며(杨小勇, 余乾申 2022), 집체주의와 평균주의가 성행하게 되어 공동빈곤을 초래하는 문제를 야기하였다(曾天雄, 张晴晴 2022). 그에 따라, 덩샤오핑(邓小平)은 평균주의를 타파하고, 일부 지역과 일부 사람이 먼저 부를 축적하여 다른 지역과 다른 사람의 부의 축적을 추동한다는 선부론(先富论)에 입각한 공동부유의 실현 방안을 제시하였다(张爱茹 2005; 田鹏颖, 陈飞羽 2022). 이러한 맥락에서 장쩌민(江泽民)은 효율 우선과 공평의 동시 고려를 원칙으로 일부 인사의 우선적인 부의 축적과 연해 지역의 우선 개발을 격려하는 동시에 서부지역의 개발, 사회보장 제도의 개선 등을 추진하였으며, 가장 광범위한 인민의 근본 이익을 대표한다는 관점에서 전체 인민의 공동부유를 향한 전진을 당의 정책 제정의 기본 착안점으로 삼아야 함을 강조하였다(孙业礼 2010; 唐步龙 2018). 한편으로, 후진타오(胡锦涛)는 사람 중심(以人为本)의 과학적 발전관을 제시하였으며, 사회의 조화(社会和谐)가 중국 특색 사회주의의 본질적 속성임을 강조하여 조화로운 사회와 민생의 개선, 사회공평 정의를 통한 공동부유의 실현을 강조하였다(孙大伟 2021; 袁银传, 高君 2021). 이처럼 시진핑 시기 이전에도 공동부유의 중요성은 국가 최고 지도자로부터 지속적으로 언급되었다.

[3] 求是, "扎实推动共同富裕" http://www.qstheory.cn/dukan/qs/2021-10/15/c_1127959365.htm. (2021년 12월 31일 검색).

즉 선부론에 입각한 중국의 경제성장과 부의 축적 전략은 낙오된 집단의 발생과 이로 인해 발생한 사회적 문제에 직면하게 되었으며, 이를 해결하기 위한 방안으로 공동부유가 강조된 것이다(Kakwani et al. 2022). 두 번째 관점은 지도부의 새로운 정당성 강화를 위한 새로운 비전의 제시이다. 이에 따르면, 중국 공산당은 기존에 제시한 목표인 빈곤퇴치와 소강사회의 전면적 건설이 이루어졌음을 선언하였는데, 앞으로 이를 대신해서 제시할 새로운 비전으로써 공동부유를 재차 강조하였다는 것이다(Hofman 2021; Diallo 2021).[4] 또한, 선행연구는 최근 공동부유 담론의 제시가 사영분야에 큰 부담으로 작용하였음을 지적한다(Dunford 2022).[5] 즉, 공동부유와 이를 달성하기 위한 방안으로 제시된 제3차 분배(第三次分配) 등의 하향식으로 제시된 국가의 부의 재분배 방안은 알리바바(阿里巴巴), 텐센트(腾讯) 등의 사영기업에게 압박감을 심어줄 뿐만 아니라 궁극적으로 중국의 시장경제에 부정적인 영향을 초래한다는 것이다(Lam 2021; Zhang 2021).[6]

---

[4] 한편, 공동부유 담론을 검토한 국내 선행연구들은 최근 시진핑의 공동부유에 대한 강조가 '베타(β)형 사회주의 코스프레'(이재현 2021), 일시적인 포퓰리즘적 성격을 가진 것(하남석 2021)임을 지적한다.

[5] Ryan Hass, "Assessing China's "Common Prosperity" campaign" https://www.brookings.edu/blog/order-from-chaos/2021/09/09/assessing-chinas-common-prosperity-campaign/. (2021년 12월 31일 검색).

[6] 2020년 기준 텐센트의 위챗(微信), QQ, 텐센트 클라우드(腾讯云) 등 관련 플랫폼의 이용자수는 12억 명을 넘었으며, 알리바바의 관련 플랫폼인 타오바오(淘宝), 텐마오(天猫), 알리페이(支付宝) 등의 이용자수 또한 11억 명을 초과하는 거대한 규모를 형성하였는데(白彦锋, 刘璐 2022), 당국의 대형 플랫폼 기업들에 대한 규제를 검토한 일부 선행연구들은 최근 급성장한 플랫폼 기업의 행보가 당국으로부터 잠재적인 위협으로 인식되어 이에 대한 규제가 진행되었다고 강조한다. 일례로, 2020년 10월 마윈(马云)의 공개적인 금융 감독 규탄이 발생하였고, 이에 대한 대응으로 당국의 강도 높은 규제가 본격적으로 전개되었다는 것이다(이중ین 2021). 한편으로 당국의 플랫폼 기업에 대한 규제는 사영기업이 개인의 발언 외에도 여러 가지 복합적인 요소가 맞물려 추진된 것으로 지적되었다(김영준 2021; Colino 2022). 즉, 플랫폼 기업의 과도한 영향력 확대는 정치사회의 안정 저해, 시장질서의 교란, 국가 안보의 위협 등의 다양한 문제를 초래할 수 있는데(方兴东, 钟祥铭 2021; 吴垠

본문에서는 이러한 맥락에서 최근 강조되는 공동부유 담론이 사영분야에 미친 영향에 대해서 검토하고자 한다. 이를 위해 본문은 이하의 질문을 제시한다. 첫째, 최근 중국 공산당의 공동부유 담론은 어떠한 배경에서 제시되었으며, 사영분야에 시사하는 바는 무엇인가? 둘째, 최근 공동부유에 대한 강조는 사영분야에 어떠한 정책을 야기하였는가? 셋째, 궁극적으로 최근 재부상한 공동부유의 맥락 속에서 추진된 일련의 정책들이 국가-사영기업가 관계에 시사하는 의미는 무엇이라고 볼 수 있는가?

이를 토대로 본문은 이하의 내용을 주장한다. 첫째, 시진핑 시기 공동부유는 절대 빈곤의 소멸과 전면 소강사회 달성의 공식화를 전후하여 더욱 강조되었다. 둘째, 공동부유의 맥락에서 먼저 부를 축적한 집단으로써 사영기업과 사영기업가의 제3차 분배의 참여가 요구되었고, 자본의 무질서 확장과 독점은 공동부유를 저해하는 요소로 지목되었다. 셋째, 당국의 반독점과 자본의 무질서 확장 방지의 정책에 따라 인터넷 플랫폼 사영기업은 강도 높은 규제를 경험하였고, 공동부유의 실현을 위한 사회적 기부에 적극적으로 참여하였다. 일련의 정책 속에서 당국은 사영기업으로부터 우위를 재확인하였고, 사영기업가는 당국에 협력하는 모습을 보였다. 한편으로, 사영기업의 장기적 성장의 지속 문제, 사영기업의 실적 감소와 인원 감축의 위험성, 외부 투자자의 의구심 해소 등은 향후 해결되어야 할 중요한 과제로 볼 수 있다.

2021), 이러한 위험에 대한 대응으로 당국의 플랫폼 기업의 팽창에 대한 규제가 전개되었다는 것이다(Chen 2020; 박우 2021). 한편으로, 선행연구들은 최근 플랫폼 기업에 대한 규제가 중국만의 현상이 아니며, 미국과 유럽 등에서도 전개되는 세계적인 추세임을 지적하였다(樊鹏, 李姸 2021; 宗良 外 2021). 다만, 선행연구들이 논의한 당국의 인터넷 플랫폼 사영기업에 대한 규제의 측면만으로는 최근 사영기업과 사영기업가의 대규모 기부 현상을 이해하기 쉽지 않다고 사료된다. 따라서 본문에서는 최근 공동부유가 다시 강조되는 거시적 맥락 속에서의 다각적인 검토를 통해 시진핑 시기 국가-사영기업가 관계의 동학과 시사점을 이해하고자 한다.

II. 공동부유, 제3차 분배와 자본의 무질서 확장 방지

집권 초기 이래 시진핑 정권은 공동부유의 중요성을 지속적으로 강조하였다. 예를 들어, 중국 공산당은 2012년 11월 18차 당대회를 통해 공동부유 노선의 견지를 강조하는 동시에 최초로 공동부유가 중국 특색 사회주의의 근본 원칙임을 명시하였으며(李静波, 祁靖 2021),[7] 2017년 10월 19차 당대회를 통해 시진핑은 중국 특색의 사회주의가 가진 신시대(新时代)에 진입하였다고 선언하였는데, 신시대의 중요한 특징 중 하나로 '전체 인민 공동부유의 점진적 실현'이 언급되었다. 또한, 19차 당대회에서는 2035년까지 전체 인민 공동부유를 위한 매진과 21세기 중엽까지 전체 인민의 공동부유 기본 실현의 이정표가 명시되어 공동부유의 실현에 대한 공산당의 청사진이 제시되었다.[8] 이처럼 18차 당대회 이후 중국 공산당은 전체 인민의 점진적인 공동부유 실현을 중시하는 모습을 보여주었다.[9] 이러한 공동부유의 추진은 2021년 절대

---

[7] 新华网, "胡锦涛在中国共产党第十八次全国代表大会上的报告" http://www.xinhuanet.com//18cpcnc/2012-11/17/c_113711665_3.htm. (2021년 12월 31일 검색). 한편으로, 2013년 11월 18기 3중전회(十八届三中全会)에서는 공동부유의 촉진을 정부의 주요 책무이자 역할 중 하나로 제시하였으며, 2015년 10월 18기 5중전회(十八届五全会)에서 중국 공산당은 공유(共享)가 중국 특색 사회주의의 본질적 요구임을 명시하였고, 제도의 효과적 개선을 통한 전체 인민의 공동부유를 향한 안정적인 전진을 강조하였다. 中央政府门户网站, "中共中央关于全面深化改革若干重大问题的决定" http://www.gov.cn/jrzg/2013-11/15/content_2528179.htm. (2022년 3월 3일 검색); 中央政府门户网站, "中共中央关于制定"十三五"规划的建议" http://www.gov.cn/xinwen/ 2015-11/03/content_2959432.htm. (2022년 3월 3일 검색).

[8] 中国政府网, "习近平：决胜全面建成小康社会 夺取新时代中国特色社会主义伟大胜利——在中国共产党第十九次全国代表大会上的报告" http://www.gov.cn/zhuanti/2017-10/27/content_5234876.htm. (2022년 3월 3일 검색). 또한, 19차 당대회를 통해 신시대 중국 특색 사회주의 주요 모순으로 '인민의 증가하는 아름다운 생활에 대한 수요와 불균형, 불충분 발전 간의 모순이 지목되었으며, 인민 중심의 발전 사상과 사람의 전면적 발전 및 전체 인민의 공동부유의 끝없는 촉진에 대한 견지가 명시되었다(杨明伟 2021; 莫炳坤, 李资源 2017).

[9] 求是网, "习近平总书记谈共同富裕" http://www.qstheory.cn/zhuanqu/2021-02/02

빈곤의 소멸과 전면 소강사회 달성이라는 역사적 사건을 전후하여 큰 전환점을 맞이하였다.

2021년은 중국 공산당에게 절대 빈곤의 소멸과 전면 소강사회의 건설을 달성한 해로 평가된다. 2021년 9월 국무원 신문판공실(国务院新闻办公室)에서 발표한 백서인 〈중국의 전면 소강(中国的全面小康)〉에 따르면, 개혁개방 이후 중국은 급성장을 통해 2020년 현재 국내 총생산(GDP)은 약 101조 6천억 위안, 세계 경제규모에서 차지하는 비중은 17%에 달하는 세계 제2의 경제 대국이 되었으며, 1인당 GDP 역시 7만 2,000위안에 달하여 중상위 소득을 이루는 국가로 발돋움하였다. 또한, 인민 생활의 개선 역시 이루어져 2020년 전국 주민의 1인당 가처분 소득은 32,189위안에 달하게 되었고, 현행 기준 9,899만 명에 달하는 농촌 빈곤 인구가 모두 빈곤 탈출에 성공하는 성과를 이루게 되었다.[10] 그에 따라 2021년 중국 공산당은 절대 빈곤의 퇴치와 전면 소강사회의 건설이 달성되었음을 선언하였다.[11] 한편으로, 절대 빈곤의 퇴치와 전면 소강사회의 건설이 달성됨에 따라(周文, 肖玉飞 2021; 张占斌 2021), 사회주의 현대화 국가 건설을 위한 새로운 목표로써 공동부유가 중요하게 대두되었다(王正攀 2022; 马艳玲 2021). 절대 빈곤의 소멸에도 불구하고, 중국의 불균형 발전과 그에 따른 소득격차, 도농격차, 지역 격

/c_1127055668.htm. (2022년 3월 3일 검색); 人民网, "中国共产党探索共同富裕的历程及经验启示" hhttp://theory.people.com.cn/n1/2022/0302/c40531-32363053.html. (2022년 3월 7일 검색)

10　中国政府网, "中国的全面小康" http://www.gov.cn/zhengce/2021-09/28/content_5639778.htm. (2021년 12월 31일 검색)

11　新华网, "(受权发布)习近平: 在全国脱贫攻坚总结表彰大会上的讲话" http://www.xinhuanet.com/politics/leaders/2021-02/25/c_1127140240.htm. (2021년 12월 31일 검색); 新华网, "习近平: 在庆祝中国共产党成立100周年大会上的讲话" http://www.xinhuanet.com/ politics/leaders/2021-07/15/c_1127658385.htm. (2022년 3월 3일 검색)

차 문제는 심각한 수준에 처해 있다고 지적되었기 때문이다(张建华, 孙熠諼 2022).

2020년 현재 중국의 자산 기준 지니계수는 0.704로 상위 1%가 전체 주민 자산의 30.6%에 해당하는 자산을 보유하고 있으며(钟春平, 魏文江 2021; 张银平 2021), 중국의 백만장자는 529.7만 명으로 세계 전체 백만장자 5,608.4만 명의 약 9.4%에 달하는 것으로 보고된다.[12] 이에 반하여 2020년 5월 리커창(李克强)의 발언에 따르면 중국의 저소득층 6억 명의 월소득은 약 1,000위안에 불과하다.[13] 한편으로, 중국의 가처분 소득의 지니계수는 0.468에 달하고 있으며,[14] 도시 주민의 가처분 소득은 43,834위안인데 비해 농촌 주민의 가처분 소득은 17,131위안으로 상당한 차이가 존재한다(燕连福, 王亚丽 2021; 唐任伍, 李楚翘 2022). 또한, 지역별 주민의 가처분 소득의 차이 또한 상당하여 상하이(上海), 베이징(北京), 저장(浙江) 등 발전한 지역 주민의 가처분 소득은 각각 72,232위안, 69,434위안, 52,397위안에 달하나, 간쑤(甘肃), 티베트(西藏), 구이저우(贵州) 등의 발전이 더딘 지역의 경우 1인당 가처분 소득은 20,335위안, 21,744위안, 21,795위안 등으로 발전된 지역의 절반에도 미치지 못하였다(陈新 2021).[15] 이러한 불균형 문제는 국민들의 여론조사에서도 심각한 문제로 인식되었다. 2020년 개혁 민의 설문조사에 따르면, 국내의 소득 격차가 매우 크다고 응답한 응답자는 37.7%, 비교적 크다

12　Credit Suisse Research Institute, "The Global wealth report 2021" https://www.credit-suisse.com/about-us/en/reports-research/global-wealth-report.html. (2022년 3월 15일 검색)

13　中国政府网, "李克强总理出席记者会并回答中外记者提问" http://www.gov.cn/premier/2020-05/29/content_5515798.htm#allContent. (2022년 3월 3일 검색)

14　国家统计局, "《中国的全面小康》白皮书新闻发布会答记者问" http://www.stats.gov.cn/tjsj/zxfb/202109/t20210929_1822623.html. (2021년 12월 31일 검색)

15　国家统计局, "6-18 分地区居民人均可支配收入" http://www.stats.gov.cn/tjsj/ndsj/2021/indexch.htm (2022년 3월 14일 검색).

고 응답한 응답자는 45.6%로 양자를 합하면 모두 83.3%의 응답자가 소득 격차가 있다고 인식한 것이었다(徐飞 2021).[16]

그에 따라, 중국 공산당은 빈부격차 해소를 위한 공동부유의 중요성을 재차 강조하기 시작하였다. 첫째, 2020년 10월 19기 5중전회(十九届五中全会)를 통해 공동부유에 대한 목표가 더욱 구체화되었다. 19기 5중전회에서 통과된 〈국민경제와 사회 발전 제14차 5개년 규획과 2035년 장기 목표 제정에 관한 건의(关于制定国民经济和社会发展第十四个五年规划和二〇三五年远景目标的建议, 이하 건의)〉는 14·5 기간 동안 경제사회 발전에서 반드시 준수해야 할 원칙 중 하나로 공동부유의 방향 견지를 언급하였다. 더 나아가 〈건의〉는 2035년까지 기본적으로 실현할 장기 목표로 '전체 인민 공동부유의 실질적 진전 확보', 인민의 생활수준 개선에서 '공동부유의 착실한 추진' 등을 당의 전회 문건 차원에서 최초로 명시하여 공동부유의 중요성을 재차 강조하였다(李景治 2021; 郭占恒 2022).[17] 또한, 2021년 3월 발표된 〈국민경제와 사회발전 제14차 5개년 규획과 2035년 장기 목표 강요(国民经济和社会发展第十四个五年规划和2035年远景目标纲要), 이하 규획〉에서도 14·5 기간 동안 반드시 준수되어야 할 원칙으로 공동부유의 방향 견지가 재천명되었으며, 14·5 기간 동안 경제사회 주요 발전 목표 중 하나로 '전체 인민 공동부유의 굳건한 발걸음을 내딛을 것'을 요구하는 한편, 2035년까지의 장기 목표 중 하나로 '전체 인민 공동부유 확보의 더욱 명확한 실질적 진전'을

---

[16] 中国社会保障学会, "专访宋晓梧：实现共同富裕要老老实实研究怎么把房产税、遗产税等税种建立起来" http://www.caoss.org.cn/4article.asp?id=493. (2022년 1월 1일 검색)

[17] 中国政府网, "习近平：关于《中共中央关于制定国民经济和社会发展第十四个五年规划和二〇三五年远景目标的建议》的说明" http://www.gov.cn/xinwen/2020-11/03/content_5556997.htm. (2022년 3월 3일 검색); 中国政府网, "中共中央关于制定国民经济和社会发展第十四个五年规划和二〇三五年远景目标的建议" http://www.gov.cn/zhengce/2020-11/03/content_5556991.htm. (2021년 12월 31일 검색).

제시하였다.[18] 그에 따라 공동부유는 실질적 추동의 단계에 접어들게 되었으며, 이념적 목표에서 현실적으로 매진해야 할 실천적인 요구로 전환되었다(万海远, 陈基平 2021; 刘晋祎 2021).

둘째, 19기 5중전회 이후 시진핑은 공동부유에 대해 여러 가지 중요한 의미를 부여하였다(陆卫明, 王子宜 2022). 예를 들어, 2021년 1월 성부급 주요 영도 간부 19기 5중전회 정신 관철 학습회(省部级主要领导干部学习贯彻党的十九届五中全会精神专题研讨班)에서 시진핑은 공동부유의 실현이 경제적 문제일 뿐만이 아니라, 당의 집정 기초와 관계된 중요한 정치문제임을 역설하였다. 빈부격차의 심화와 빈익빈 부익부 현상을 절대 용인할 수 없으며, 부자와 가난한자 사이에 넘어설 수 없는 격차가 발생해서는 안된다는 것이었다.[19] 또한, 2021년 2월 전국 탈빈곤 총결산 표창대회(全国脱贫攻坚总结表彰大会)에서 시진핑은 빈곤퇴치의 완수는 종착점이 아니라 새로운 삶과 분투의 시작점으로 발전 불균형과 불충분 문제의 해소, 도농 격차 감소, 사람의 전면적 발전과 전체 인민 공동부유의 실현을 위해 갈 길이 멀다고 언급하는 동시에, 전체 인민의 공동부유 실현을 더욱 중요한 위치에 두어야 한다는 점을 강조하였다.[20] 더 나아가, 2021년 7월 중국공산당 창립 100주년 대회(中国共产党成立100周年大会)에서 시진핑은 전체 인민의 공동부유에서 더욱 명확한 실질적 진전을 거둘 것임을 천명하여 공동부유가 향후 국정

---

18 한편으로 〈규획〉은 저장성 공동부유 시범구의 건설, 공동부유 행동 강요의 제정, 소득분배 제도의 개선 등의 방안을 명시하였다(王若磊 2021; 武建奇 2021). 中国政府网, "中华人民共和国国民经济和社会发展第十四个五年规划和2035年远景目标纲要" http://www.gov.cn/xinwen/2021-03/13/content_5592681.htm. (2022년 3월 3일 검색).

19 求是网, "把握新发展阶段, 贯彻新发展理念, 构建新发展格局" http://www.qstheory.cn/dukan/qs/2021-04/30/c_1127390013.htm. (2022년 3월 7일 검색)

20 新华网, "(受权发布)习近平: 在全国脱贫攻坚总结表彰大会上的讲话" http://www.xinhuanet.com/politics/leaders/2021-02/25/c_1127140240.htm. (2021년 12월 31일 검색)

의 중요한 운용 방침 중 하나로 작용할 것임을 시사하였다.[21] 이처럼 공동부유는 사회주의 현대화 강국의 전면적 건설을 위한 새로운 발전단계의 중요한 목표로 부상하였다(邹升平, 程琳 2021).

셋째, 2021년 8월 중앙재경위원회 제10차 회의를 통해 시진핑은 공동부유 실현을 위한 새로운 청사진을 제시하였다.[22] 시진핑은 중국이 착실한 공동부유 추진의 역사적 단계에 접어들었음을 선언하는 한편, 공동부유가 사회주의의 본질적 요구이며, 중국식 현대화의 중요 특징임을 강조하였다. 더 나아가 시진핑은 공동부유 실현을 위한 3단계 전략을 제시하였다. 구체적으로 시진핑은 14·5 기간 말까지의 단기적 전략으로 전체 인민 공동부유의 굳건한 발걸음을 내딛어 주민의 수입과 실제 소비 수준의 격차의 점진적 감소, 2035년까지의 공동부유의 실질적 진전과 기본 공공서비스의 균등화 실현을 언명하였으며, 21세기 중반까지 전체 인민 공동부유의 기본적 실현을 통한 주민의 소득과 실제 소비 수준의 격차의 합리적 구간으로의 조정의 방침을 제시하였다.[23]

요컨대, 시진핑 시기 중국 공산당의 공동부유에 대한 중요성은 점차 강조되었다. 절대 빈곤의 해소와 전면 소강사회의 달성 이후 빈부격차

21　新华网, "习近平: 在庆祝中国共产党成立100周年大会上的讲话" http://www.xinhuanet.com/politics/leaders/2021-07/15/c_1127658385.htm. (2022년 3월 3일 검색)

22　人民网, "中国共产党探索共同富裕的历程及经验启示" http://theory.people.com.cn/n1/2022/0302/c40531-32363053.html. (2022년 3월 25일 검색)

23　求是, "扎实推动共同富裕" http://www.qstheory.cn/dukan/qs/2021-10/15/c_1127959365.htm. (2021년 12월 31일 검색). 또한 시진핑은 공동부유 촉진을 위한 원칙으로 근로 혁신을 통한 부의 축적 격려, 기본 경제제도의 견지, 역량에 부합하는 업무 전개, 질서있는 점진적 추진 등을 제시하였으며, 공동부유 추진의 6개 영역으로 발전의 균형성, 협조성, 포용성 제고, 중산층 확대, 기본 공공서비스의 균등화 촉진, 고소득층 규제 강화, 인민 정신생활의 공동부유 촉진, 농민과 농촌의 공동부유 촉진 등을 제시하였다. Qiushi Journal, "Making Solid Progress Toward Common Prosperity" http://en.qstheory.cn/2022-01/18/c_699025.htm. (2022년 3월 13일 검색)

의 해소가 또다른 과제로 등장하였으며, 공동부유는 이를 실현하기 위한 방안으로 중요하게 논의되었다. 19기 5중전회를 통해 공동부유의 목표는 더욱 구체화되었고, 중앙재경위원회 제10차 회의를 통해서는 공동부유 실현의 새로운 청사진이 제시되었다. 이러한 시진핑 시기 공동부유에 대한 강조는 사영분야 정책에도 영향을 주었다.

공동부유가 사회주의 현대화 강국의 전면적 건설을 위한 새로운 발전 단계의 목표로 부상하는 맥락 속에서, 빈부격차 감소와 공동부유 실현을 위한 방식으로 제3차 분배가 강조되었다. 제3차 분배는 1994년 리이닝(厉以宁) 교수의 『주식제도와 시장경제(股份制与市场经济)』라는 저서를 통해 제시되었다(张乐 2021; 傅帅雄 2021).[24] 이에 따르면, 제1차 분배(第一次分配)는 시장의 효율에 따라 진행된 소득의 분배를 지칭하며, 제2차 분배(第二次分配)는 정부의 효율과 공정의 동시 고려 원칙에 의한 세수 확보, 빈곤 지원, 사회보장 등의 방식으로 진행된 소득의 분배를 의미한다. 그리고 제3차 분배는 개인이 자발적으로, 도덕의 영향 하에 가처분 소득의 일부 혹은 대부분을 사회에 기부함으로써 진행되는 비강제적 성격을 가진 분배를 의미한다(李水金, 赵新峰 2021; 孙佑海 2022).

이러한 제3차 분배는 시진핑 시기 중앙 차원의 중요한 정책으로 강조되었다. 2019년 19기 4중전회(十九届四中全会)를 통해 중국 공산당은 제3차 분배를 최초로 당과 국가의 정식 문건에 삽입하였고(元晋秋 2020; 解梅娟 2021), 소득격차 감소의 중요한 수단으로 간주하였다(房地产导刊 2020). 구체적으로 중국 공산당은 19기 4중전회를 통해 '노동에 의한 배분을 주체로 하고, 다양한 배분 방식의 병존'을 기본 경제 제도

---

[24] 1991년 리이닝 교수는 〈공동부유의 경제발전의 길을 논함(论共同富裕的经济发展道路)〉이라는 글에서 소득 분배에 영향을 미치는 3가지 역량으로 시장 기제, 정부, 도덕적 역량을 최초로 언급하였다(厉以宁 1991; 孙榕 2021; 袁吉伟, 马国新 2021).

로 확정하였으며(梁朋 2020), '제3차 분배의 역할 발휘 중시, 자선 등 사회공익 사업의 발전'을 명시하였다(杨卫 2020; 邓国胜 2021). 또한, 2020년 19기 5중전회에서도 '제3차 분배의 역할 발휘와 자선사업 발전, 수입과 재산 분배 국면의 개선'이 재차 명시되어 제3차 분배가 가지는 중요성이 강조되었다(白光昭 2020; 孙春晨 2021).[25]

  2021년 8월 중앙재경위원회 제10차 회의에서 제3차 분배는 공동부유를 강조하는 맥락 속에서 소득분배의 재조정을 위한 중요한 원칙으로 대두되었다.[26] 특히, 중앙재경위원회 제10차 회의는 제3차 분배를 최초로 '기초적 제도 안배'로 명시하였는데, 이는 제3차 분배에 대한 중요성이 상승하여 국가 전략체계의 층위에 진입, 실천적 조작 단계에 접어들었음을 시사하였으며, 제3차 분배가 공동부유 촉진과 빈부격차 감소의 중요 수단임을 내포하였다.[27] 한편으로, 제3차 분배에서 사영기

---

[25] 人民网, "中央提"三次分配", 怎么看？怎么干？" http://theory.people.com.cn/n1/2021/0824/c40531-32205954.html. (2022년 1월 3일 검색). 한편으로, 중앙 차원에서 제3차 분배의 개념에 대한 재정립이 이루어졌다. 국무원 부총리 류허(刘鹤)에 따르면, 최초분배(初次分配)는 시장 기제를 통해 구성되며, 각종 요소의 국민 소득 공헌에 대한 규모에 따라 진행되는 분배를 의미하며, 재분배(再分配)는 정부 기제를 통해, 최초분배의 기반에서 일부 국민 소득에 대해 진행되는 재차적인 분배를 지칭한다. 한편, 제3차 분배는 도덕, 문화, 습관 등의 영향 하에 사회 역량이 자발적으로 민간 기부, 자선사업, 자원 행동 등의 방식으로 빈곤 구제와 약자 지원 활동을 전개하는 것으로, 재분배에 대한 유익한 보충으로 정의된다(朱鸣 2021; 李贤, 崔博俊 2021). 中国政府网, "刘鹤在《人民日报》发表署名文章：坚持和完善社会主义基本经济制度" http://www.gov.cn/guowuyuan/2019-11/22/content_5454387.htm. (2022년 3월 16일 검색)

[26] 구체적으로 중앙재경위원회 제10차 회의에서 인민 중심의 발전 사상 견지, 질적 성장 속에서의 공동부유 촉진, 효율과 공평의 관계에 대한 정확한 처리, 최초분배, 재분배, 3차분배(三次分配)의 조화로운 배치의 기초적 제도 안배, 중소득층의 확대, 저소득층의 소득 증가, 과도한 소득에 대한 합리적 조정과 불법 소득의 금지 등이 전반적인 아이디어(总的思路)로 제시되었다. 求是网, "扎实推动共同富裕" http://www.qstheory.cn/dukan/qs/2021-10/15/c_1127959365.htm. (2021년 12월 31일 검색)

[27] 人民网, "正确理解和把握三次分配的意义" http://theory.people.com.cn/n1/2021/0906/c40531-32219253.html. (2021년 12월 31일 검색); 求是网, "正确理解共同富

업과 사영기업가의 적극적 참여가 요구되었다. 즉, 먼저 부를 축적한 집단인 사영기업가의 후발주자의 부의 축적 지원과 사영기업의 자선 공익사업, 취약계층 지원 등의 활동을 통한 제3차 분배에서의 적극적인 역할이 기대되었던 것이다(王明姬 2021; 吳跃农 2021).[28]

한편으로, 공동부유가 강조되는 흐름 속에서 자본의 무질서 확장과 일부 기업의 독점 문제는 공동부유를 저해하는 요소로 지목되었다(王若磊 2021; 陈永伟 2021; 李海舰, 杜爽 2021). 특히 인터넷 플랫폼 사영기업들의 빠른 성장은 시장 독점과 자본의 무질서 확장 문제에 취약한 것으로 지적되어 이에 대한 대응이 강조되었다(王文泽 2021; 刘诚 2020; 朱巧玲 外 2022).[29] 따라서 온라인 플랫폼 경제의 독점문제는 반드시 해결해야 하는 단계에 접어들게 되었고(谭家超, 李芳 2021), 중국 공산당은 플랫폼 기업의 독점적 행태를 막고 자본의 무질서 확장을 방지하

裕的基础性制度安排——兼谈破除对"三次分配"的认识误区" http://www.qstheory.cn/qshyjx/2021-09/22/c_1127887979.htm. (2022년 1월 3일 검색); 光明网, "第三次分配彰显道德之光" https://news.gmw.cn/2021-10/25/content_35255578.htm. (2022년 1월 3일 검색)

28 求是网, "发挥民营企业家在实现共同富裕中的重要作用" http://www.qstheory.cn/qshyjx/2021-12/10/c_1128149938.htm. (2022년 3월 31일 검색)

29 求是网, "防止资本无序扩张 推动经济高质量发展" http://www.qstheory.cn/qshyjx/2022-01/26/c_1128301251.htm. (2022년 3월 24일 검색). 중국의 디지털 경제는 2005년 2조 6천억 위안에서 2020년 39조 2천억 위안으로 비약적인 성장세를 거두었다(中国信息通信研究院 2021). 그에 따라, 2020년 중국의 온라인 소매 판매액은 12조 위안에 달하였고, 플랫폼의 이용자 수 또한 온라인 영상 시청자 9억 4,400만 명, 온라인 소비 이용자 8억 1,200만 명, 인터넷 배달 이용자 4억 6,900만 명 등에 달하는 거대한 규모의 온라인 소비 시장을 형성하게 되었다. 한편, 플랫폼 경제에서의 부익부 빈익빈 현상 심화와 가입자와 데이터의 소수 플랫폼 집중 현상이 발생하는데(彭文生, 周子彭 2020; 张蕴萍, 栾菁 2021; 王春英 外 2021), 대형 플랫폼 기업의 보유 고객 규모와 데이터 기반의 시장 지배적 지위 남용, 과도한 인수합병 등의 독점행위(黄国平 2021; 巴曙松 2021), 자본과 기술을 기반으로 영역을 넘어선 무질서한 확장의 추구 등이 문제로 지적되었다(张占斌, 水名岳 2021; 樊文静, 潘娴 2021). 中华人民共和国国家发展和改革委员会, "坚持发展和规范并重 扎实做好平台经济工作" https://www.ndrc.gov.cn/xxgk/jd/jd/202201/t20220119_1312330.html?code=&state=123. (2022년 3월 23일 검색)

는 일련의 정책들을 제시하였다.

예를 들어, 2020년 12월 중공중앙정치국회의(中共中央政治局会议)는 최초로 반독점의 강화와 자본의 무질서 확장 방지(强化反垄断和防止资本无序扩张)를 언급하였고,[30] 이어 개최된 중앙경제공작회의(中央经济工作会议)는 반독점의 강화와 자본의 무질서 확장 방지를 2021년 중점 업무 중 하나로 제시하였다(王先林, 方翔 2021; 卢均晓 2021).[31] 한편으로, 2021년 2월 국무원 반독점위원회(国务院反垄断委员会)는 〈플랫폼 경제영역의 반독점에 관한 지침(关于平台经济领域的反垄断指南)〉을 발표하여 세계 최초로 플랫폼 경제 영역의 반독점 지침을 제시하였고(王先林, 曹汇 2021), 인터넷 플랫폼 기업의 양자택일, 불필요한 고객 정보 수집, 빅데이터 기반 단골 고객 차별(大数据杀熟) 등에 대한 보완책을 명시하였다(徐蓓 2022; 赵青 2022).[32]

특히, 2021년 8월 중앙전면심화개혁위원회 제21차 회의(中央全面深化改革委员会第二十一次会议)에서 시진핑은 반독점 강화와 공평 경쟁 정책의 실시는 사회주의 시장경제 체제의 내재적 요구임을 지적하였으며, 공동부유 촉진의 전략적 차원에서의 공평 경쟁 시장환경 형성 촉진을 강조하였다.[33] 또한, 해당 회의에서는 〈반독점 강화를 통한 공평 경쟁 정책 실시의 심화 추진에 관한 의견(关于强化反垄断深入推进公平竞

---

30 路透, "焦点：中共政治局会议首提反垄断"敲打"金融科技巨头重塑监管权威" https://www.reuters.com/article/china-cpccc-meeting-fintech-regs-1211-idCNKBS28M02Z. (2022년 1월 3일 검색)

31 新华网, "中央经济工作会议在北京举行 习近平李克强作重要讲话 栗战书汪洋王沪宁赵乐际韩正出席会议" http://www.xinhuanet.com/politics/leaders/2020-12/18/c_1126879325.htm. (2022년 1월 3일 검색)

32 国家市场监督管理总局, "国务院反垄断委员会关于平台经济领域的反垄断指南" https://gkml.samr.gov.cn/nsjg/fldj/202102/t20210207_325967.html. (2022년 1월 3일 검색)

33 求是网, "求是网评论员：加强反垄断反不正当竞争监管力度" http://www.qstheory.cn/wp/2021-09/01/c_1127816442.htm. (2022년 3월 20일 검색)

争政策实施的意见)》이 통과되어 반독점에 대한 강화와 공동부유 촉진의 방침이 강조되었다(李小明, 朱超然 2021). 이러한 맥락에서, 중국 공산당의 최근 플랫폼 기업에 대한 규제는 공동부유와 수렴되어 전개되었던 것으로 평가되었다.[34]

III. 당국의 압박과 자발적 기부

이러한 당국의 정책은 인터넷 플랫폼 영역의 사영기업들에게 큰 영향을 주었다. 중국의 디지털 경제에서 사영기업들은 지배적 위치를 점하였으며, 디지털 경제 추동의 주요 역량으로 평가되었다(Chen and Zhu 2022).[35] 또한, 사영기업은 플랫폼 경제에서 중요한 위치를 차지하고 있었는데, 2021년 기준 10대 인터넷 기업은 모두 사영기업들이며,[36] 2021년 5월 기준 시장가치가 조 위안 이상인 상장기업 11개 중 4개가 인터넷 플랫폼 사영기업에 해당하였던 것으로 언급되었다(杜创 2021).

일련의 반독점과 자본의 무질서 확장을 방지하는 정책적 흐름은 인터넷 플랫폼 사영기업들에게 큰 어려움을 안겨주었다. 첫째, 인터넷 플랫폼 사영기업들에 대해 반독점의 처벌이 비교적 집중되었다. 중국중앙방송(CCTV)의 온라인 매체인 앙스왕(央视网)에 따르면, 2021년 반

---

[34] The New York Times, "Warning of Income Gap, Xi Tells China's Tycoons to Share Wealth" https://www.nytimes.com/2021/09/07/world/asia/china-xi-common-prosperity.html. (2022년 1월 3일 검색)

[35] Global China Daily, "Private sector's development key to digital economy growth" https://global.chinadaily.com.cn/a/202109/07/WS6136a6b1a310efa1bd66db60.html. (2022년 3월 23일 검색)

[36] Barron's, "China's Anti-Monopoly Crackdown Is Just an Excuse" https://www.barrons.com/articles/chinas-anti-monopoly-crackdown-is-just-an-excuse-51639513574. (2022년 3월 23일 검색)

독점 관련 행정 처벌(行政处罚) 안건은 2020년 34개에서 118개로 급증하였는데, 처벌받은 기업의 빈도를 따져 보았을 때, 텐센트 23회, 알리바바 20회, 디디(滴滴) 14회, 메이퇀(美团) 7회, 수닝(苏宁) 6회, 바이두 4회 등 인터넷 플랫폼 사영기업들이 주로 적발되었다.[37] 또한, 118개의 반독점 처벌 안건 중 75.42%에 해당하는 89개가 인터넷 기업에 관련된 것으로 보도되었다.[38] 이처럼 2021년 당국의 반독점 관련 처벌은 인터넷 플랫폼 사영기업들에게 주로 편중되었다.

둘째, 인터넷 플랫폼 사영기업들은 전례 없이 강도 높은 처분을 경험하였다. 2021년 4월 알리바바는 당국으로부터 〈반독점법(反垄断法)〉 위반혐의로 2019년 국내 매출액 4,557억 위안의 4%에 해당하는 182억 위안의 벌금을 부과받았다(周文颖, 蒋海松 2021; 姚坤 2021).[39] 이는 중국의 반독점 관련 집법 사상 가장 높은 금액으로 기존 최고금액인 2015년 퀄컴(Qualcomm)의 처벌 액수 61억 위안을 훨씬 상회하는 것이었다.[40] 또한, 2021년 10월에는 메이퇀 역시 반독점법의 위반으로 약 34억 위안의 벌금을 물게 되었으며(王逸群 2021),[41] 독점계약의 보증금 명목으로 받은 13억 위안을 가입 업주들에게 되돌려줄 것을 요구받았다(王先林 2022).[42]

---

[37] 央视网, ""反垄断"之年：118个行政处罚案件到底"反"了什么？" https://news.cctv.com/2022/01/05/ARTIr5VZVYPC9sQmL2gHn9uk220105.shtml. (2022년 3월 31일 검색)

[38] 新京报, "2021：中国反垄断"大年"" https://www.bjnews.com.cn/detail/164009242014784.html. (2022년 1월 3일 검색)

[39] 国家市场监督管理总局, "市场监管总局依法对阿里巴巴集团控股有限公司在中国境内网络零售平台服务市场实施"二选一"垄断行为作出行政处罚" https://www.samr.gov.cn/xw/zj/202104/t20210410_327702.html. (2022년 1월 3일 검색)

[40] 新浪网, "市场监管总局处罚阿里巴巴 罚款182亿破纪录" https://finance.sina.com.cn/tech/2021-04-10/doc-ikmxzfmk5991487.shtml. (2022년 3월 31일 검색)

[41] 国家市场监督管理总局, "市场监管总局依法对美团在中国境内网络餐饮外卖平台服务市场实施"二选一"垄断行为作出行政处罚" https://www.samr.gov.cn/xw/zj/202110/t20211008_335364.html. (2022년 1월 3일 검색)

셋째, 인터넷 플랫폼 기업들의 경영자집중 문제에 대한 대대적인 처벌이 전개되었다. 2021년 인터넷 플랫폼 기업의 경영자집중 위법에 대한 처벌 사례는 85회에 달하였는데, 이들의 벌금 총합은 5,850만 위안에 달하였다.[43] 특히, 텐센트 계열사 23회, 알리바바 계열사 21회, 디디 계열사 14회 등 거대 사영기업들이 경영자집중의 주요 처벌 대상으로 지목되었다.[44] 또한, 2021년 7월 인터넷 영역에서는 최초로 후야(虎牙)와 더우위(斗鱼)의 합병을 금지하는 사례가 발생하였으며(郭全中 2021),[45] 텐센트 뮤직의 차이나 뮤직과의 병합과 그에 따른 스트리밍 시장 독점의 문제에 대하여 최초로 시장경쟁상태 복구의 명령이 내려졌다(姚坤, 孙庭阳 2021).[46] 이처럼 당국의 인터넷 기업의 경영자집중에 대한 심사와 처벌에서 기존에 나타나지 않았던 방식으로의 전개가 야기되었다.[47]

2021년 한 해 동안 다수의 기업이 반독점 행위로 처벌을 받게 됨에 따라, 2021년은 '반독점의 해(反垄断大年)'로 불리게 되었다.[48] 앙스왕의

---

42 搜狐网, "2021未完待续｜平台经济反垄断元年, 曾被困"二选一"的商家和面临新规则的巨头们" https://www.sohu.com/a/513431381_116237. (2022년 1월 3일 검색)
43 金杜律师事务所, 『2021反垄断——继往开来, 构筑新格局』 https://www.kwm.com/cn/zh/insights/latest-thinking/kwm-releases-china-anti-monopoly-review-2021.html. (2022년 3월 31일 검색)
44 南方财经全媒体集团合规科技研究院, 21世纪资本研究院, 『互联网反垄断与投资影响报告(2021)』 https://sfccn.com/2022/1-27/2NMDE0MDdfMTY5Mzc2Ng.html. (2022년 3월 31일 검색)
45 新浪网, "回眸2021|反垄断"大年"的雷霆行动" https://finance.sina.com.cn/china/gncj/2021-12-31/doc-ikyamrmz2294844.shtml. (2022년 3월 31일 검색)
46 国家市场监督管理总局, "市场监管总局依法对腾讯控股有限公司 作出责令解除网络音乐独家版权等处罚" http://www.samr.gov.cn/xw/zj/202107/t20210724_333016.html. (2022년 4월 3일 검색)
47 南方财经全媒体集团合规科技研究院, 21世纪资本研究院, 『互联网反垄断与投资影响报告(2021)』 https://sfccn.com/2022/1-27/2NMDE0MDdfMTY5Mzc2Ng.html. (2022년 3월 31일 검색)
48 网易, "2021年反垄断执法趋于精准化专业化" https://www.163.com/dy/article/GS

보도에서 집계된 2015년부터 2020년까지 6년 동안 반독점 처벌 안건은 모두 합하여 119개에 달하였으며, 2020년 반독점 처벌 안건은 34개였는데, 이를 고려하면 2021년 한 해 동안 반독점 관련 처벌은 수치상으로 크게 상승했던 것이었다.[49] 앞서 검토한 바와 같이 2021년 반독점 관련 규제의 대다수는 인터넷 플랫폼 기업들을 대상으로 진행되었으며, 인터넷 기업들이 받게 된 처벌 금액은 200억 위안을 넘기는 것으로 알려졌다.[50] 또한 당국의 강도 높은 반독점 규제에 의해, 중국의 기술주는 시가 총액 1조 달러 감소라는 막대한 타격을 입게 되었다.[51]

한편으로, 플랫폼 기업들은 강도 높은 당국의 규제가 진행되는 가운데 사회적 기부에 대한 참여의 요구에 직면하였다(Roberts 2021b).[52] 공동부유의 맥락 속에서 사영기업은 먼저 부를 축적한 집단으로써 공동부유 추진에 공헌할 것이 요구되었고, 제3차 분배의 기제를 통한 자발적인 사회적 책임의 이행과 공익자선 활동을 통한 사회적 공헌이 기대되었다(白光昭 2021; 陈光标 2022). 그에 따라 알리바바, 텐센트, 핀둬둬(拼多多) 등의 인터넷 플랫폼 사영기업들은 제3차 분배에서의 자발성, 적극성을 가지고 공동부유에 참여하였다(陈勇鸣 2022).

먼저, 재난 구호를 위한 기업들의 참여가 발생하였다. 2021년 7월

HQTVBQ0514M975.html. (2022년 1월 3일 검색)
49 央视网, ""反垄断"之年：118个行政处罚案件到底"反"了什么？" https://news.cctv.com/2022/01/05/ARTIr5VZVYPC9sQmL2gHn9uk220105.shtml. (2022년 3월 31일 검색)
50 新浪网, "2021年互联网反垄断罚款超200亿元" https://finance.sina.com.cn/chanjing/cyxw/2021-12-22/doc-ikyamrmz0451449.shtml. (2022년 3월 31일 검색)
51 SCMP, "China's private sector struggling with 'common prosperity', Covid-19 and financing; SOEs thrive" https://www.scmp.com/economy/china-economy/article/3168805/chinas-private-sector-struggling-common-prosperity-covid-19. (2022년 3월 31일 검색)
52 CNBC, "China's tech giants pour billions into Xi's vision of 'common prosperity'" https://www.cnbc.com/2021/09/03/chinas-tech-giants-pour-billions-into-xis-goal-of-common-prosperity.html. (2022년 1월 3일 검색)

허난성(河南省)에 대규모의 홍수가 발생하자 인터넷 플랫폼 사영기업들은 신속하게 기부를 선언하였는데, 알리바바와 앤트 그룹 및 마윈 공익기금회는 총 2억 5,000만 위안을 기부하였고, 텐센트, 바이트댄스, 메이퇀, 핀둬둬, 디디추싱은 각각 1억 위안의 기부를 선언하였다. 이처럼 이윤보다 사회적 책임을 강조하는 당국과 사회의 압박 속에 주요 대형 사영기업들은 모두 약 10억 위안이 넘는 기부금을 모금하였는데, 이는 비슷한 시기 중앙 국영기업 59개가 모금한 약 7억 위안을 상회하는 규모였다.[53] 또한, 2021년 10월 산시성(山西省)에서 홍수가 발생한 이후 알리바바 계열사 7,000만 위안, 텐센트, 바이트댄스, 바이두, 핀둬둬 각각 5,000만 위안 등 총 3억 위안에 해당하는 액수가 인터넷 플랫폼 사영기업들을 중심으로 모금되었다.[54]

또한, 사회적 책임을 위한 기업들의 기부 활동이 전개되었다. 2021년 4월 지속가능한 사회적 가치 혁신을 위해 500억 위안의 지출을 천명하였던 텐센트는 2021년 8월 당국의 공동부유 방침에 호응하기 위해 500억 위안의 자금을 추가로 투입할 것을 선언하였고,[55] 2021년 9월 알리

---

[53] SCMP, "Floods in central China: Alibaba, Tencent, ByteDance and Meituan rush to support relief efforts with cash and services" https://www.scmp.com/tech/big-tech/article/3141928/floods-central-china-alibaba-tencent-bytedance-and-meituan-rush. (2022년 3월 31일 검색); 조선일보, "中, 빅테크 홍수 기부 '누가 더 많이 냈냐' 줄세우기" https://biz.chosun.com/international/international_general/2021/07/23/LZXU7YAY7BCVDCXZTLABGYR4U4/. (2022년 3월 31일 검색)

[54] 新浪网, "多家企业驰援山西, 阿里系、腾讯、百度、字节等捐款已超3亿" https://finance.sina.com.cn/chanjing/gsnews/2021-10-11/doc-iktzscyx8903706.shtml. (2022년 3월 31일 검색); SCMP, "Chinese tech giants led by Alibaba and Tencent donate millions towards flood relief efforts in Shanxi" https://www.scmp.com/tech/big-tech/article/3151924/chinese-tech-giants-led-alibaba-and-tencent-donate-millions-towards. (2022년 3월 31일 검색)

[55] SCMP, "Tencent earmarks US$7.7 billion for 'common prosperity' to answer Xi Jinping's call for equality" https://www.scmp.com/tech/big-tech/article/3145567/tencent-earmarks-us77-billion-common-prosperity-answer-xi-jinping

바바는 2025년까지 과학기술 혁신, 경제성장, 양질의 일자리, 취약계층 지원, 공동부유 발전기금 조성을 골자로 하는 공동부유 10대 행동(共同富裕十大行動)을 위해 1,000억 위안의 투입을 공표하였다.[56] 또한, 2021년 8월 핀둬둬 역시 농촌이 직면한 당면과제의 해결을 위해 100억 위안의 농업과학기술 전담 기금의 조성 계획을 발표하였다.[57]

한편으로, 사영기업가들의 자발적이고 주도적인 제3차 분배의 참여를 통한 공동부유 실현을 위한 공헌이 기대되었다(胡晓琼, 余来文 2021; 邹升平, 程琳 2021). 이러한 분위기 속에서, 2021년 6월 메이퇀의 왕싱(王兴)회장은 자신이 보유한 약 160억 위안 상당의 주식을 교육과 과학연구 등의 공익사업 전문 기금회에 헌납하였고,[58] 바이트댄스의 창업자 장이밍(张一鸣) 또한 고향의 교육사업 발전을 위해 5억 위안을 기증하였다.[59] 그 외에도, 2021년 7월 샤오미(小米)의 회장인 레이쥔(雷军)은 약 174억 위안에 달하는 주식을 공익기관에 기부하였으며,[60] 2022년 2월에는 징둥(京东)의 회장 류창둥(刘强东)이 개인명의로 기금회에 교

---

s. (2022년 3월 31일 검색)

[56] 新浪网, "阿里巴巴集团将投入1000亿元助力共同富裕" https://news.sina.com.cn/c/2021-09-02/doc-iktzscyx1903177.shtml. (2022년 3월 31일 검색); SCMP, "Alibaba earmarks 100 billion yuan towards China's common prosperity goal, responding to call to narrow nation's wealth gap" https://www.scmp.com/tech/big-tech/article/3147333/alibaba-earmarks-100-billion-yuan-towards-chinas-common-prosperity. (2022년 3월 31일 검색)

[57] 新浪网, "持续重投研发 拼多多设"百亿农研专项"" https://finance.sina.com.cn/tech/2021-08-25/doc-ikqciyzm3398208.shtml. (2022년 4월 3일 검색); 한국경제, "시진핑이 연일 '공동 부유' 외치자…텐센트 이어 핀둬둬도 강제 기부" https://www.hankyung.com/international/article/2021082585421. (2022년 4월 3일 검색)

[58] 新浪网, "王兴将10%美团股份转入公益基金 约160亿元用于科技与教育" https://finance.sina.com.cn/tech/2021-06-04/doc-ikqcfnaz9083432.shtml. (2022년 4월 3일 검색)

[59] 新华网, "张一鸣向家乡福建龙岩捐赠5亿元, 成立"芳梅教育发展基金"" http://www.xinhuanet.com/tech/2021-06/22/c_1127586845.htm. (2022년 4월 3일 검색)

[60] 腾讯网, "雷军捐款174亿, 分析称资金用途并非是为套现！" https://new.qq.com/omn/20210717/20210717A04MN500.html. (2022년 4월 3일 검색)

육과 환경보호를 위한 목적으로 약 149억 위안에 달하는 주식을 기부하였다.[61] 이처럼 당국의 플랫폼 기업에 대한 강도 높은 규제가 지속되는 가운데 공익 목적을 위한 대대적인 기부 활동이 기업가 개인의 차원에서도 활발히 전개되었다.

시진핑 시기 공동부유의 강조 속에서 전개된 인터넷 플랫폼 사영기업에 대한 일련의 정책은 단기적으로 당국의 우위를 재확인한 것으로 보인다. 국가는 사영기업의 활동에 대하여 반독점과 자본의 무질서 확장의 방지를 사유로 대대적인 규제를 전개할 수 있었고, 제3차 분배 담론을 통해 사영기업가와 기업의 기부를 이끌어 낼 수 있었다. 이에 반해, 사영기업가는 당국의 강도 높은 규제를 경험하는 동시에, 공동부유 실현에 적극 협력하기 위한 기부 활동을 통해 '정치적으로 현명한 사람(政治上的明白人)'임을 증명하는 모습을 보였다.[62]

한편으로 사영기업가의 입장에서 당국이 제시한 일련의 정책들은 기업의 장기적 성장 지속의 문제를 과제로 지니게 되었다. 공동부유의 실현을 위해 기업의 이윤 극대화보다 당국의 정책적 아젠다 부응이 우선순위로 작용할 수 있는데, 이는 기업의 시장가치와 성장을 위해서 투자되어야 할 자금의 감소를 의미할 수 있었다.[63] 또한, 인터넷 플랫폼

---

61 腾讯网, "刘强东个人捐款高达150亿元, 用于教育环保公益事业, 互联网第一人" https://new.qq.com/omn/20220203/20220203A00B1K00.html. (2022년 4월 3일 검색)

62 The New York Times, "What China Expects From Businesses: Total Surrender" https://www.nytimes.com/2021/07/19/technology/what-china-expects-from-businesses-total-surrender.html. (2022년 4월 3일 검색). 2장에서 살펴본 바와 같이, 2020년 9월 중국 공산당은 〈신시대 민영경제 통일전선 공작 강화에 관한 의견(关于加强新时代民营经济统战工作的意见)〉을 발표하여 사영기업가들을 '시종 정치적으로 현명한 사람'으로 만들 것을 천명하였다. 中国政府网, "中共中央办公厅印发《关于加强新时代民营经济统战工作的意见》" http://www.gov.cn/zhengce/2020-09/15/content_5543685.htm. (2022년 4월 3일 검색).

63 MERICS, "China in 2022 – a look ahead" https://merics.org/en/merics-briefs/china-2022-look-ahead. (2022년 4월 3일 검색); Nikkei, "China's Big Tech vows

기업에 대한 강도 높은 규제의 압박은 주요 사영기업들의 실적 감소와 대규모 인원 감축을 야기할 위험성을 가진 것으로 지적되었다.[64] 그 외에도, 공동부유의 강조 속에서 발생한 일련의 정책적 흐름이 초래한 외부 투자자의 의구심에 대한 해소가 중요한 과제로 언급되었다.[65] 이처럼 최근 공동부유의 강조 속에서 나타난 일련의 정책적 흐름은 시진핑 시기 사영분야가 직면한 현실의 복잡성을 단적으로 보여준 중요한 사례로 볼 수 있다.

Ⅳ. 결론

시진핑 시기 중국 공산당은 절대 빈곤의 소멸과 전면 소강사회의 달성이라는 오랜 숙원을 마무리하였다. 그에 따라 빈부격차 등 상대적인 불균형의 해소가 새로운 과제로 제시되었고, 이를 해결하기 위한 방편으로 공동부유는 다시 중요하게 대두되었다. 특히, 이 과정에서

---

    to give back as Xi touts 'common prosperity'" https://asia.nikkei.com/Business/China-tech/China-s-Big-Tech-vows-to-give-back-as-Xi-touts-common-prosperity. (2022년 4월 3일 검색).

[64] 1년 이상 지속된 당국의 강도 높은 규제로 인해 주요 인터넷 플랫폼 사영기업들은 감축을 추진하게 되었다. 예를 들어, 알리바바는 전체 직원의 15%인 약 39,000명의 인원을 감축할 예정이며, 텐센트 역시 온라인 스트리밍과 검색 등의 영역에서 10-15%의 인원을 감축할 예정인 것으로 보도되었다. 그 외에도 디디추싱, 메이퇀 등도 인원 감축의 계획이 있는 것으로 알려졌다. 조선일보, "알리바바·텐센트 직원들 짐싼다… 中빅테크 해고 칼바람" https://www.chosun.com/economy/tech_it/2022/03/24/ME4ZTKGHDVA6LKOC6WIDSCUSTQ/. (2022년 4월 3일 검색); Reuters, "Reeling from China's crackdown, Alibaba and Tencent readying big job cuts-sources" https://www.reuters.com/technology/reeling-chinas-crackdown-alibaba-tencent-readying-big-job-cuts-sources-2022-03-16/. (2022년 4월 3일 검색).

[65] CNBC, "China may be looking to ease regulations. Is it time to invest?" https://www.cnbc.com/2022/03/24/china-may-be-looking-to-ease-regulations-is-it-time-to-invest.html. (2022년 4월 3일 검색)

먼저 부를 축적한 집단인 사영기업과 사영기업가의 후발주자에 대한 지원과 사회적 공헌의 필요성이 제시되었다. 한편으로, 일부 기업의 독점 현상과 자본의 무질서 확장은 공동부유를 저해하는 요소로 지목되었고, 이를 개선하고자 당국은 적극적인 규제를 전개하였다.

　이러한 일련의 정책은 국가-사영기업가 간의 관계에도 중요한 영향을 미친 것으로 보인다. 공동부유의 맥락 속에서 사영기업에 대한 강도 높은 규제가 진행되었고, 사영기업과 사영기업가의 대대적인 사회적 공헌 참여가 전개되었다. 이를 통해 중국 공산당은 국가-사영기업가 관계에서 우위를 재확인하였으며, 사영기업가들은 당국의 방침에 협력하여 정치적으로 현명한 사람임을 증명하였다. 한편으로 공동부유의 맥락 속에서 추진된 일련의 정책은 사영기업의 장기적 성장의 지속 문제, 사영기업의 실적 감소와 인원 감축의 위험성, 외부 투자자의 의구심 등 사영기업의 향후 발전에 여러 가지 변수로 작용할 것으로 보이는데, 이에 대한 해결책의 마련이 또 다른 과제로 제시될 수 있을 것으로 보인다.

5장

시진핑 시기 부동산 영역의 사영분야

Ⅰ. 서론

중국의 부동산 영역은 중국의 국가 발전에 있어 중요한 동력으로 평가된다(董昕 2017; 黃奇帆 2022). 특히, 중국이 2010년 자신의 GDP를 2020년까지 2배로 올리겠다는 공약을 제시한 이래, 부동산 영역은 이러한 성장을 달성하는데 매우 중요한 분야로 지목되었으며(Kaaresvirta et al. 2021), 투자, 금융, 건설 등 다양한 영역과의 밀접한 연관성 속에서 경제성장을 추동할 수 있는 중요한 분야로 인식되었다(Chen et al. 2020; Rogoff and Yang 2021). 그에 따라 다수의 연구와 보고서들은 최근 중국의 부동산 영역이 중국의 GDP에서 차지하는 비중이 약 25% 정도에 달하는 것으로 추산하고 있다.[1] 또한, 중국의 부동산은 재정

---

[1] 예를 들어 카이사 은행(Caixa Bank)은 2022년 1월 중국의 경제에서 부동산이 GDP에서 차지하는 비중을 약 24%로 추산하였고(Caixa Bank Research 2022), J.P. Morgan 역시 2022년 3월 중국의 부동산이 GDP에서 차지하는 비중이 약 25%에 이른다고 언급하였다. 한편으로, Rogoff and Yang(2022)은 2021년 부동산 활동이 GDP에서 차지하는 비중을 약 25.1%로 평가하였다. J.P. Morgan, "What Will China's Economic Growth Look Like in 2022?" https://www.jpmorgan.com/ins

수입에도 중요한 영역으로 평가된다. 2020년 현재 부동산 영역에 직접 연관된 5가지 세수 항목인 부동산 등록세(契稅), 토지부가가치세(土地增値稅), 경지점용세(耕地占用稅), 도시 토지 사용세(城鎭土地使用稅), 부동산세(房地产稅) 등의 합계는 1억 9,700만 위안에 달하였는데, 이는 전국 세수 총액의 12.76%, 전국 공공재정 수입의 10.76%에 해당하였다(李新 2022).[2]

그렇지만 일부 선행연구들은 부동산 영역의 급속한 발전이 주는 위험성을 경계하였다. 중국 부동산 영역의 가파른 팽창에 따라, 부동산 거품으로 인한 경기 침체의 우려가 존재함이 지적되는데(Glaeser et al. 2017; Fang et al. 2016), 부동산 영역은 체계적인 리스크가 발생할 수 있는 잠재적인 중요 위험요소로 작용할 수 있는 위험성을 가지고 있는 것이기 때문이었다(杨子晖 外 2018; 孙树强 2020). 한편으로, 최근 부동산 영역을 검토한 선행연구들은 최근 강조되는 공동부유 담론 속에서 부동산 영역이 큰 영향을 받은 것으로 간주하였다. 중국의 부동산 영역은 사영기업들이 주를 이루고 있었는데,[3] Miura(2021)에 따르면 2020년 중국 부동산 업계에서 국유기업은 전체 기업 수의 0.7%, 전체

---

ights/research/china-economy-2022. (2022년 10월 23일 검색)

2 또한, 중국의 부동산 영역은 지방정부의 경제 발전에도 중요한 역할을 수행하였던 것으로 평가된다(Atlantic Council and Rhodium Group 2022). 1994년 분세제의 도입 이후 재정에 대한 압박이 심해진 지방정부 입장에서 토지의 적절한 활용은 추가적인 세수의 확보에 매우 중요하게 작용하였을 뿐만 아니라(Huang and Chan 2018; Lichtenberg and Ding 2009; Ping 2011), 투자자들의 유치와 도시화 발전 등을 위해서도 중요하게 작용하였기 때문이었다(Huang and Yang 1996; Liu et al. 2008). 한편으로, 지방 관료의 관점에서도 부동산은 매우 중요한 부분을 차지하고 있었는데, 정치적인 승진을 위한 경제성장과 도시 발전 등의 치적 활동에도 중요한 역할을 수행하였기 때문이었다(Yew 2012; Ong 2017).

3 1998년 국유기업의 부동산 분야에서의 비중은 32.6%를 차지하였으나, 부동산 개혁의 심화에 따라 갈수록 많은 사영기업들이 부동산 영역에 진입하였다. 그에 따라 부동산 영역에서 국유기업이 차지하는 비중은 갈수록 감소하여 2016년 1.2%에 불과하였다(刘颜 2018).

직공 수의 0.9%만을 차지하고 있으며, 중국의 부동산 업계에서 중소형 개발업체들은 대부분 사영기업이었다. 이처럼 사영기업들이 주를 이루게 된 중국의 부동산 영역은 공동부유 담론의 맥락 속에서 전개된 당국의 정책적 변화 속에서 큰 영향을 받았던 것으로 평가된다(Miura 2022; Sun 2022). 다만, 이러한 선행연구들은 기존부터 이전부터 이어져 온 당국의 부동산 영역에 대한 정책 변화의 흐름을 간과하고 있으며, 최근 부동산 정책의 변화가 미치는 영향에 대한 언급이 부족하다는 문제점이 지적될 수 있다.

이러한 맥락에서 본문은 시진핑 시기 부동산 정책의 정책적 흐름이 미친 영향과 그 여파를 검토하고자 한다. 구체적으로 본문은 이하의 연구 질문을 제시한다. 첫째, 중국의 부동산 정책은 어떠한 변화를 겪어왔으며, 최근에는 어떠한 흐름으로 진행되고 있는가? 둘째, 이러한 일련의 부동산 정책이 부동산 영역에서 다수를 점하던 사영기업에 어떠한 영향을 주었으며, 그 여파는 무엇이었는가? 셋째, 이러한 문제에 당국은 어떻게 대응하고 있으며, 그 결과는 어떠한가? 궁극적으로, 일련의 과정을 검토해 보았을 때 시진핑 시기 부동산 영역의 정책적 흐름이 주는 함의는 무엇으로 볼 수 있는가?

이를 바탕으로 본문은 이하의 내용을 주장한다. 첫째, 일련의 정책적 흐름 속에서 개혁기 중국의 부동산 영역은 가파르게 성장하였으며, 경제적 위기 상황의 극복 및 경제의 안정적인 성장과 주민의 주택 수요 충족에 중요한 요인으로 평가를 받게 되었다. 둘째, 부동산 영역이 가지고 있는 잠재적 위험성에 의해 최근 당국은 주택의 투기 목적 불가, 부동산 영역의 대출 제한 강화, 공동부유의 강조 등을 제시하였다. 셋째, 이러한 일련의 정책들은 사영기업들의 채무불이행, 부동산 영역의 국진민퇴, 부동산 기업들의 주택 건설 중단과 수분양자들의 주택 담보 대출 상환 거부 등의 현상을 초래하였다. 이에 대하여 당국은 일련의 정책들을 제시하여 문제를 해소하고자 하였다. 그러나 최근 부동산 영역에 영향을 주었던 주요 정책들의 기조 지속, 도시 주민의 부동산에 대한 심리적 위축, 부동산 영역에 대한 대외적인 불신 등은 향후 고민이 필요한 추가적인 과제로 제시될 수 있다.

Ⅱ. 중국 부동산 영역의 정책적 흐름과 변화

1978년 개혁개방의 도입 이후 중국의 경제 구조는 계획경제에서 계획된 상품경제로, 그리고 사회주의 시장 경제로 이행하였는데(Gao 2010), 중국의 주택 역시 국가에 의한 주택 분배 제도의 폐지와 공공주택의 민영화 및 사영 상품 주택 발전의 격려를 통해 시장 기반의 체제로 전환되었다(Tang et al. 2006).[4] 특히, 1997년 아시아 금융위기가 발생한 이후 수출입, 투자, 여행 등 다양한 영역이 크게 충격을 받게 되자, 중국 당국은 주택 소비 수요의 확대를 통한 내수 확대를 추진하게 되었고, 부동산은 새로운 성장 동력으로 인식되었다(李世伟 2020; 李春晓 外 2022). 이러한 맥락에서, 1998년 국무원(国务院)은 〈도시 주택 제도 개혁의 진일보 심화와 주택 건설 촉진에 관한 통지(关于进一步深化城镇住房制度改革加快住房建设的通知)〉를 통해 주택의 실물 분배 폐지와 점진적 주택 분배의 화폐화를 선언하였는데,[5] 이는 기존 단위제도

---

4   1978년 개혁개방 시행 이후 약 20년 동안 중국 주택의 상품화는 맹아 단계에 존재하였다. 1986년 당중앙과 국무원은 〈전국 기본 건설 공작회의 회보 제강(全国基本建设工作会议汇报提纲)〉을 승인하면서 개인의 주택 건설, 주택 구매, 개인의 자가 주택 보유 허가의 주택 상품화 원칙을 최초로 천명하였고, 1993년 국무원 제3차 주택 개조 공작회의(第三次房改工作会议)를 통해 '공영주택(公房)'의 매각을 중점으로, 판매, 임대, 건설을 병행하는 방침을 제시하여 공유 주택의 사유화 추진과 주택 상품 시장의 발전을 위한 전제 조건을 마련하였다(李国庆, 钟庭军 2022).
5   广东省人民政府, "国务院关于进一步深化城镇住房制度改革加快住房建设的通知" htt

기반의 주택 공급의 종결과 전면적인 시장 기반의 주택 공급을 의미하였고, 부동산 시장화의 개시를 알리는 중요한 지표였다(Man et al. 2011; Wu et al. 2012; Yang and Chen 2014).[6] 이러한 시대적 흐름 속에서 1998년부터 2007년까지 10년 동안 중국 부동산의 부가가치는 3,434.5억 위안에서 1조 3,809.7억 위안으로 4배 이상 급등하였고,[7] 부동산 개발 관련 기업의 수 역시 1998년 24,378개에서 2007년 62,518개로 급증하는 한편, 관련 종사자의 수도 1998년 약 83만 명에서 2007년 172만 명으로 증가하는 등 부동산 영역은 가파르게 성장하였다.[8]

한편으로 2008년 야기된 글로벌 금융위기는 중국 실물 경제와 금융 시장에 큰 충격을 안겨주었으며, 중국 부동산 정책에도 큰 전환점으로 작용하였다(恒大研究院 2019; 彭旭輝 外 2022). 예를 들어, 부동산 시장의 급격한 성장에 대응하여 2007년 중국의 은행 당국은 〈상업성 부동산 신용대출 관리 강화에 관한 통지(关于加强商业性房地产信贷管理的通知)〉를 통해 첫 번째 주택과 두 번째 주택에 대한 엄격한 구분을 통해

---

p://www.gd.gov.cn/zwgk/wjk/zcfgk/content/post_2722921.html. (2022년 10월 20일 검색)

6 新浪财经, "中国房地产40年发展历程的6个阶段, 那时候房价68元也买不起" https://cj.sina.com.cn/articles/view/1223891223/48f31917001005doj. (2022년 10월 22일 검색)

7 国家统计局, "2-6 第三产业增加值"『中国统计年鉴 2012年』http://www.stats.gov.cn/tjsj/ndsj/2012/indexch.htm. (2022년 10월 22일 검색)

8 또한, 이 시기 중국의 부동산 영역에서 국유분야의 약세와 사영분야의 약진 현상이 두드러졌는데, 1998년 전체 부동산 종사 기업 수 24,378개에서 국유기업 7,958개, 집체기업은 4,538개였으나, 2007년 전체 부동산 종사 기업 수 62,518개에서 국유기업은 3,617개, 집체기업은 1,430개로 오히려 감소하였다. 마찬가지로, 1998년 부동산 영역의 국유기업 종사자 수는 1998년 33만 명, 집체기업 종사자 수는 약 13만 명이었으나, 2007년 부동산 영역의 국유기업 종사자 수는 약 12만 명, 집체기업 종사자 수는 약 3.4만 명으로 크게 감소하였다. 国家统计局, "5-28 房地产开发企业个数"『中国统计年鉴 2012年』http://www.stats.gov.cn/tjsj/ndsj/2012/indexch.htm. (2022년 10월 22일 검색); 国家统计局, "5-29 房地产开发企业从业人员数"『中国统计年鉴 2012年』http://www.stats.gov.cn/tjsj/ndsj/2012/indexch.htm. (2022년 10월 22일 검색)

차별화된 대출 정책을 추진하였으나, 2008년 금융위기로 인해 금리를 인하하는 등 대규모의 경기부양 정책을 추진하였다. 한편 국무원 판공청은 〈부동산 시장의 건강한 발전 촉진에 관한 약간의 의견(国务院办公厅关于促进房地产市场健康发展的若干意见)〉을 통해 2009년부터 2011년까지 3년간 매년 평균 130만 채 주택 공급의 방침을 천명하는 한편, 주민의 우대조건을 이용한 주택 구매를 격려하였다(易宪容 2018; 易成栋 外 2018). 이러한 일련의 정책적 격려 하에 2009년부터 부동산 개발 투자와 건설은 더욱 속도에 박차를 가하게 되었다(陆岷峰, 欧阳文杰 2019).

이에 반해, 글로벌 금융위기를 극복하는 과정에서 과도한 주택 가격 상승이 발생하게 되자 당국은 주택 가격 안정을 위한 정책들을 제시하기 시작하였다. 예를 들어, 2010년 국토자원부는 〈부동산 용지 공급과 관리 강화 관련 문제에 관한 통지(关于加强房地产用地供应和监管有关问题的通知)〉를 통해 별장을 위한 토지 공급을 금지하고 토지 양도의 최저가를 규범화하였으며, 2011년 국무원 판공청은 〈부동산 시장 조정 업무의 진일보 전개 관련 문제에 관한 통지(国务院办公厅关于进一步做好房地产市场调控工作有关问题的通知)〉를 발표하여 두 번째 주택 구매의 최초 지불 비용을 전체의 60% 이상으로 할 것을 명시하여 정책적으로 주택 가격을 안정화하고자 하였다(王京滨, 夏贝贝 2019). 한편으로, 중국의 경제가 뉴노멀(新常态)에 접어들면서 경제성장의 방식에도 변화가 발생하였고 부동산 산업 역시 조정을 겪게 되었다(刘颜 2018). 특히, 2014년 이후 상품 주택의 재고 역시 증가하게 되었고, 이를 해결하는 것이 새로운 과제로 등장하였다. 그에 따라, 2015년 중앙경제공작회의(中央经济工作会议)는 주택의 재고 해소를 강조하였고, 2016년 150개 이상의 도시가 재고 해소의 정책을 제시하였다(Jiang 2021; 陈杰 2019).

일련의 정책적 흐름의 변화 속에서 중국의 부동산 영역은 크게 성장하였는데, 2016년 부동산의 부가가치는 약 4조 9,969억 위안에 달하게 되었으며,[9] 부동산 개발 관련 기업의 수는 94,948개, 관련 종사자 수는 약 275만 명으로 크게 증가하였다.[10] 이러한 성장 속에서 중국의 부동산 영역은 중국 경제의 1997년 아시아 금융위기 및 2008년 글로벌 금융위기 상황의 극복과 안정적인 발전에 크게 공헌하였고(张永岳 外 2018), 2016년 부동산의 부가가치가 중국 GDP의 6.5%에 달할 정도로 중요한 위치를 차지하게 되었을 뿐만 아니라, 1998년부터 2016년까지 신규 주택 건축 면적 누계 149억㎡, 상품주택의 판매 면적 누계 123억㎡의 달성과 2016년 전국 주민의 평균 주택 건축 면적 40.8㎡ 달성을 통해 국민의 주택에 대한 수요의 기본적인 충족과 주택 문제의 해소에 중요한 역할을 수행한 것으로 평가되었다(Dong 2017; 付昨霖 2019; 廖亮 2021).

그러나 한편으로 중국 부동산 영역의 가파른 성장은 여러 가지 문제점을 초래하였다. 먼저, 중국 주택의 특수성에 따른 가파른 주택 가격 상승의 잠재적 위험성을 들 수 있다. 생활필수품으로써 주택은 개인의 생활과 발전의 전제 조건에 해당하지만, 한편으로 상품으로써 주택은 지속적인 가격 상승이 발생한다면 높은 수익을 기대할 수 있는 높은 투기적 가치를 가지고 있었다(田祖国, 赵疆 2022; 苏玉萍 2022). 2004년 중국의 상품 주택의 평균 판매 가격은 1㎡당 2,778위안에서 2016년

---

[9] 国家统计局, "3-6分行业增加值"『中国统计年鉴 2021年』http://www.stats.gov.cn/tjsj/ndsj/2021/indexch.htm. (2022년 10월 22일 검색)

[10] 한편으로 부동산 영역에서의 국유분야의 약세에 따른 사영분야의 영향력이 매우 크게 확대되었는데, 관련 국유기업의 수는 1,093개, 집체기업의 수는 364개로 감소하였으며, 비슷한 맥락에서 국유기업의 관련 종사자는 4.7만 명으로, 집체기업의 종사자 역시 약 9,900명으로 감소하였다. 国家统计局, "19-2 房地产开发企业个数"『中国统计年鉴 2021年』 http://www.stats.gov.cn/tjsj/ndsj/2021/indexch.htm. (2022년 10월 22일 검색); 国家统计局, "19-3房地产开发企业从业人员数"『中国统计年鉴 2021年』http://www.stats.gov.cn/tjsj/ndsj/2021/indexch.htm (2022년 10월 22일 검색)

7,476위안으로 약 2.69배 증가하였는데, 칭화대학교 헝룽 부동산 센터(清华大学恒隆房地产中心)는 동일한 성질의 주택 가격 변화를 고려하면 주택 가격의 6.37배, 연평균 16.68% 상승이 발생하였음을 지적하였다.[11] 이러한 거주 목적 외의 투기 등에 의한 가파른 주택 가격 상승은 대중의 주택 구매를 더욱 어렵게 만들어 사회분화 및 양극화 등의 다양한 사회적 문제를 초래할 잠재적 위험을 지니고 있는 것으로 지적되었다(李斌 2018; 刘姜婷 2022).

둘째, 부동산 시장의 과도한 거품이 초래할 수 있는 잠재적 위험성이 지적되었다. 즉, 높은 주택 가격이 초래한 부동산의 과도한 거품 발생은 금융시장에 위험을 초래하게 되는데(曹兆文, 李秋宏 2021), 버블이 터지는 경우 부동산 영역에 전개된 과도한 대출은 은행의 자산에 악영향을 미치고 거시경제에도 큰 타격을 초래할 뿐만 아니라(马理, 范伟 2021), 주식시장 등에도 악영향을 주어 최종적으로는 금융위기와 경제위기를 초래할 수 있게 되는 것이다(张云 外 2022; 高惺惟 2019). 특히 역사적으로 1980년대 일본의 부동산 거품, 2008년 미국 부동산 위기 등은 해당 국가의 경제와 세계 경제 금융체계에 거대한 악영향을 미쳤던 만큼 부동산 영역의 거품 붕괴는 경제에 큰 문제를 초래할 위험이 높은 것으로 지적되었다(朱宁 2017). 그에 따라, 중국 인민은행 당위원회 서기(中国人民银行党委书记)이자 중국 은행 보험감독 관리위원회 주석(中国银行保险监督管理委员会主席)인 궈수칭(郭树清)은 부동산 거품을 금융안정을 위협하는 가장 큰 '회색 코뿔소(灰犀牛)'로 지목하여 당국의 부동산 개발에 대한 높은 경각심을 단적으로 보여주었다.[12]

---

11 人民网, "房价过快上涨无益于推动经济增长" http://house.people.com.cn/n1/2018/0822/c164220-30243149.html. (2022년 10월 30일 검색)
12 求是网, "坚定不移打好防范化解金融风险攻坚战" http://www.qstheory.cn/dukan/qs/2020-08/16/c_1126366413.htm. (2022년 11월 1일 검색)

이러한 맥락에서 당국의 부동산 정책 흐름은 2016년 이후로 큰 변화의 양상을 보이게 되었다. 첫째, 주택의 투기 목적 불가 방침이 강조되었다. 2016년 12월 중앙경제공작회의(中央经济工作会议)는 '집은 거주하기 위한 것이지 투기를 위한 것이 아니다(房子是用来住的, 不是用来炒的)'라는 입장을 견지하고, 금융, 토지, 재정, 투자, 입법 등의 수단을 종합적으로 운영하여 국정에 부합하고 시장규율에 적합한 기초적 제도와 장기적 기재 건설을 통해 부동산 거품을 억제하고, 급격한 기복을 방지해야 한다고 강조하여, '집의 거주 목적 이용과 투기 목적 불가(房住不炒)'의 방침을 최초로 제기하였다.[13] 이러한 '집은 거주하기 위한 것이지 투기를 위한 것이 아니다'라는 입장의 견지는 2017년 중국 공산당 19차 당대회를 통해서도 재차 강조되어 '집의 거주 목적 이용과 투기 목적 불가가 당국의 주택 문제 해결과 부동산 시장의 장기적 발전 기재 건설의 핵심 지도 사상임을 단적으로 시사하였다(陈杰 2018; 薛若禹 2021).[14] 더 나아가 중국 공산당은 2020년 10월 통과된 〈중공중앙의 국민경제와 사회발전 제14차 5개년 규획과 2035년 장기 목표 제정에 관한 건의(中共中央关于制定国民经济和社会发展第十四个五年规划和二〇三五年远景目标的建议)〉를 통해 '집은 거주하기 위한 것이지 투기를 위한 것이 아니다'라는 입장의 견지와 임대와 구매 병행, 도시에 따른 정책 시행을 통한 부동산 시장의 안정적이고 건강한 발전 촉진을 방침

---

13 中国经济网, "中央经济工作会议: "房子是用来住的、不是用来炒的"" http://www.ce.cn/xwzx/gnsz/gdxw/201612/16/t20161216_18782416.shtml. (2022년 7월 14일 검색); 搜狐网, "什么是"房住不炒"？跟我们普通人有什么关系？" https://www.sohu.com/a/490712607_99986045. (2022년 7월 14일 검색). 중앙경제공작회의에서 '집의 거주 목적 이용과 투기 목적 불가' 방침은 2017년을 제외하고 2016년부터 2021년까지 5회 언급되어 해당 사항이 중앙경제공작회의에서 부동산 시장에 대한 기본 기조로 자리잡았음을 단적으로 보여주었다(陈珂 2022).

14 中国政府网, "习近平：决胜全面建成小康社会 夺取新时代中国特色社会主义伟大胜利——在中国共产党第十九次全国代表大会上的报告" http://www.gov.cn/zhuanti/2017-10/27/content_5234876.htm. (2022년 7월 14일 검색)

으로 명시하여 향후 부동산 정책에서 주택의 투기 목적 불가라는 방향성을 재차 보여주었다.[15]

둘째, 부동산 영역의 부채에 대한 전면적인 통제가 강조되었다. 주택도농건설부(住房城乡建设部)와 인민은행(人民银行)은 2020년 8월 중점 부동산 기업 좌담회(重点房地产企业座谈会)를 통해 부동산 기업의 융자에 대하여 선수금을 뺀 자산부채 비율 70% 초과, 순 부채 비율 100% 초과, 현금성 단기부채 비율 1배 미만 등의 '3개 레드라인(三道红线)'이라는 부동산 기업의 자금 감독과 융자 관리의 원칙을 제시하였다(杨栋, 韩家麒 2020; 李倩倩 外 2020).[16] 3개 레드라인 정책은 토지 매입, 공사의 계획과 시공, 주택의 판매 등 장기간의 운영주기, 다양한 단계에서의 레버리지 증가, 과도한 확장의 추구 등의 특징을 가진 중국의 부동산 기업에 대하여(张翼飞 2021; 薛书冯 2022), 기업의 부채규모 억제와 과도한 레버리지 기반의 기업 발전 제약(李佩珈 2020; 黄雯超 2021), 기업 운영의 질적 개선과 리스크 감소를 통한 부동산 영역의 장기적인 안정적 발전 도모라는 당국의 의지를 단적으로 보여주었다(林中 2020; 张怡媛 2021; 张翔 2021). 더 나아가 2020년 12월 중국 인민은행과 중국 은행 보험 감독 관리위원회는 〈은행업 금융기구의 부동산 대출 집중도 관리 제도 건립에 관한 통지(关于建立银行业金融机构房地产贷款集中度

15　中国政府网, "中共中央关于制定国民经济和社会发展第十四个五年规划和二○三五年远景目标的建议" http://www.gov.cn/zhengce/2020-11/03/content_5556991.htm. (2022년 10월 30일 검색)

16　당국은 3개 레드라인의 준수 여부에 따라 적색(부채 규모 증가 불가), 주황(이자 발생 부채 발생속도 연 5% 이상 금지), 노랑(이자 발생 부채 발생속도 연 10% 이상 금지), 녹색(이자 발생 부채 발생속도 연 15% 이상 금지) 등 4단계로 기업을 분류하여 해당 기업의 부채를 관리하고자 하였다. 新华网, ""三道红线"政策实施一年 央行：试点房企负债规模稳步下降" http://www.xinhuanet.com/fortune/2021-07/23/c_1127685565.htm. (2022년 7월 14일 검색); 新浪财经, "房企融资'三道红线'一周年 "变绿"成行业目标" https://finance.sina.com.cn/chanjing/cyxw/2021-08-28/doc-iktzscyx0818196.shtml. (2022년 7월 14일 검색)

管理制度的通知)〉를 통해 부동산 대출에 대한 비율과 개인 주택 대출의 비율을 설정하여 자금 공급의 측면에서도 레버리지 감소를 추진하였다(梁荣栋, 黃可 2022; 城市开发 2021).[17]

셋째, 공동부유의 강조이다. 2021년 2월 국가 최고 지도자인 시진핑(习近平)은 절대 빈곤 소멸이라는 험난한 임무가 완성되었음을 공식 선언하였으며,[18] 2021년 8월에는 중앙재경위원회 제10차 회의(中央财经委员会第十次会议)에서 〈14·5 규획〉 기간까지 전체 인민의 공동부유를 위한 견실한 첫 걸음을 내딛을 것과 주민의 소득 및 실제 소비 수준 격차의 점진적 축소, 2035년까지 공동부유의 실질적 진전과 기본 공공서비스 균등화 실현, 21세기 중엽까지 전체 인민 공동부유의 기본적 실현과 주민소득 및 실제 소비 격차의 합리적 구간으로의 축소 등의 청사진을 제시하는 한편, 금융과 부동산의 실물경제와의 조화로운 발전 촉진, '집은 거주하기 위한 것이지 투기를 위한 것이 아니다'라는 입장의 견지, 부동산세 입법과 개혁의 적극적 추진 등을 역설하였다.[19] 이는 부동산의 과도한 버블 형성이 초래할 수 있는 문제에 대한 통제 강화의 기조 지속을 시사하였는데, '부동산의 실물경제와의 조화로운 발전 촉진'은 부동산 업계의 점진적 합리성의 회복과 과거의 고속 성장에 벗어나 상대적으로 평온한 상태로의 진입을 의미하였으며,[20] 공동부

17　中国政府网, "中国人民银行 中国银行保险监督管理委员会关于建立银行业金融机构房地产贷款集中度管理制度的通知" http://www.gov.cn/zhengce/zhengceku/2021-01/01/content_5576085.htm. (2022년 11월 3일 검색)

18　新华网, "（受权发布）习近平：在全国脱贫攻坚总结表彰大会上的讲话" http://www.xinhuanet.com/politics/leaders/2021-02/25/c_1127140240.htm. (2022년 11월 3일 검색)

19　求是网, "扎实推动共同富裕" http://www.qstheory.cn/dukan/qs/2021-10/15/c_1127959365.htm. (2022년 7월 14일 검색)

20　求是网, "共同富裕需要房地产市场稳健发展" http://www.qstheory.cn/qshyjx/2021-10/27/c_1128000825.htm. (2022년 11월 4일 검색)

유의 맥락 속에서 주택의 투기는 공동부유의 기본을 위반하는 마지노선으로 작용하게 되어, 주택의 투기 목적 불가의 방침이 더욱 강화되는 의미를 지니게 되었기 때문이었다.[21] 이러한 맥락에서 공동부유에 대한 당국의 강조는 과거 중국의 경제 성장의 주요 동력이었던 부동산 영역에서의 과열된 집값 문제가 초래할 수 있는 주택 구매능력의 문제와 그에 따른 부의 불균형 악화의 문제에 대한 대대적인 규제를 내포하였다(Dong and Xia 2021).

III. 부동산 영역의 침체와 당국의 대응

이러한 시진핑 시기의 정책적 흐름 속에서 중국의 부동산 사영기업들은 큰 변화를 경험하였다. 첫째, 당국의 '3개 레드라인' 방침은 부동산 사영기업의 융자 압박을 심화시켰고, 금융기관의 자발적 리스크 감수 또한 통제하였는데,[22] 높은 레버리지 기반의 성장을 추구한 부동산 기업들은 부채통제의 어려움, 대출 환경의 악화, 채무 불이행의 증가 등의 문제에 직면하게 되었다(方松 2022; 周芳, 常志芳 2022; 毛广澳, 叶松 2022). 커얼루이(克而瑞, CRIC)의 통계에 따르면 2021년 3분기 융자총액은 2,872억 위안으로 동기 대비 38% 감소, 전기 대비 동기 증가율(环比) 24% 감소가 발생하였고, 부동산 기업의 상환 부채 총액은 2019년 6,888억 위안에서 2021년 1조 2,822억 위안으로 약 2배 증가하였다(财经新地产 2022). 또한, '3개 레드라인' 실행 이후 부동산 업계는 침체를

---

[21] 搜狐网, ""房住不炒"的根源与租购并举的五大基础" https://www.sohu.com/a/593906106_179625 (2022년 11월 4일 검색)

[22] 新浪财经, "房企大洗牌：今年平均每天1家破产, 知名企业也难幸免" https://finance.sina.com.cn/tech/2021-09-07/doc-iktzqtyt4588556.shtml. (2022년 11월 6일 검색)

경험하였다. 구체적으로 2021년 전국 부동산 개발 투자액은 14조 7,602억 위안으로 동기 대비 증가세 2.6% 감소, 상품주택 판매면적은 17억 9,433만㎡로 동기 대비 증가 속도 0.7% 감소, 2022년 초까지 전국 상품주택 판매의 마이너스(-) 19.3% 성장 등이 발생하였던 것이다(张娜 外 2022). 한편으로, '3개 레드라인' 시행 이후 부채감소와 업적개선을 추구하지 못한 기업들의 대규모 파산이 발생하였다(李艳艳 2021). 예를 들어, 2020년 한 해 동안 주로 중소 규모 사영기업 위주로 약 500개의 부동산 기업이 파산하였고(Miura 2021), 2021년에도 396개의 부동산 기업들이 파산을 선언하였던 것으로 보도되었다.[23]

이행으로 주춤하는 가운데, 일부 국유기업들은 이들의 프로젝트를 인수하는 움직임을 보였다. 예를 들어, 국유기업인 중국해외발전(中国海外发展)은 채무불이행 상태의 스마오로부터 광둥성(广东省) 광저우(广州)의 주상복합 단지인 아시안 게임 시티(亚运城) 사업의 합작법인 지분 26.67% 전체를 18억 4,450만 위안에 매입하였으며, 마찬가지로 유동성 위기를 겪고 있는 10위권 부동산 업체 야쥐러(雅居乐)도 아시안 게임 시티 관련 합작법인 지분 26.66%를 18억 4,400만 위안에 중국해외발전에 매각하였던 것으로 보도되었다.[24] 또한, 자금난에 처한 헝다 역시 국유기업인 광다신탁(光大信托)에게 충칭(重庆)과 둥관(东莞) 지역의 주택 개발 프로젝트 지분과 채권을 양도하였고, 동일하게 국유기업인 우쾅신탁(五矿信托)에게도 포산(佛山)의 주택 개발 프로젝트 및 광저우 테마파크 개발 프로젝트의 지분과 채권을 양도하는 등 4개의 개발

---

23 浙江新闻, "396家房企宣布破产！楼市要凉凉？" https://zj.zjol.com.cn/news.html?id=1787395. (2022년 11월 6일 검색)

24 연합뉴스, "中 국유기업 '부동산 소방수'로 본격 투입…부실사업 속속 인수" https://www.yna.co.kr/view/AKR20220125093000089. (2022년 11월 11일 검색); 新浪财经, "继雅居乐后，中海接盘世茂"广州亚运城"26.67%股权" https://finance.sina.com.cn/jjxw/2022-01-25/doc-ikyamrmz7206665.shtml. (2022년 11월 11일 검색)

프로젝트를 중앙 국유기업들에게 양도하여 초기 투자금 19억 5,000만 위안의 회수와 70억 1,000만 위안의 부채 해소를 도모하였다.[25]

한편으로, 기존 사영 부동산 기업들이 주춤한 상황에서 국유기업들의 토지 매입 시장에서의 진출 현상 또한 두드러지게 나타났다. '3개 레드라인' 정책의 시행 이후 사영기업의 융자난은 토지매입 자금의 어려움을 초래하였던 반면 국유기업과 중앙기업은 융자 확보에서 우위를 점할 수 있었고, 토지시장에서 실적을 내는데 더욱 유리하게 작용하였던 것이다.[26] 그에 따라, 2021년 9월부터 10월까지 22개 도시의 제2차 집중 토지 공급(集中供地)에서 중앙기업과 지방 국유기업의 토지 확보 비중은 각각 30%, 38%에 달한 반면, 사영기업은 32%를 차지하였는데, 사영기업의 토지 확보 비중은 2021년 4월부터 6월까지의 제1차 토지 집중 공급 대비 무려 26%가 감소한 수치였다.[27] 더 나아가 2022년 10월까지 제1차, 제2차, 제3차 토지 집중 공급에서의 사영기업의 토지 매입 비중은 각각 17.6%, 15.7%, 13.6%로 지속적으로 감소하였는데, 현 시점에서 운영이 비교적 안정적인 국유기업과 중앙기업이 우세를 점하고 있는 것으로 평가되었다.[28] 이러한 상황 속에서 2022년 1월에서 8월까

25　搜狐网, "恒大向国企出售4个开发项目" https://www.sohu.com/a/525579360_120310582. (2022년 7월 14일 검색); 搜狐网, "帮恒大化解70亿债务，这两家央企什么来头？" https://www.sohu.com/a/525948636_100120495. (2022년 7월 14일 검색); 搜狐网, "接盘恒大项目，信托们"躬身入局"房地产" https://www.sohu.com/a/526410767_115708. (2022년 7월 14일 검색); 글로벌이코노믹, "中 헝다그룹, 국영기업에 4개 프로젝트 매각…1조3400억원 부채 해결" https://news.g-enews.com/article/Global-Biz/2022/02/20220227140136111993bf579e81_1?md=20220227142829_U. (2022년 7월 14일 검색).

26　网易, "中国房地产市场2021总结&2022展望" https://www.163.com/dy/article/GQ99GJDS05159A0N.html. (2022년 7월 14일 검색).

27　凤凰网, "房地产市场出现"国进民退"" https://finance.ifeng.com/c/8CMNvphCmwc. (2022년 7월 14일 검색).

28　网易, "拿地榜单上消失的民企" https://www.163.com/dy/article/HL1KKOB70519QIKK.html. (2022년 11월 11일 검색).

지 50대 부동산 기업에서 사영기업의 시장 점유율은 66%에서 53%로 지난해 같은 시기 대비 크게 감소하였고, 사영기업들의 판매 합계액은 약 2조 673억 위안으로 지난해 같은 시기 대비 58%가 감소하였다.[29] 이렇게 50대 기업에서 사라진 사영기업의 명단, 판매액 및 이윤 등은 기본적으로 중앙기업과 국유기업에게 넘어가게 되어 부동산 시장에서 국진민퇴 현상이 가속화 된 것으로 지적되었다.[30]

셋째, 부동산 기업들의 침체는 사회적으로도 큰 문제를 야기하였다. 일련의 상황 속에 부동산 시장은 크게 위축되었는데, 2022년 1월부터 9월까지 부동산 개발기업의 주택 시공면적은 87억 8,919만㎡로 지난해 같은 기간 대비 5.3% 하락, 상품주택의 판매면적은 10억 1,422만㎡로 지난해 같은 기간 대비 22.2% 감소하였고, 상품 주택의 판매 액수 역시 9조 9,380억 위안으로 지난해 같은 기간 대비 26.3% 감소하였다. 한편으로, 부동산 기업의 자금 확보의 어려움은 지속되었는데, 2022년 1월부터 9월까지 확보한 자금은 11조 4,298억 위안으로 작년 같은 시기 대비 24.5% 감소하였던 것이다.[31] 그에 따라 '주택 투기 불가' 방침의 강조와 '3개 레드라인' 제시라는 정책적 흐름 속에서(Li and Zhou 2022), 상품 주택 판매의 저조와 자금 확보의 감소에 의해 어려움을 겪게 된 부동산 기업들에 의한 주택 건설 중단 현상이 다수 발생하였다.[32] 2022년 상반기 주택 건설 미완공율(烂尾率)은 3.85%, 전체 미완공

---

29 新浪地产网, "民营房企TOP50市场占有率同比下滑13%" http://news.dichan.sina.com.cn/2022/09/26/1287793.html. (2022년 11월 11일 검색)
30 网易, "房地产市场"国进民退", 国家队恒盈的利与弊" https://www.163.com/dy/article/HIBV5TNH0552YKV6.html. (2022년 11월 11일 검색)
31 国家统计局, "2022年1—9月份全国房地产开发投资下降8.0%" http://www.stats.gov.cn/tjsj/zxfb/202210/t20221024_1889465.html. (2022년 11월 11일 검색)
32 Nikkei Asia, "Ripple effect of China real estate crisis risks bigger economic blow" https://asia.nikkei.com/Business/Markets/China-debt-crunch/Ripple-effect-of-China-real-estate-crisis-risks-bigger-economic-blow. (2022년 11월 1

면적은 2억 3,100만㎡에 달하였으며, 주택 건설 미완성 관련 주택 대출 규모는 9,000억 위안에 이르게 되었다.³³

이처럼 미완공된 주택들이 다수 발생하자, 예정된 시기에 입주가 어려워진 수분양자들의 대대적인 반발이 야기되었다. 중국에서의 주택 구매의 상당수는 사전 분양으로 이루어지는데,³⁴ 예정된 시기에 입주를 하지 못하게 된 수분양자들이 자신이 은행에 지불해야 할 대출의 상환을 거부하는 현상이 발생한 것이었다.³⁵ 6월 말 장시성 징더전(景德镇)에서 시작된 미완공 주택에 대한 대출 상환 거부 운동은 90여 개 도시, 300여 건설현장으로 빠르게 확산되었다.³⁶ 이러한 주택 담보 대출 상환의 전국적인 거부 현상에 따라 스탠더드 앤 푸어스(S&P Global Ratings)는 전체 담보 대출의 약 6.4%인 2.4조 위안이 위험한 상태에 있는 것으로 파악하였으며, 도이치은행(Deutsche Bank AG)은 전체 주택 대출의 최소 7%에 해당하는 액수가 채무불이행의 위기에 처해 있는

1일 검색); CNBC, "China's property sales are set to plunge 30% — worse than in 2008, S&P says" https://www.cnbc.com/2022/07/27/chinas-property-sales-set-for-a-worse-plunge-than-in-2008-sp-says.html. (2022년 11월 11일 검색)

33 北京乐居网, "稳楼市、保主体、重构行业发展新模式 ——关于房地产短期稳定与长效机制的思考" https://bj.leju.com/news/2022-10-13/10526986156793127023238.shtml. (2022년 11월 11일 검색)

34 BBC News, "China property crisis: Why homeowners stopped paying their mortgages" https://www.bbc.com/news/world-asia-china-62402961. (2022년 11월 11일 검색); Nikkei Asia, "China mortgage strikes threaten property sector's house of cards" https://asia.nikkei.com/Spotlight/Asia-Insight/China-mortgage-strikes-threaten-property-sector-s-house-of-cards. (2022년 11월 11일 검색)

35 CNN Business, "Chinese homebuyers refuse to pay mortgages on unfinished apartments" https://edition.cnn.com/2022/07/14/economy/china-property-crisis-homebuyers-bad-debt-intl-hnk/index.html. (2022년 11월 11일 검색)

36 The Washington Post, "Property Crisis Traps China in a Market Paradox" https://www.washingtonpost.com/business/property-crisis-traps-china-ina-market-paradox/2022/07/20/7dd95a7c-0880-11ed-80b6-43f2bfcc6662_story.html. (2022년 11월 11일 검색)

것으로 분석하였다.[37]

이에 대하여, 당국은 문제 해결을 위한 다양한 정책을 제시하였다. 먼저 2022년 1월, 5월 및 8월 등 여러 차례에 걸쳐 금리 인하를 추진하여 부동산 시장의 건강한 발전 촉진과 부동산 영역의 활성화를 도모하였고(侯忠荔 2022; 戚丹璎, 程筱艾 2022),[38] 2022년 7월 중앙정치국회의(中央政治局会议)를 통해서는 최초로 주택 양도 보장(保交楼)을 명시하는 한편,[39] 8월에는 주택 양도 보장을 위한 2,000억 위안 상당의 전국 수준의 재정 지원 기금을 마련, 미완공 주택의 건설을 위한 지원책을 제시하여 주택 구매자들의 기본 권익을 보장하는 방편을 제공하고자 하였다.[40] 또한, 2022년 5월 〈차별화 주택신용 담보 대출 조정 정책 관련 문제에 관한 통지(关于调整差别化住房信贷政策有关问题的通知)〉를 통한 생애 첫 주택 상업용 개인 주택대출의 대출우대금리 하한선 인하(王静文 2022), 2022년 9월 생애 첫 주택 공적금 금리의 인하 등을 제시하는 한편,[41] 2022년 9월 발표된 〈거주민의 주택 교환구매 지지 관련

---

[37] BNN Bloomberg, "China Banks May Face $350 Billion in Losses From Property Crisis" https://www.bnnbloomberg.ca/china-banks-may-face-350-billion-in-losses-from-property-crisis-1.1799659. (2022년 11월 13일 검색)

[38] Financial Times, "China slashes 5-year mortgage rate as property crisis deepens" https://www.ft.com/content/cdd7192d-e61e-4bc7-9df6-6ca51335b88e. (2022년 11월 13일 검색)

[39] 新浪财经, "中央政治局会议首提"保交楼", 稳定房地产市场成为下半年工作核心" https://finance.sina.cn/2022-07-28/detail-imizmscv3926375.d.html?vt=4&pos=108&his=0. (2022년 11월 13일 검색)

[40] 网易, "保交楼, 这次稳了？初期2000亿给楼市吃下"定心丸" https://www.163.com/dy/article/HG3J9QBF05158I5P.html. (2022년 11월 13일 검색); Business Standard, "China plans $29 bn in special loans to troubled developers: Report" https://www.business-standard.com/article/international/china-plans-29-bn-in-special-loans-to-troubled-developers-report-122082200785_1.html. (2022년 11월 13일 검색)

[41] 新华网, "央行决定下调首套个人住房公积金贷款利率" http://www.news.cn/fortune/2022-09-30/c_1129045902.htm. (2022년 11월 13일 검색)

개인 소득세 정책에 관한 공고(关于支持居民换购住房有关个人所得税政策的公告)〉를 통하여 1년 이내 자신의 주택 매각과 새롭게 시장에서 주택을 매입하고자 하는 납세자에 대한 개인 소득세 환급 등의 방침을 제시하였다.[42] 이러한 당국의 노력에도 불구하고, 2022년 10월까지 신규 주택 가격이 14개월 연속 하락하는 등 침체는 지속되었다.[43]

일련의 문제에 대응하고자, 2022년 11월 중국 은행간시장교역상협회(中国银行间市场交易商协会)는 부동산 기업을 포함하는 사영기업들에게 2,500억 위안에 달하는 채권 융자 지원의 방침을 천명하였고,[44] 인민은행과 은보감회는 〈부동산 시장의 평온하고 건강한 발전을 위한 현재 금융 지지 업무 전개에 관한 통지(关于做好当前金融支持房地产市场平稳健康发展工作的通知, 이하 통지)〉를 발표하여 부동산 융자의 안정 질서 유지, 주택 양도 보장(保交楼) 금융 서비스 적극 추진, 어려움에 처한 부동산 기업의 리스크 처리 적극 협력, 주택 금융 소비자의 합법적 권익의 의법보장(依法保障), 일부 금융 관리 정책의 단계적 조정, 주택 임대 금융 지원 확대 등 6개 영역에 부동산 시장의 융자 및 자금 흐름

---

42 中国政府网, "关于支持居民换购住房有关个人所得税政策的公告" http://www.gov.cn/zhengce/zhengceku/2022-10/01/content_5715508.htm. (2022년 11월 13일 검색); 网易, "财政部：卖房一年内再买房 可退个税" https://bj.house.163.com/22/0930/17/HIHFEDTA000782A4.html. (2022년 11월 13일 검색)

43 The Business Times, "China home prices fell most in seven years before sector rescue" https://www.businesstimes.com.sg/real-estate/mobile-spotlight/china-home-prices-fell-most-in-seven-years-before-sector-rescue. (2022년 11월 17일 검색)

44 SCMP, "China developers' stocks and bonds buoyed by hope for central bank monetary support, as Beijing expands bond programme" https://www.scmp.com/business/banking-finance/article/3199028/china-developers-stocks-and-bonds-buoyed-hope-central-bank-monetary-support-beijing-expands-bond?module=inline&pgtype=article. (2022년 11월 17일 검색); 中国银行间市场交易商协会, ""第二支箭"延期并扩容 支持民营企业债券融资再加力" http://www.nafmii.org.cn/xhdt/202211/t20221108_311365.html?module=inline&pgtype=article. (2022년 11월 17일 검색)

개선을 위한 16가지 항목의 방침을 제시하였다.⁴⁵ 〈통지〉는 부동산 위기의 극복을 위한 당국의 결의를 보여주는 가장 명확한 신호이자 최선의 노력으로 평가되었으며, 어려움을 겪고 있는 부동산 영역의 반등을 위한 '전환점'으로 작용할 수 있을 것으로 기대되었다.⁴⁶

그러나 이러한 부동산 영역의 침체를 해결하기 위해서는 몇 가지 의구심에 대한 해소가 필요할 것으로 사료된다. 먼저, 최근 부동산 영역에 큰 영향을 준 주요 정책의 기조는 지속되고 있다. 단적으로, 2022년 10월 20차 당대회를 통해서는 공동부유와 '집은 거주하기 위한 것이지 투기를 위한 것이 아니다'라는 입장의 견지가 재천명되었으며,⁴⁷ 가장 강력한 정책이라고 평가된 2022년 11월의 〈통지〉를 통해서도 '3개 레드라인'과 대출 집중도 관리(贷款集中度管理)의 취소는 이루어지지 않았다.⁴⁸ 즉 공동부유와 주택의 투기 목적 불가, '3개 레드라인' 등의 기조가 유지되는 가운데 어떻게 하면 침체된 부동산 영역의 활성화가 추진될 것인가가 중요한 과제로 떠오르게 된 것이다.

둘째, 도시 주민의 부동산에 대한 심리적 위축의 해소가 필요할 것으

---

45 联合早报, "房地产金融16条的基本内涵及政策效果" https://www.zaobao.com.sg/wencui/political/story20221117-1334087. (2022년 11월 17일 검색)

46 SCMP, "'Turning point' for China's property developers: Beijing measures to ease credit crunch, stabilise sector, analysts say" https://www.scmp.com/business/article/3199531/turning-point-chinas-property-developers-beijing-measures-ease-credit-crunch-stabilise-sector. (2022년 11월 17일 검색); CNN Business, "China's real estate crisis could be over. Property stocks are soaring" https://edition.cnn.com/2022/11/14/investing/china-real-estate-crisis-over-rescue-plan-intl-hnk/index.html. (2022년 11월 17일 검색)

47 中国政府网, "习近平：高举中国特色社会主义伟大旗帜 为全面建设社会主义现代化国家而团结奋斗——在中国共产党第二十次全国代表大会上的报告" http://www.gov.cn/xinwen/2022-10/25/content_5721685.htm. (2022년 11월 17일 검색)

48 中国日报网, ""金融16条"支持房地产市场平稳健康发展 专家称支持改善性住房需求还有优化空间" https://caijing.chinadaily.com.cn/a/202211/15/WS6372e620a3109bd995a4ff81.html. (2022년 11월 17일 검색)

로 보인다. 중국인민은행 조사통계사(中国人民银行调查统计司)의 설문 조사에 따르면, 2022년 1분기에 다음 분기에서 주택 가격이 오를 것이라 예측한 응답자는 16.3%,[49] 2분기에 다음 분기에서 주택 가격 상승을 예측한 응답자는 16.2%였는데,[50] 이러한 주택 가격 상승에 대한 저조한 기대치는 지속되어 2022년 3분기 동일한 질문에 대하여 14.8%의 응답자만이 2022년 4분기 주택 가격이 오를 것으로 예측하였다.[51] 이처럼 2022년 전반에 걸쳐 나타난 도시 주민의 부동산에 대한 부정적 전망에 대한 의구심의 해소가 향후 중요한 과제로 작용할 것으로 보인다.

셋째, 부동산 기업들에 대한 대외적인 의구심의 해소 또한 중요한 과제로 제시될 수 있다. 일각에서는 2023년 중국 부동산 기업들이 갚아야 할 채무의 액수는 2,920억 달러에 달하는 것으로 추산하였으며,[52] 중국 부동산 영역의 달러 채권 위기가 '더 이상 분석할 수 없는(no longer analysable)' 수준에 이르렀다는 지적까지 나오게 되었다.[53] 또한

---

[49] 中国人民银行调查统计司, "2022年第一季度城镇储户问卷调查报告" http://www.pbc.gov.cn/diaochatongjisi/116219/116227/4520008/2022033014390154481.pdf. (2022년 11월 17일 검색)

[50] 中国人民银行调查统计司, "2022年第二季度城镇储户问卷调查报告"http://www.pbc.gov.cn/diaochatongjisi/116219/116227/4590204/2022062911164315907.pdf. (2022년 11월 17일 검색)

[51] 中国人民银行调查统计司, "2022年第三季度城镇储户问卷调查报告" http://www.pbc.gov.cn/diaochatongjisi/116219/116227/4675843/2022100916173857426.pdf. (2022년 11월 17일 검색)

[52] 연합뉴스, "중국 부동산업계 줄줄이 빚 못 갚아…'내년까지 갚을 돈 414조'" https://www.yna.co.kr/view/AKR20221101130700009. (2022년 11월 17일 검색); The Business Times, "China builders have US$292b of debt coming due through 2023" https://www.businesstimes.com.sg/real-estate/china-builders-have-us292b-of-debt-coming-due-through-2023. (2022년 11월 17일 검색)

[53] 연합뉴스, "중국 부동산업계 달러채 위기 심화…'분석 불가 수준'" https://www.yna.co.kr/view/AKR20221103121100009?section=search. (2022년 11월 17일 검색); The Business Times, "China property bonds are no longer analysable" https://www.businesstimes.com.sg/real-estate/china-property-bonds-are-no-longer-analysable-as-crisis-grows. (2022년 11월 17일 검색)

자산 기준으로 45%의 부동산 개발업자들은 소득만으로 부채를 해소하는 것이 불가하며, 20%의 개발업자는 재고 가치를 현재 주택가격으로 조정할 경우 채무불이행에 빠질 수 있는 것으로 지적되었다(International Monetary Fund 2022a).[54] 한편으로, OECD, IMF 등 국제기구는 향후 부동산 영역의 부진이 중국 경제에 부정적으로 작용할 수 있는 잠재적 요소임을 경고하였다(OECD 2022; International Monetary Fund 2022b). 이러한 대외적인 부정적 전망에 대한 해소가 향후 중국 부동산 영역의 중요한 문제로 작용할 수 있을 것이다.

IV. 결론

1990년대 후반 이래 중국의 부동산 영역은 경제성장과 금융위기 극복 등에 큰 공헌을 하였으며, 국민의 주택 수요의 충족과 주택 문제 해소에 중요한 영역으로 인식되었다. 그렇지만 가파른 부동산 영역의 성장은 주택의 특수성에 의한 잠재적 위험성, 부동산 거품에 의한 잠재적 위험성 등을 가지고 있는 것으로 지적되었고, 당국은 주택의 투기 목적 불가, '3개 레드라인' 등을 통한 부동산 영역의 부채감소와 통제, 공동부유의 강조 등의 방침으로 이에 대응하고자 하였던 것으로 풀이된다.

한편으로, 이러한 당국의 정책적 흐름 속에서 부채감소와 업적개선을 이루지 못한 다수 기업들의 파산과 상위권 사영기업들의 채무불이행, 국유기업의 부동산 영역 영향력 확대, 자금난에 처한 부동산 기업에

---

[54] 연합뉴스, "IMF '中 부동산업계 45%, 번 돈으로 채무 감당 어렵다'" https://www.yna.co.kr/view/AKR20221014119600009?section=search. (2022년 11월 17일 검색)

의한 건설 중단과 수분양자들의 대대적인 대출 상환 거부 문제 등을 야기하였는데, 당국은 침체된 부동산 영역의 반등을 위해 일련의 정책을 제시하였다. 그럼에도 불구하고, 최근 부동산 영역에 영향을 미친 주요 정책의 기조 지속, 도시 주민의 부동산에 대한 심리적 위축, 부동산 영역에 대한 대외적인 불신 등의 문제들은 향후 변수로 작용할 수 있을 것으로 보이며, 해당 문제들에 대한 고민과 해결책의 모색이 또 다른 과제로 언급될 수 있을 것으로 사료된다.

6장

시진핑 시기 사교육 영역의 사영분야

I. 서론

2021년 7월 중공중앙 판공청(中共中央办公厅)과 국무원 판공청(国务院办公厅)은 〈의무교육단계 학생의 숙제 부담과 사교육 부담의 진일보 감소에 관한 의견(关于进一步减轻义务教育阶段学生作业负担和校外培训负担的意见, 이하 쌍감(双减))〉을 발표하였다.[1] 〈쌍감〉은 크게 두 가지 목표를 제시한 것으로 볼 수 있다. 먼저, 교내 영역에서의 개선을 들 수 있다. 구체적으로 이는 방과후 숙제 총량과 시간의 감소, 숙제의 과학적이고 합리적인 배치, 수업 효율의 제고, 학교의 방과후 서비스의 기본적인 학생 수요 충족, 학생의 학습 개선과 학교 중심으로의 회귀, 의무교육 단계 교육의 질과 서비스 수준의 진일보한 개선 등을 포함한다. 한편으로, 〈쌍감〉은 학교 외부(校外) 영역에서의 개선 또한 추진하였다. 사교육 기관의 사교육 행위에 대한 전면적인 규제,[2] 교과목류

---

1 人民网, "中共中央办公厅 国务院办公厅印发《关于进一步减轻义务教育阶段学生作业负担和校外培训负担的意见》" http://politics.people.com.cn/n1/2021/0724/c1001-32168666.html. (2023년 8월 15일 검색).

사교육의 각종 혼선의 기본적인 해결, 사교육 열기의 점진적 해소 등이 바로 그것이다(张玉磊·张璐璐 2022).[3]

2   Stevenson and Becker(1992)에 따르면, 그림자 교육(shadow education)은 학생의 정규 학교 교육에서의 성적 개선을 위해 정규 학교 외에서 발생하는 일련의 교육 활동으로, 사영 분야(private sector)에 기반을 두고 있다(Zhang & Bray 2020). 그림자 교육이라는 표현은 다양한 형태의 사교육을 지칭하는 것으로 이해되며(Bray 2013; Zhang & Bray 2015; Hazar & Karakus 2022), 중국적 맥락에서 이는 사교육(校外培训), 보충 교육(补充教育) 등으로 볼 수 있다(邱兴 外 2022; 邬志辉 外 2022), 따라서 본문에서 전개되는 중국의 사교육 관련 정책에 대한 논의는 그림자 교육, 사교육, 보충 교육 등에 대한 검토를 포함하여 전개하고자 한다. 한편으로, 2018년 교육부 판공청(教育部办公厅) 등 4개 부서가 연합 발표한 〈교육부 판공청 등 4개 부서의 초중고교학생 과외 부담을 확실히 경감하기 위한 교외 사교육 기관 전문 거버넌스 행동에 관한 통지(教育部办公厅等四部门关于切实减轻中小学生课外负担开展校外培训机构专项治理行动的通知, 이하 통지)〉에 따르면, 중국의 사교육 기관(校外培训机构)은 '초중고교학생을 대상으로 전개되는 비학력 문화교육 유형의 학습기관'을 지칭한다. 이러한 사교육 기관은 대부분 비공유(非公有) 교육기관이며, 사회조직이나 개인이 설립한 것으로 독립적 시장 주체의 특징을 가지고 있다(刘勇 2022). 한편으로, 교육부 판공청(教育部办公厅)은 〈의무교육단계 교과목류과 비교과목류 사교육 범위의 진일보 명확화에 관한 통지(关于进一步明确义务教育阶段校外培训学科类和非学科类范围的通知)〉를 통해 도덕과 법치(道德与法治), 어문, 역사, 지리, 수학, 영어 일어 독일어 등의 외국어, 물리, 화학, 생물 등을 교과목류로 분류하는 한편, 체육(혹은 체육과 건강), 예술(혹은 음악, 미술) 등의 과목 및 종합 실천 활동(정보 기술 교육, 노동과 기술 교육) 등은 비교과목류로 분류하여 관리한다는 방침을 발표하여 교과목류 및 비교과목류에 대한 범위를 명확히 제시하였다. 따라서 본문의 연구에서 중국의 사교육 기관은 학교 교육 체계 외에서 존재하며, 초중고교생을 대상으로 설립된 비학력 문화교육 유형의 상업적 목적을 가진 기관으로 이해하고(孙不凡·贾志国 2022), 교과목류 사교육 분야에 종사하는 사교육 기관과 관련 종사자들을 중심으로 검토를 진행하고자 한다. 中华人民共和国教育部, "教育部办公厅等四部门关于切实减轻中小学生课外负担开展校外培训机构专项治理行动的通知" http://www.moe.gov.cn/srcsite/A06/s3321/201802/t20180226_327752.html. (2023년 8월 15일 검색); 中华人民共和国教育部, "教育部办公厅关于进一步明确义务教育阶段校外培训学科类和非学科类范围的通知" http://www.moe.gov.cn/srcsite/A29/202107/t20210730_547807.html. (2023년 8월 15일 검색)

3   공산당이 〈쌍감〉을 통해 다양한 업무 목표를 제시함에 따라 국내외에서는 〈쌍감〉을 둘러싼 다양한 측면의 논의가 전개되었다. 예를 들어, 중국의 선행연구는 〈쌍감〉과 학생의 학업부담 감소(减负) 문제(许冰茹·杨英 2022; 胡永胜 2023) 및 의무교육의 내부 경쟁 심화(内卷化) 해소 문제(龙宝新·赵婧 2022; 段雨·孙艺宁 2022), 〈쌍감〉 이후 수업의 질(赵润岚 2022; 李敏·赵明仁 2022)과 교사의 부담 문제(聂贤苗·马雨欣 2022; 史梦丝·王蓉 2023), 학부모의 스트레스 문제(周序 2021; 李学敏 2023), 〈쌍감〉 정책의 문제점과 대응방안(周洪宇·齐彦磊 2022a; 张善超·熊乐天 2022), 학

한편으로, 〈쌍감〉 이후 당국은 사교육의 범위, 교재, 사교육 기관, 종사인원, 사교육 비용 등에 관한 일련의 정책을 제시하였는데(徐林·王阿舒 2023), 이는 사교육 기관의 성장과 발전에 큰 변화를 야기하였던 것으로 지적되었다(Wang et al. 2022a; Dai 2023). 선행연구에 따르면, 당국은 사교육 기관의 방대한 규모와 자본잠식 심화, 과도한 교육비, 선행학습과 극장효과(剧场效应),[4] 허위·과대 선전 등 교육 생태계에 미치는 문제(杨程·秦惠民 2021; 张兴峰 外 2023), 사교육에 따른 가정의 부담 증가(王哲先·王晨晓 2022; 徐丹诚·薛海平 2022), 사교육 심화에 의한 교육 격차(朱军 2022; 杨金东 2022), 더 나아가 사교육이 가정에 야기하는 부담에 의한 출산율 감소 등에 대한 대응적 측면에서 사교육 기관에 대한 규제를 전개하였는데(Qian et al. 2023), 〈쌍감〉을 통한

교의 방과후 서비스 제공(都晓 2022; 付卫东·郭三伟 2022), 〈쌍감〉 이후 가정·학교·사회의 공동 대응(齐彦磊·周洪宇 2022; 李江楠·邱小健 2022), 〈쌍감〉 이후 비교과 목류 사교육 문제(王涛·刘国沛 2022; 付卫东·李伟 2023), 사교육 기관의 거버넌스 문제(孙不凡·程一可 2022; 李乐帆 2023), 〈쌍감〉의 사회적 반응과 여론 문제(明亮 外 2022; 薛二勇 外 2022; 杨金东 2022) 등 다양한 측면을 검토하였으며, 국내에서 발표된 선행연구들은 〈쌍감〉 정책이 영어교육 플랫폼에 미친 영향(장지혜·김태식 2022), 중국의 학업 부담 감소(减负)적 맥락에서 시진핑 시기 〈쌍감〉 정책의 의의(강설금 2022; 李桂兰·李丹 2022), 〈쌍감〉 정책과 교육 문화(이서이·한용수 2021) 등의 영역을 검토하였다. 한편으로 영문 선행연구들은 〈쌍감〉 정책의 의의와 가치(Li & He 2023; Xue & Li 2023), 〈쌍감〉 정책이 사교육 강사에게 미친 영향(Yang et al. 2023; Zhang et al. 2022)과 긍정적 대처의 중요성(Zhang et al. 2023a; Ji et al. 2023), 〈쌍감〉 시행에서 온라인 여론에 대한 분석(Lu et al. 2023; Jia & Peng 2022), 〈쌍감〉 이후 부모의 자녀 교육 스트레스 변화(Yu et al. 2022; Chen et al. 2022; Zhang et al. 2023a) 및 가정 교육의 문제(Luo 2023), 학교의 방과후 서비스 제공과 교사의 부담 문제(Gupta & Zhao 2023; Yue et al. 2023), 청소년들의 심리 건강 변화(Wang et al. 2022b) 및 학생들의 유학 선택에 미치는 영향(She et al. 2023) 등 다양한 영역에 대한 분석을 제시하였다.

4 '극장효과'는 사교육을 받은 소수의 몇몇이 성과를 거두자 주변의 모두가 이를 따라 사교육을 받게 되는 현상을 의미하는데, 이는 흡사 극장에서 연극 관람 도중에 앞의 관객이 일어나서 관람하자 뒤의 관객들이 무대 관람을 위해 어쩔 수 없이 같이 일어서서 관람, 결국 모두가 서서 관람하는 현상과 동일한 현상이 발생하는 것을 의미한다(薛海平·徐丹诚 2022).

사교육 시장에 대한 대대적인 규제는 '역사상 가장 엄격한(史上最严)' 성격을 가진 것으로 평가되었으며(李乐帆 2023),[5] 이는 기존 사교육 종사 기업에 심각한 위기를 초래하였을 뿐만 아니라(薛二勇 外 2022; 段维彤 外 2022; Jones & Wu 2021), 사교육 분야 전반에 걸쳐 거대한 지각변동을 야기한 것으로 지적되었다(苗正卿 2021; 柳苏凌・大野川 2021).

이처럼 선행연구들은 〈쌍감〉이 학생의 학업 부담 감소와 학부모의 자녀 교육에 대한 스트레스 감소, 가정의 교육부담 감소 등을 추진하였으며, 이 과정에서 초래된 당국의 사교육 기관에 대한 강력한 규제는 사교육 분야 전반에 걸쳐 큰 영향을 미쳤음을 강조하고 있다. 다만, 이에 반해 〈쌍감〉 이후 사교육 분야에 전개된 정책이 사교육 기관 및 관련 종사들에게 미친 영향과 그에 대한 대응 등에 대해서는 체계적인 검토는 충분히 전개되지 않은 것으로 사료되며, 본 연구는 이를 보완하는 측면에서 논의를 전개하고자 한다.

이러한 맥락에서, 본 연구는 구체적으로 이하의 연구질문을 제시하고자 한다. 첫째, 중국의 사교육 시장은 어떠한 발전 과정을 겪어왔으며, 어떠한 문제점이 야기되었는가? 둘째, 〈쌍감〉이 초래한 정책적 변화는 무엇이며, 사교육 기관과 관련 종사자들은 어떠한 변화를 경험하였는가? 셋째, 이러한 정책적 변화에 대하여 사교육 기관 및 종사자들은 어떻게 대응하였는가? 궁극적으로, 〈쌍감〉 이후의 일련의 정책들은 사교육 분야에 어떠한 변화를 야기하였으며, 어떠한 과제를 초래하였는가?

이러한 연구질문을 토대로 본 연구는 이하의 내용을 주장하고자 한다. 첫째, 대학 입시시험의 부활 이후 중국의 사교육 분야는 빠르게

---

5   腾讯网, "双减政策落地, 校外培训面临生死挑战！行业新人被父母催转行" https://new.qq.com/rain/a/20210724A0CAZ400. (2023년 10월 22일 검색)

성장하였으나, 가정부담의 심화, 교육의 불균형 현상, 사교육 기관의 발전에 의한 혼선 등이 초래되었고, 이는 〈쌍감〉을 통한 당국의 강력한 규제의 배경적 맥락이 되었다. 둘째, 〈쌍감〉의 발표 이후 국가의 사교육 분야 비영리화 및 감독 강화가 진행되었고, 이는 사교육 관련 기업들의 침체 및 관련 종사자들의 대대적 이탈 문제를 야기하였다. 셋째, 이에 대한 대응적 맥락 속에서 사교육 관련 기업들의 소양 교육 영역으로의 전환, 사교육을 벗어난 다른 업계로의 진출 및 사교육 음성화 등의 현상이 발생하였다. 사교육 음성화의 문제를 해소하고자 당국은 강력한 규제 방안을 제시하고 있으나, 학생의 미래에 결정적인 명문 학교와 입시제도의 존재는 사교육에 대한 수요를 지속시킬 수 있는 요인으로 풀이되며, 이에 대한 당국의 근본적 해결책의 모색은 향후 귀추를 주목해야 할 과제로 대두될 수 있을 것으로 보인다.

II. 개혁기 중국의 사교육 시장

중국의 사교육은 1977년 대학 입시시험(高考)의 부활과 함께 시작되었다(黃姣 2020). 대학 입시시험의 부활과 시험을 통한 상위학교 진학은 실력주의에 기반을 둔 사회적 유동성에 중요하게 작용하였고, 사교육에 대한 수요를 증가시키는 계기가 되었다(Feng 2021). 1990년대에 접어들어 중국의 교육 산업화가 진행됨에 따라 사교육 시장은 더욱 발전하게 되었다(宋凡·龔向和 2022). 1990년대 후반부터 학교 외부에 있는 상업 사교육 기업이 과외 서비스의 주요 공급자로 등장하였으며, 1998년부터 2004년까지 대학입학 정원의 400% 이상 증가 및 중국의 경제성장에 따른 가정의 과외 서비스 구매 증가는 사교육 시장을 더욱 활성화시킨 요인으로 지적되었다(Feng 2021). 이러한 흐름 속에서

2001년 이후 중국의 대형 사교육 기관들이 형성되기 시작하였는데, 특히 2004년 국무원(国务院)이 발표한 〈민영 교육 촉진법 실시 조례(民办教育促进法实施条例)〉는 민영 교육 업종의 투자와 영리적 운영 실현을 용인하여 사교육 기업의 발전을 더욱 촉진하였다(薛海平·高翔 2022).

2010년대 중국의 사교육 시장은 상장 사교육 기관의 출현, 대규모 해외 투자의 유입, 에듀테크의 발전 등의 흐름 속에 급속도로 성장하였다(Hua & Yung 2022; Zhang 2023). 그에 따라, 중국의 사교육 시장은 2016년 8,000억 위안을 초과하는 규모와 1.37억 명 이상의 학생 및 700만-850만 명의 사교육 관련 교사가 참여하는 방대한 시장으로 변모하였다(周翠萍 2020). 중국의 사교육 시장은 COVID-19 발발 이후 학생들의 비대면 학습 증가에 따라 온라인 사교육 기업을 중심으로 더욱 팽창하게 되었다(Zhang 2023; Jiang et al. 2023). 2020년 중국의 온라인 사교육 시장은 규모 5,536억 위안, 사용자 수 3.5억 명 이상에 달하는 거대한 시장으로 발전하였다(方芳 2023). 일련의 흐름 속에서 중국의 사교육 시장은 세계 최대의 규모로 성장하였으며(Zhang & Bray 2021), 전체 GDP의 2%에 상당하는 2조 위안의 규모에 달하게 되었다(Shi et al. 2022). 또한, 중국의 사교육 기관은 전국 70만 개, 관련 종사자는 1,000만 명에 달하여 210,800개 의무교육 학교 및 10,294,900명의 교사가 있는 공교육 분야를 넘어서는 거대한 규모로 성장한 것으로 평가되었다(Liu et al. 2022).

그렇지만, 중국 사교육 시장의 성장과 발전은 가정에 큰 부담을 야기하는 문제점을 초래한 것으로 지적되었다. 중국 CCTV 재경(财经)에서 발표한 〈중국 아름다운 생활 대조사, 2020-2021(中国美好生活大调查, 2020-2021)〉에 따르면, '자녀 교육' 문제는 가정에 있어 수입, 거주지 다음의 3번째로 직면한 문제로 지적되어 교육에 대한 스트레스가 이미 중국 일반 가정의 가장 큰 고민거리로 자리 잡았음을 단적으로 내포하였다(张志勇 2021).[6] 또한, 중국 인민대학 중국 조사와 데이터 센터(中国人民大学中国调查与数据中心)에서 실시한 중국 교육 추적 조사(中国教育追踪调查)에 따르면, 2020년 한해 초중고교생이 자녀로 있는 가정의 교외 학습 지출은 평균 21,487위안에 달하였고, 이는 가정 총수입의 약 15.3%에 달하는 수치를 의미하였다. 더 나아가 약 25.1%의 가정에서 자녀의 교외 학습에 대한 지출은 가정 총수입의 20% 이상을 기록하였고, 10.3%의 가정의 자녀 교외 학습 지출은 가정 총수입의 30%를 상회하였던 것으로 분석되었다.[7] 그 외에도, 화중사범대학 교육 거버넌스 현대화 과제조(华中师范大学教育治理现代化课题组)의 2019년-2020년 조사 자료 역시 47.8%의 학생이 매월 과외 보습을 위해 1,600위안 이상을 지출하고, 약 20%의 학생이 월 3,200위안을 초과하는 과외비를 지출하는 것으로 풀이되었다.[8] 자녀의 사교육을 위한 가계 부담의 증가는 당국이 우려하는 저출산 문제와도 맞닿아 있었다(Albert 2021). 2016년 1,786만 명의 출생인구를 기록한 이후 중국의 출생인구는 지속적으로 감소 추이에 접어들어 2022년 출생인구는 956만 명,[9] 합계출산율은 1.09에 달하는 것으로 분석되었다.[10] 이러한 낮은 출산율에는 자녀 교육에 대한 높은 부담이 큰 영향을 미치는 것으로 지적되었다(Yuan 2022).

---

6 网易, "央视调查：2020主要家庭困难中子女教育焦虑感高达36%" https://www.163.com/dy/article/G8J56A3V0514R9P4.html. (2023년 9월 11일 검색)

7 人民网, "回归教育本质, 让孩子全面健康成长" http://edu.people.com.cn/n1/2021/1026/c1006-32264339.html. (2023년 8월 15일 검색)

8 中国青年报, "校外培训应当何去何从" https://zqb.cyol.com/html/2021-05/21/nw.D110000zgqnb_20210521_1-07.htm. (2023년 8월 15일 검색)

9 新浪网, "中国出生人口首次跌破1000万 人口出生率连续三年跌破1%" https://news.sina.cn/gn/2023-01-17/detail-imyanfvn6707213.d.html. (2023년 8월 15일 검색)

10 新浪网, "研究：2022年中国生育率下滑至1.09, 应破解年轻一代生育挤压难" https://news.sina.cn/gn/2023-07-25/detail-imzcvvva1558744.d.html. (2023년 8월 24일 검색)

이에 대응하기 위해 당국은 2021년부터 '세 자녀 정책'을 추진하는 한편, 자녀양육비용에 대한 부담 감소를 통해 출산의 증가를 유도하고자 하였다. 이러한 사회적 맥락은 중국 당국의 사교육 부담 감소를 통한 출산 격려의 중요한 배경으로 지적되었다(Guo 2021; Guan et al. 2022).

교육의 불균형 역시 심각한 문제로 지목되었다. 개혁기 중국 교육의 발전 불균형 현상은 지역간 발전 불균형, 도농 발전 불균형, 학교간 발전 불균형 등의 다양한 방면에서 나타나게 되었고(陈赟 2008), 학생의 사교육 역시 도농간, 지역간, 학교간, 가정간 차이가 발생하는 것으로 지적되었다(薛海平 2015). 특히 도농격차에 의한 교육 불균형 문제는 교육 격차를 초래하는 핵심문제로 언급되었다(沈亚芳 外 2013). 개혁개방 이후 도시와 농촌 간의 소득 격차는 크게 심화되었는데(余秀兰 2016),[11] 이는 도시와 농촌의 교육에 대한 소비에서도 큰 차이를 야기하였다(苏美玲 2023). 또한, 도시의 학생들은 농촌의 학생보다 우수한 교육의 혜택을 받게 되었고(Hong 2022), 농촌지역 학생들의 교육 성과는 도시지역의 학생들보다 더욱 낮은 것으로 지적되었다(Zhang et al. 2015). 특히, 사교육 시장은 이러한 교육 불균형을 더욱 심화시키는 것으로 풀이되었다. 〈2017년 중국 교육 재정 가정 조사(2017年中国教育财政家庭调查)〉에 따르면, 중국 초중고 학생들의 37.8%가 교과목류 사교육 활동에 참여하고 있는데, 전체 농촌 학생의 참여율은 21.8%인 반면, 도시 학생의 참여율은 44.8%에 달하였다. 또한, 교과목류 사교육을 위한 전국 초중고생의 평균 지출은 5,021위안에 달하였는데, 농촌의 평균 지출비용은 1,580위안인데 비해, 도시의 평균 지출은 5,762위안으

---

11 단적으로, 2022년 현재 중국의 전국 주민 평균 가처분소득은 36,883위안인데, 도시 주민의 가처분소득은 49,283위안, 농촌 주민의 가처분 소득은 20,133위안으로 도시와 농촌 주민의 소득 격차는 약 2.45배에 달한다. 中国政府网, "2022年居民收入和消费支出情况" https://www.gov.cn/xinwen/2023-01/17/content_5737487.htm. (2023년 8월 15일 검색)

로 분석되었다(魏易 2018). 도농간의 격차는 우수한 대학의 입학에서 도시 출신 학생들이 농촌 출신 학생들보다 더 큰 비중을 차지하는 결과로 이어지게 되었다(Li & Yang 2013). 또한, 더 높은 사회경제적 지위, 높은 수준의 학업 성적을 보여주는 학생이 더 높은 수준의 사교육 참여와 더 많은 지출을 보여주었는데, 이러한 맥락에서 사교육의 문제는 계층 고착화 및 사회 재생산 등과도 결부되는 심각한 문제로 지목되었다(Xue & Fang 2018).

한편으로, 사교육 기관의 발전 속에서 야기된 다양한 혼선들은 당국의 사교육에 대한 부담 감소 추진의 중요한 요인으로 지목되었다. 2021년 7월 교육부 관계자는 사교육이 여전히 과열된 상태이며, 선행학습의 문제가 근본적으로 해결되지 않았음을 강조하였다. 또한, 일부 사교육 항목의 높은 비용 수임과 자본의 과도한 유입에 따른 잠재적 위협의 존재, 사교육 기관의 '환불 어려움(退费难),' '돈을 들고 도망가기(卷钱跑路)' 등의 규정 위반 행위가 문제로 지적되었는데, 이러한 문제들은 학생의 숙제 및 사교육의 과도한 부담, 학부모의 경제 및 에너지 부담의 과중 등을 야기하여 교육의 개혁발전 성과에 심각한 문제를 초래하고, 사회적으로 강한 반향을 불러일으킨 것으로 풀이되었다.[12]

이처럼 사교육 시장이 급속도로 발전하고, 다양한 사회적 문제점들이 지적되었으나, 2018년 이전까지 사교육 시장의 거버넌스에 대한 중앙 차원의 전문적인 문건은 제시되지 않은 상태로 존재하였다(张薇 2020). 2017년 19차 당대회 이후 교육영역에서 사회의 주요 모순은 인민의 우수한 교육에 대한 수요와 그에 부합하지 않는 교육의 불균형, 불충분 발전 사이의 모순으로 지적되었으며, 사교육 기관의 문제는 점

12　中华人民共和国教育部, "坚决贯彻中央决策部署 深入推进"双减"工作" http://www.moe.gov.cn/jyb_xwfb/s271/202107/t20210724_546567.html. (2023년 8월 15일 검색)

차 주목을 받게 되었다(方芳·李劍萍 2021). 또한, 2017년 9월 국가의 사교육 기관 규범화, 운영 자격의 엄격한 심사, 학습 범위와 내용 규범화 등의 방침이 최초로 제시되었다(刘冬冬·方芳 2023).[13] 그에 따라, 2018년 이후 전국적인 수준에서 당중앙과 국무원의 영도 하에 사교육 기관에 대한 일련의 규범화가 전개되었다(杨程 2022).[14] 2018년 8월 당국은 〈국무원 판공청의 사교육 기관 발전 규범화에 관한 의견(国务院办公厅关于规范校外培训机构发展的意见)〉을 발표하였는데,[15] 이를 기점으로 사교육 기관의 진입 조건, 운영 조건, 감독 기제 등 사교육 기관에 관한 전문적 정책 문건들이 제시되어 사교육 기관에 대한 감독의 정식 강화 단계에 접어들게 되었던 것으로 평가되었다(张海鹏·张新民 2022; 肖雅文·傅王倩 2022).

한편으로, 앞에서 살펴본 바와 같이 사교육 시장의 발전과 그에 따라 야기된 다양한 사회적 문제 속에서 2021년 7월 〈쌍감〉이 발표되었다. 〈쌍감〉은 고품질의 교육 체계 건설 중시, 학교의 교육 주요 활동 공간

---

[13] 中国政府网, "中共中央办公厅 国务院办公厅印发《关于深化教育体制机制改革的意见》" https://www.gov.cn/zhengce/2017-09/24/content_5227267.htm. (2023년 9월 8일 검색)

[14] 예를 들어, 2018년 2월 교육부 판공청 등 4개 부서가 연합 발표한 〈통지〉를 통해 사교육 기관에 존재하는 중요한 안전 문제, 무허가 및 무자격 운영, 심화학습과 선행학습 및 시험중심 학습 등의 불량행위, 사교육 기관의 학습 결과와 초중고교생 입학과의 결부 행위, 초중고 교사의 사교육 기관에서의 수업 및 학생들의 사교육 기관 학습 유도 행위 등에 대한 시정 작업이 전개되어 2018년 말까지 전국의 사교육 기관 401,050개 중 문제가 있는 기관 272,842개의 98.93%에 해당하는 269,911개 기관에 대한 시정 작업이 완료되었다. 中华人民共和国教育部, "教育部办公厅等四部门关于切实减轻中小学生课外负担开展校外培训机构专项治理行动的通知" http://www.moe.gov.cn/srcsite/A06/s3321/201802/t20180226_327752.html. (2023년 8월 15일 검색); 中国政府网, "教育部办公厅关于全国校外培训机构专项治理行动整改工作进展情况的通报 (截至2018年12月30日)" https://www.gov.cn/zhengce/zhengceku/2019-10/18/content_5441926.htm. (2023년 9월 8일 검색)

[15] 中国政府网, "国务院办公厅关于规范校外培训机构发展的意见" https://www.gov.cn/zhengce/content/2018-08/22/content_5315668.htm. (2023년 9월 8일 검색)

역할 수행 강화, 사교육 기관 거버넌스 심화, 군중 이익 침해 행위의 단호한 방지, 양호한 교육 생태의 구축, 학부모의 스트레스 감소, 학생의 전면적 발전과 건강한 성장 촉진 등을 강조하였으며, 업무 목표(工作目标)로 학교 교육의 질적 수준과 서비스 수준의 진일보 향상, 숙제의 과학적이고 합리적인 배치, 방과후 서비스의 학생 수요 충족, 학생의 학습 개선과 학교 중심으로의 회귀, 사교육 기관의 사교육 행위에 대한 전면적 규제 등을 제시하였다. 또한, 〈쌍감〉은 학생의 과도한 숙제 부담과 사교육 부담 및 가정의 교육 비용 감소와 이에 상응하는 학부모의 에너지 부담 감소에 대하여 '1년 이내 부담의 효과적 감소, 3년 이내 현저한 성과 달성'의 방침을 천명하여 대중의 교육 만족도를 제고하고자 하였다(马香莲·张琪琪 2022).[16]

특히 당국은 엄격한 거버넌스 견지와 사교육 행위의 전면적인 규제를 구체적인 항목으로 제시하여 사교육 기관에 대한 강력한 규제를 천명하였다.[17] 〈쌍감〉에서 사교육 기관에 관련된 규제는 엄격한 기관 심사, 사교육 서비스 행위 규제, 일상 운영의 감독 강화 등으로 명시화되었다. 먼저, 〈쌍감〉을 통해 당국의 엄격한 기관 심사 방침이 제시되었다. 이를 통해 의무교육 단계의 교과목류 사교육 기관의 신규 승인 불허 및 기존 교과목류 사교육 기관의 일괄적인 비영리 기관 등록의 방침이 강조되는 한편, 기존 등록된 온라인 교과목류 사교육 기관의 전면심사와 재등록이 추진되었다. 또한 교과목류 사교육 기관의 상장

16　人民网, "中共中央办公厅　国务院办公厅印发《关于进一步减轻义务教育阶段学生作业负担和校外培训负担的意见》" http://politics.people.com.cn/n1/2021/0724/c1001-32168666.html. (2023년 12월 17일 검색)
17　그 외에도 〈쌍감〉은 숙제의 총량과 시간에 대한 전면적 감소와 학생들의 과중한 숙제 부담 감소, 학교의 방과후 서비스 수준의 향상과 학생들의 다양한 수요의 충족, 교육의 질적 수준 향상과 학생들의 교내 학습만으로도 충분한 학습의 보장 등 다양한 영역에서 학생들의 숙제 부담과 사교육 부담을 감소시키기 위한 내용을 제시하였다.

및 자본화 운영 금지, 상장회사의 교과목류 사교육 기관 투자와 및 자산 구매 금지 등의 방침이 명시되었다. 둘째, 사교육 서비스 행위 규제가 강조되었다. 그에 따라 선행학습의 금지와 비교과목류 사교육 기관의 교과목류 사교육 활동 금지, 사교육 기관의 법정 공휴일, 휴일 및 방학 기간을 이용한 교과목류 과외 금지 등이 제시되었다. 셋째, 일상 운영의 감독 강화가 언급되었다. 자본의 과도한 사교육 기관 유입 통제와 사교육 기관의 융자 및 입금 비용의 사교육 업무 운영으로의 주요 활용 등이 강조되었으며, 판촉 업무를 위한 허위 원가와 허위 할인, 허위 광고 등 부당경쟁의 금지와 21시 이후 사교육 활동 금지, 해외 소재의 외국 국적자 사교육 활동 금지 등이 강조되었다.[18]

한편으로, 당국은 〈쌍감〉의 발표 이후 이를 효과적으로 시행하기 일련의 정책을 제시하였다. 구체적으로, 새로운 정책의 체계적 효과적 추진을 위해 교육부는 방과후 서비스, 사교육 기관의 등록, 교과목류 사교육의 범위 규정, 변이적 불법 사교육의 조사 처리 등의 내용을 담은 20여 개의 문건을 발표하였으며, 1+N의 제도 체계를 수립하여 정책집행을 추진하였다(钟程·谢均才 2022).[19] 그러나 한편으로, 〈쌍감〉

---

18 人民网, "中共中央办公厅 国务院办公厅印发《关于进一步减轻义务教育阶段学生作业负担和校外培训负担的意见》" http://politics.people.com.cn/n1/2021/0724/c1001-32168666.html. (2023년 8월 15일 검색); Australian Government Department of Education, "Double Reduction Plan reduces homework and off-campus tutoring for Chinese school students" https://www.education.gov.au/international-education-engagement/resources/double-reduction-plan-reduces-homework-and-campus-tutoring-chinese-school-students. (2023년 8월 15일 검색)

19 당국의 노력에 따라 〈쌍감〉의 시행 이후 학생의 학업부담은 크게 감소하였는데, 교육부의 통계에 따르면 규정 시간 내에 서면 숙제를 완성하는 학생의 비율은 〈쌍감〉 이전 46%에서 90% 이상으로 증가하였으며, 학생의 방과후 서비스 참여 비율 역시 49.1%에서 91.1%로 상승하는 결과를 초래하였다(陈霜·张振改 2022). 학생의 학교숙제 감소 및 학업 부담 감소 등은 학생의 〈쌍감〉에 대한 높은 만족 뿐만 아니라(董圣足 外 2022), 학부모의 학교의 방과후 서비스에 대한 높은 만족과 교육에 대한 스트레스 감소 등을 야기한 것으로 평가되었다(周洪宇·齐彦磊 2022b; 杨小微·文琰 2022).

의 발표와 일련의 정책들을 통한 사교육 분야에 대한 거버넌스 강화는 후술하는 바와 같이, 대학 입시시험의 부활 이후 급성장한 중국의 사교육 분야에 대한 대대적인 변화를 의미하는 것이기도 하였다.

요컨대 중국의 사교육 분야는 대학 입시시험의 부활 이후 신속하게 발전하였다. 중국의 사교육은 거대한 시장으로 변모하였으며, COVID-19 발발 이후 온라인 사교육을 중심으로 사교육 시장은 더욱 팽창하였다. 이러한 사교육 시장의 성장과 발전은 가계 부담의 증가, 교육의 불균형 현상, 사교육 기관의 다양한 혼선 등의 문제를 야기하였던 것으로 지적되었다. 한편으로 2018년 이후 전국적인 수준에서 사교육 기관에 대한 규범화를 추진하였던 중국 당국은 2021년 7월 〈쌍감〉의 발표를 통해 사교육 기관에 대한 엄격한 기관 심사, 사교육 기관의 서비스 행위 규제, 사교육 기관의 일상 운영의 감독 강화 등을 강조하게 되었는데, 이는 사교육 분야의 대대적 지각변동을 암시하였던 것이다.

III. 〈쌍감〉 이후 중국의 사교육 분야

2021년 7월 〈쌍감〉의 발표는 당국의 사교육 기관에 대한 정책의 커다란 전환점이 되었다. 구체적으로 〈쌍감〉의 발표 이후 국가는 사교육 분야의 비영리화와 감독 강화 등을 강조하였고, 그에 따라 기존 사교육 관련 기업들의 침체, 사교육 관련 종사자들의 대대적 이탈 등의 문제가 야기되었다.

먼저, 〈쌍감〉 발표 이후 당국 주도의 사교육의 비영리화 및 감독 강화가 발생하였다. 당국은 〈쌍감〉 발표 이후인 2021년 8월 〈교육부 판공청 등 3개 부처의 의무교육단계 학생 교과목류 사교육 기관의 비영리성 기관 통일 등록에 관한 통지(教育部办公厅等三部门关于将面向义务

教育阶段学生的学科类校外培训机构统一登记为非营利性机构的通知)〉를 통해 모든 사교육 기관의 비영리성 기관으로의 등록을 요구하는 한편,[20] 같은 해 9월에는 〈의무교육단계 교과목류 사교육 기관 비용 관리 감독 업무 강화에 관한 통지(关于加强义务教育阶段学科类校外培训收费监管的通知)〉를 제시하여 사교육 기관의 교육 비용이 비영리성 기관의 비용에 속하기 때문에, 정부가 규정한 비용 이상을 받을 수 없다는 점을 명시하였다.[21] 이처럼 당국은 사교육 분야의 비영리성을 강조하였으며, 정부가 지정한 가격 이상을 받지 못하도록 명시함에 따라 사교육 분야의 공익성과 학교 교육의 유익한 보충으로의 역할을 강조하였다(李丹 2021; 张刚·闫国 2023).

또한, 〈쌍감〉 이후 당국은 사교육 기관의 위법 행위 대한 규제와 검열을 전개하였다. 2022년 1월 〈교육부, 중앙기구편제위원회 판공실, 사법부의 교육 집법 강화와 사교육 기관 종합 거버넌스 심화 추진에 관한 의견(教育部中央编办司法部关于加强教育行政执法 深入推进校外培训综合治理的意见)〉을 통해 사교육 기관에 대한 감독 집법 업무의 강화와 사교육 기관의 집법 체계의 전면적 구성, 사교육 기관 감독 행정 집법의 수준과 효율 제고, 사교육 기관의 위법 행위에 대한 법에 의거한 엄격한 처분 등이 천명되었으며(申素平·吴楠 2022),[22] 2022년 3월 〈교육부 판공청의 의무교육 단계 교과목류 사교육 기관 거버넌스 '돌아보

---

[20] 中华人民共和国教育部, "教育部办公厅等三部门关于将面向义务教育阶段学生的学科类校外培训机构统一登记为非营利性机构的通知" http://www.moe.gov.cn/srcsite/A29/202109/t20210909_561300.html. (2023년 10월 2일 검색)

[21] 中华人民共和国教育部, "关于加强义务教育阶段学科类校外培训收费监管的通知" http://www.moe.gov.cn/jyb_xxgk/moe_1777/moe_1779/202109/t20210907_560020.html. (2023년 10월 2일 검색)

[22] 中华人民共和国教育部, "教育部 中央编办 司法部关于加强教育行政执法深入推进校外培训综合治理的意见" http://www.moe.gov.cn/srcsite/A29/202202/t20220207_597479.html. (2023년 10월 2일 검색)

기' 업무 전개에 관한 통지(教育部办公厅关于开展义务教育阶段学科类校外培训治理"回头看"工作的通知)〉가 발표되어 4월부터 6월까지 사교육 기관 172,000개와 관련 종사자 405,000명 등을 대상으로 관련 업무를 전개하여 4,614개의 문제 기관의 적발 및 100% 교정 달성 등의 검열과 교정작업이 전개되었다.[23]

한편으로 당국은 웨이옌 교육(微言教育), 중국 교육 감독 지도(中国教育督导) 등의 플랫폼에 대중 신고를 위한 전문 게시판(专栏) 설립 등을 통하여 전국 각지의 대중들로부터 사교육 관련 문제의 제보 접수와 심사 처리를 진행하였으며,[24] 〈쌍감〉의 시행 이후 2022년 겨울방학,[25] 2022년 여름방학,[26] 2023년 겨울방학,[27] 2023년 여름방학 등 방학 기간에 방학을 통한 사교육 활동이 발생하지 않도록 사교육 단속 관련 문건들을 지속적으로 발표하여 사교육 분야에 관한 검열을 전개하였다.[28]

---

23 中华人民共和国教育部, "教育部办公厅关于开展义务教育阶段学科类校外培训治理"回头看"工作的通知" http://www.moe.gov.cn/srcsite/A29/202204/t20220402_613211.html. (2023년 10월 2일 검색); 人民网, "教育部：三个月排查17.2万个培训机构 发现问题机构4614个" http://edu.people.com.cn/n1/2022/0810/c1006-32499704.html. (2023년 10월 2일 검색)

24 그에 따라 〈쌍감〉 시행 이후 1년 동안 대중으로부터 40,983건의 신고를 접수하여 심사 처리하는 성과를 거두었다. 中国教育在线, "国务院"双减"报告：学科类培训隐形变异难题还需破解" https://news.eol.cn/yaowen/202210/t20221031_2252866.shtml. (2023년 10월 2일 검색); 新华网, ""双减"一周年, 来看看这份成绩单" http://www.news.cn/politics/2022-07/27/c_1128868916.htm. (2023년 10월 2일 검색)

25 中华人民共和国教育部, "教育部办公厅关于认真做好寒假期间"双减"工作的通知" http://www.moe.gov.cn/srcsite/A29/202201/t20220107_592907.html. (2023년 10월 2일 검색)

26 中华人民共和国教育部, "教育部办公厅关于做好2022年暑期校外培训治理有关工作的通知" http://www.moe.gov.cn/srcsite/A29/202206/t20220624_640325.html. (2023년 10월 2일 검색)

27 中华人民共和国教育部, "教育部办公厅关于做好2023年寒假期间校外培训治理有关工作的通知" http://www.moe.gov.cn/srcsite/A29/202301/t20230110_1038899.html. (2023년 10월 2일 검색)

28 中华人民共和国教育部, "教育部办公厅关于做好2023年暑期校外培训治理有关工作的通知" http://www.moe.gov.cn/srcsite/A29/202306/t20230627_1065975.html. (2

이처럼, 〈쌍감〉 발표 이후 당국의 사교육 기관에 대한 검열과 사교육 활동에 대한 단속은 지속되었고, 일련의 사교육 분야에 관한 정책들에 의해 〈쌍감〉 시행 이후 사교육 열풍은 크게 줄어든 것으로 평가되었다.[29]

둘째, 〈쌍감〉의 발표 이후 사교육 관련 기업들은 큰 타격을 받게 되었다. 〈쌍감〉의 발표는 상장 사교육 기업들에게 즉각적인 타격으로 다가왔는데, 미국 시간 7월 23일 하오웨이라이(好未来), 가오투그룹(高途集团), 신동방(新东方) 등 주요 사교육 기업의 주가는 각각 70.47%, 63.36%, 54.22% 폭락하였고,[30] 대다수의 상장 사교육 기업의 주가 또한 급락하는 사태가 발생하였다.[31] 일련의 사태 속에서 미국 주식시장에 상장된 장먼교육(掌门教育), 푸신교육(朴新教育), 류리슈어(流利说) 등의 사교육 관련 기업들은 퇴출을 경험하였고,[32] 월스트리트 영어(华尔街英语), 거인교육(巨人教育), 상하이 치원교육(上海启文教育), 뤼광교육(绿光教育) 등 다수의 사교육 기관들은 파산을 선언하였다(Wu 2021; Du et al. 2023; 明亮 外 2022). 한편으로, 상술한 바와 같이 사교육 기관들에 대한 비영리화와 정부가 제시한 가격의 집행 및 공익성 서비스 제공이 추진되었는데, 비영리화 전환에 적합하지 않은 기업들의 등록은 취소되는 상황에 처하게 되었다.[33] 이러한 흐름 속에서 하오웨이라이, 가오

023년 10월 2일 검색)
29 腾讯网, ""双减"两周年：校外培训明显降温， 加快扭转教育功利化倾向" https://new.qq.com/rain/a/20230724A054H700. (2023년 10월 2일 검색)
30 하오웨이라이 시가총액 607억 위안, 가오투 시가총액 100억 위안, 신동방 시가총액 385억 위안 등이 각각 하루 동안 증발하는 사태가 발생하였다. 新浪网, ""双减"掀起教育股血雨腥风 高途、好未来等巨头纷纷转型" https://finance.sina.cn/2021-07-26/detail-ikqciyzk7710734.d.html. (2023년 8월 15일 검색)
31 中国教育在线, ""双减"下新东方壮士断腕， 好未来的未来又在哪里？" https://news.eol.cn/yaowen/202110/t20211020_2165849.shtml. (2023년 8월 15일 검색)
32 搜狐网, "退市， 也许是一次浴火重生" https://www.sohu.com/a/564061770_115563. (2023년 8월 15일 검색)

투, 신동방 등의 사교육 업계 3대 기업(三巨头) 외에도 쉐다교육(学大教育), 왕이 요우다오(网易有道) 등 다수의 기업들은 의무교육단계 교과목류의 사교육 종사 포기를 선언하였다.[34] 그에 따라, 2022년 9월까지 기존 124,000개의 오프라인 의무교육단계 교과목류 사교육 기관은 5,415개로 95.6% 감소하였고, 온라인 사교육 기관 역시 263개에서 34개로 87.1% 감소하였다. 또한, 25개 상장기업들은 전부 더 이상 의무교육단계 교과목류의 사교육에 종사하지 않게 되었다.[35]

셋째, 관련 업계 종사자들의 대대적인 이탈이 발생하였다. 중국 사교육 시장에는 1,000만 명의 종사자가 있으며, 70% 이상이 30대 이하인 것으로 알려져 있는데,[36] 2021년 8월 발표된 〈2021년 사교육 업계 인재 시장 분석 보고(2021教培行业人才市场分析报告)〉에 따르면, 2021년 7월 구직한 사교육 관련 인원 중 51.4%가 이미 퇴직하였고, 약 61.6%의 구직자가 여전히 교육 관련 업계에 종사하기를 희망하는 것으로 분석되었다.[37] 〈쌍감〉 이후 어려움에 직면한 주요 사교육 기업들의 대대적인 정리해고는 사교육 기관 종사자들의 실직 문제를 심화시켰다. 예를 들어, 가오투의 경우 〈쌍감〉 발표 직후 소속 직원의 1/3에 해당하는 약 1만여 명에 대한 정리해고를 천명하였는데,[38] 2022년 보도자료에 따르

---

33 新浪网, "教育部：学科类校外培训机构大幅压减， 不适合"营转非"的将被进一步注销" https://finance.sina.com.cn/chanjing/cyxw/2021-12-21/doc-ikyamrmz0258810.shtml. (2023년 9월 15일 검색)
34 新浪网, ""双减"150天：" 告别"的不仅仅是好未来" https://finance.sina.com.cn/tech/csj/2021-12-23/doc-ikyakumx5822208.shtml. (2023년 9월 15일 검색)
35 中国网, "义务教育阶段线下学科类培训机构压减率超九成" http://news.china.com.cn/2022-09/27/content_78438901.htm. (2023년 9월 15일 검색)
36 搜狐网, "10000000人， 70%不到30岁， 他们该怎么办？" https://www.sohu.com/a/490077189_118927. (2023년 8월 15일 검색)
37 搜狐网, "2021教培行业人才市场分析报告" https://www.sohu.com/a/549291248_121094725. (2023년 8월 15일 검색)
38 证券时报网, "高途教育宣布裁员！教培行业"渡劫"：裁员、 转型、 业务调整接踵而来， 未来何去何从？" https://news.stcn.com/sd/202108/t20210801_3497371.ht

면 2020년 22,570명 중 13,555명이 감소한 9,015명의 직공만 유지하는 것으로 분석되었다.[39] 또한 신동방의 경우 약 6만 명의 직원에 대한 퇴직이 발생하였으며,[40] 하오웨이라이 역시 5만 4,700여 명에 대해 정리해고를 단행하였다.[41] 이처럼 〈쌍감〉의 발표 이후 주요 사교육 관련 기업들은 대대적인 구조조정을 진행하였고 이 과정에서 다수의 종사자들이 실직되는 사태가 발생하였다. 이러한 흐름 속에서, 전체 약 1,000만 명의 사교육 기관 종사자 중 약 300만 명 이상이 〈쌍감〉의 영향을 받게 된 것으로 분석되었다.[42] 〈쌍감〉 시행 이후 대규모 실업 사태의 발생은 사회 안정에 큰 불안을 초래할 수 있는 잠재적 위험요소로 지적되었다(周玲 2023).

한편으로, 기존 사교육 관련 기업 및 종사들은 생존을 위해 당국의 〈쌍감〉 정책에 대응하여 자구책을 모색하였다. 첫째, 기존 사교육 관련 기업들의 교과목류 과목에 대한 사교육에서 당국의 규제로부터 상대적으로 자유로운 소양 교육 영역으로의 전환이 추진되었다. 예를 들어, 〈쌍감〉 발표 이후 신동방은 소양 교육 성장 센터(素质教育成长中心)를 설립하여 기존 의무교육 기간 교과목류 학습에서 벗어나 다양한 소양

---

ml. (2023년 9월 14일 검색)

39 中国经济网, "双面高途：连续的盈利, 腰斩的业绩" http://finance.ce.cn/stock/gsgdbd/202206/08/t20220608_37733365.shtml. (2023년 9월 14일 검색)

40 中国经济网, "辞退6万员工, 营收减少80%！2022年新东方真得努力了！" http://www.ce.cn/cysc/newmain/yc/jsxw/202201/10/t20220110_37243435.shtml. (2023년 9월 14일 검색)

41 新浪网, "裁员5万余人、退租169万平方米, 好未来还有未来？" https://finance.sina.com.cn/chanjing/gsnews/2022-06-20/doc-imizirau9630663.shtml. (2023년 9월 14일 검색)

42 Nikkei Asia, "China's tutoring crackdown puts over 3 million jobs at risk" https://asia.nikkei.com/Business/Education/China-s-tutoring-crackdown-puts-over-3-million-jobs-at-risk. (2023년 9월 14일 검색); 中国新闻网, "校外培训行业减员 机构从业者转岗如何转出新舞台" https://www.chinanews.com.cn/cj/2021/11-30/9618753.shtml. (2023년 9월 14일 검색)

교육을 추진하는 한편(Yin & Lai 2021),[43] 성인 교육과 해외 화교에 대한 중국어 교육 등을 통하여 난국을 타개하고자 하였다(Lin 2022a; 申万宏源研究 2022). 또한, 하오웨이라이 역시 의무교육 단계의 학생이 아닌 성인들을 대상으로 대학원 입시, 어학자격증, 해외 유학 등을 포괄하는 플랫폼인 칭저우(轻舟)를 개발하는 한편,[44] 기존 '리부영어(励步英语)'를 '리부(励步)'로 개명하고 일련의 교양 교육 상품들을 출시하였다.[45] 그 외에도 밍스후이교육(名师荟教育), 지커 수학 도우미(极客数学帮), 반마(斑马) 등 기관 역시 기존 교육 내용의 전부 소양 교육 범위에 해당하는 내용으로의 전환을 추진하였다(段文静 外 2022). 이러한 기존 교과목류 사교육 기관들의 소양 교육 영역으로의 전환을 통한 대응은 대형 사교육 기관뿐만 아니라(豪冉冉 2023), 지방의 소규모 사교육 기관의 중요한 생존과 발전에도 중요하게 작용하였다(Lin 2022b).

둘째, 기존 사교육에서 벗어난 다른 업계로의 진출이 모색되었다. 2021년 12월 신동방의 창업자 위민훙(俞敏洪)은 농산품을 들고 '동방선별(东方甄选)'이라는 라이브 커머스를 최초로 진행하였다. 영어와 중국어를 활용한 '동방선별'의 라이브 커머스 방식은 점차 대중의 이목을 끌게 되어 2022년 6월에는 1,300만 명 이상의 팔로워를 보유하게 되었고, 2022년 6월 11일부터 17일까지 1주일 동안 8번의 라이브 방송에서

---

[43] 新浪网, ""转型培训父母"引争议, 新东方将"优质父母智慧馆"更名" https://finance.sina.com.cn/jjxw/2021-08-15/doc-ikqciyzm1550198.shtml. (2023년 8월 15일 검색)

[44] 网易教育, "新方向！好未来发布轻舟品牌, 进军成人职业教育领域" https://www.163.com/edu/article/GEAGCDND0029950B.html. (2023년 8월 15일 검색)

[45] 搜狐网, "好未来旗下励步英语更名励步, 推出英文戏剧、美育等素质教育产品" https://www.sohu.com/a/473995320_115563. (2023년 8월 15일 검색). 그 외에도, 하오웨이라이는 자녀 픽업, 식사, 학교 수업 숙제 지원, 자율학습 등의 영역에서 초등학생을 대상으로 서비스를 제공하는 'Better me(彼芯)'를 출시하여 당국의 정책에 대한 방안을 모색하였다(Luo 2022). 搜狐网, "好未来进入课后托管领域" https://www.sohu.com/a/479237464_115563. (2023년 8월 15일 검색)

평균 2,963만 위안의 매출을 올리는 등의 놀라운 성과를 거두게 되었다.[46] 이러한 '동방선별'의 대성공 이후 쉐얼스(学而思), 가오투, 스카오러(思考乐) 등의 기존 사교육 기관들은 이를 모방하여 라이브 커머스 시장에 진입, 활로를 모색하게 되었다(赵雨凡 外 2023).

한편으로, 〈쌍감〉 정책 이후 학생들의 학업 부담 감소를 위한 지능형 상품들이 각광을 받게 되었고(Zhang et al. 2023b), 직접적인 사교육 제공이 어려워진 기업들의 AI 기반의 학습지원 상품 공급이 모색되었다(Knox 2021). 예를 들어, 하오웨이라이는 방과후 서비스, 스마트 숙제, 스마트 예습, 융합 교육 플랫폼 등의 교육 서비스 상품인 메이샤오 스마트 교육(美校智慧教育)을 출시하였고,[47] 왕이 요우다오 역시 방과후 서비스, 정밀 교육, 학습 평가 등의 시나리오를 바탕으로 '데이터 자원 플랫폼을 핵심으로 하고 시나리오 데이터화 전환을 관건으로 하는' 정보화 상품 솔루션 방안을 제시하는 한편,[48] 스마트 학습 램프 등의 학습 기구를 발표하였다. 그 외에도 쥐예방(作业帮)은 학생들의 영어와 지리 등 모든 교과목의 학습과 서예 활동을 지원하는 스마트펜을 출시하였고, 반마의 경우 학생들의 독해능력 향상을 위한 AI 독서기를 출품하였다.[49]

셋째, 〈쌍감〉 이후 일부 사교육 기관들은 음성화된 사교육 행태로

46　证券时报网, "新东方直播间一周吸粉超千万 在线教育转型仍在探索" https://www.stcn.com/article/detail/603049.html. (2023년 8월 15일 검색)
47　搜狐网, "好未来美校智慧教育升级对公业务, 推出多款面向公立学校产品" https://www.sohu.com/a/591281624_112831. (2023년 8월 15일 검색)
48　中国教育在线, "网易有道'作业一体机'亮相博鳌论坛 AI助力双减显实效" https://beijing.eol.cn/bjjc/202204/t20220420_2221454.shtml. (2023년 8월 15일 검색)
49　Yicai Global, "Youdao to Launch Smart Learning Lamp as Embattled Chinese Edtech Firms Turn to Hardware" https://www.yicaiglobal.com/news/youdao-to-launch-smart-learning-lamp-as-embattled-chinese-edtech-firms-turn-to-hardware. (2023년 8월 15일 검색)

이에 대응하였다. 〈쌍감〉 이후에도 다수의 학부모들은 학교 교육의 수준과 효과에 만족하지 못하였고, 학교 교육의 부족한 부분을 보충해 줄 수 있는 사교육에 대한 수요는 지속적으로 발생하였다(苗驰 外 2023; 熊艳青 外 2023).[50] 그에 따라, 학부모들의 각종 우수 교육자원을 확보하고자 하는 다양한 경로의 모색이 전개되었고(刘仲仪 2022), 이러한 사교육에 대한 수요의 지속은 사교육 기관들에게 기회를 제공하였던 것이다(刘书生·刘德华 2022). 일부 사교육 기관들은 거주용 아파트에 몰래 숨어들거나, 고급 가사관리(高端家政), 크라우드 펀딩 교사(众筹教师) 등의 형식으로 음성화되었다(孙不凡·程一可 2023). 한편으로 일부 사교육 기관의 어문, 수학, 영어 등의 교과목류 사교육을 서예학습(书法培训), 사유 논리훈련(思维逻辑训练), 회화능력 향상(口语能力提升) 등 비교과목류 사교육으로 위장하여 불법적으로 사교육을 전개하는 경우 또한 발생하였으며(李广海·李海龙 2022), 1대1 과외, 입주 과외, 소규모 학생 집단 과외 등의 관행이 암암리에 성행하게 되었다(Zhou 2023). 그 외에도, 〈쌍감〉 이후 사교육 종사자 출신 개인들에 의한 사적인 교육 활동의 전개 또한 급증한 것으로 지적되었다. 많은 기존 사교육 관련 종사자들은 자신의 역량을 바탕으로 1인 미디어(自媒体) 등의 플랫폼에서 '온라인 스타 선생님(网红老师)'의 신분으로 온라인 수업을 진행하거나, 개인 공작실(个人工作室) 설립을 통한 사교육 활동을 전개하였다(梁凯丽 外 2022). 또한, 일부 사교육 기관의 교사들은 3-5명의 소규모 학생 지도와

---

[50] 예를 들어, 화난사범대학교 기초 교육 거버넌스와 혁신연구센터(华南师范大学基础教育治理与创新研究中心)의 연구 조사에 따르면, 87%의 학부모는 〈쌍감〉 정책으로 인해 자녀의 교과목류 사교육을 포기하지 않을 것이라고 응답하였고, 37%의 학부모가 1대1 또는 소규모 반 형식의 과외 교육(家教)을 기존 사교육 학습반의 대체 형식으로 받아들일 의향이 있다고 응답하였다. 界面新闻, "华南师大学者研究：" 双减"后私人家教需求量增长，如何分类监管？" https://www.jiemian.com/article/7830251.html. (2023년 8월 15일 검색)

1대1 과외 등의 수업을 전개하여 사교육의 음성화 현상을 초래하였는데, 이처럼 음성화된 사교육 행위는 소규모로 은밀하게 진행되어 거버넌스의 난이도가 더욱 높은 것으로 지적되었다(周洪宇·齐彦磊 2022a).[51]

이와 같은 불법적인 사교육 기관의 개설과 상이한 수준에서의 음성화된 사교육 행태의 존재 등으로 인해 2023년 10월부터 당국은 〈사교육 행정 처벌 임시 방법(校外培训行政处罚暂行办法)〉을 시행하여 불법 사교육 기관이 구성되는 조건을 명확히 하는 동시에, 음성화된 사교육 활동의 유형들을 명확히 제시하는 한편, 이에 대한 처벌 기준 등을 명시하여 음성화된 사교육 문제의 해결 방안을 제시하였다.[52] 그렇지만,

---

[51] 한편으로, 현역 교사의 본인 자녀 및 이웃집 자녀들에 대한 은밀한 사교육 활동 및 부모의 특수한 인맥을 통한 사교육 활동 역시 야기되었던 것으로 지적되었다(Zhang 2022).

[52] 中华人民共和国教育部, "校外培训行政处罚暂行办法" http://www.moe.gov.cn/srcsite/A02/s5911/moe_621/202309/t20230912_1079788.html. (2023년 10월 3일 검색); 中国政府网, "依法查处校外培训违法行为 不折不扣落实中央决策部署——教育部校外教育培训监管司负责人就《校外培训行政处罚暂行办法》答记者问" https://www.gov.cn/zhengce/202309/content_6903455.htm. (2023년 10월 3일 검색). 한편으로, 〈쌍감〉 이후 음성화된 사교육에 대한 해결을 위해 당국은 2021년 9월 〈교육부 판공청의 교과목류 사교육의 변형 규율 위반 전개의 단호한 조사 처리에 관한 통지(教育部办公厅关于坚决查处变相违规开展学科类校外培训问题的通知)〉 및 2022년 11월 〈교육부 판공청 등 12개 부처의 교과목류 음성 변형 사교육 방지 거버넌스 업무의 진일보 강화에 관한 의견(教育部办公厅等十二部门关于进一步加强学科类隐形变异培训防范治理工作的意见)〉 등의 방침을 지속적으로 발표하였다. 그러나 상술한 바와 같이 사교육에 대한 수요는 지속적으로 존재하였으며(阙斌斌 2022), 음성화된 사교육을 해결하는 것은 상당한 노력을 요구하는 고난이도의 과제로 지적되었다(孙不凡·程一可 2022). 실제로 2022년 10월 당국은 〈국무원의 과도한 숙제 부담과 사교육 부담의 효과적인 감소 및 의무교육 단계 학생의 전면적 건강한 발전의 촉진에 관한 보고(国务院关于有效减轻过重作业负担和校外培训负担, 促进义务教育阶段学生全面健康发展情况的报告)〉를 통해 음성화된 사교육이 발견하기 어렵고, 증거 수집이 어려우며, 조사 처벌이 어려운 문제가 존재함을 인정한 바 있다. 中华人民共和国教育部, "教育部办公厅关于坚决查处变相违规开展学科类校外培训问题的通知" http://www.moe.gov.cn/srcsite/A29/202109/t20210908_560508.html. (2023년 10월 3일 검색); 中华人民共和国教育部, "教育部办公厅等十二部门关于进一步加强学科类隐形变异培训防范治理工作的意见" http://www.moe.gov.cn/srcsite/A29/202212/t20221212_1032088.html. (2023년 10월 3일 검색); 中国人大网, "国务院关于有效减轻过重作业负担和校外培训负担, 促进义务教育阶段学生全面

중국 사회에 만연한 성적 중시의 문화와 중국 가정의 성적 지상주의에 의한 사교육 수요의 지속 문제는 향후 당국의 고민이 필요한 중요한 과제로 대두될 수 있을 것으로 사료된다(龙宝新 2021; 赵可丽 2022). 특히, 고등학교 입시시험(中考), 대학 입시시험 등이 학생의 미래 발전에 미치는 중요성으로 인해 일부 학부모의 자녀 미래를 위한 '특별 대우 확보(开小灶)'의 노력은 불가피하게 야기될 수 밖에 없으며(郭文静·方贤绪 2023), 이는 〈쌍감〉 이후에도 음성화된 사교육 시장의 성행이라는 문제를 초래하는 것으로 이해될 수 있다(Zhong 2023). 따라서 이러한 맥락에서의 근본적인 대비책에 대한 모색이 추후 과제로 대두될 수 있을 것으로 보인다.

요컨대, 〈쌍감〉의 시행 이후 중국의 사교육 분야는 국가에 의해 비영리화되었으며, 당국의 지속적인 검열에 노출되었다. 이 과정에서 다수의 사교육 기관들은 주가의 급락과 파산 등의 어려움을 경험하게 되었고, 많은 사교육 기관들은 교과목류 사교육의 종사를 포기하게 되었다. 더 나아가, 사교육 기관의 상황이 어려워짐에 따라 사교육 기관 종사자들 역시 실직사태에 직면하게 되었다. 이러한 당국의 정책에 대응하여 사교육 기관들은 당국의 규제로부터 상대적으로 자유로운 소양 교육 등으로 전환을 추진하였으며, 라이브 커머스, AI 기반의 학습지원 상품의 공급 등 다른 업계로의 진출을 모색하기도 하였다. 한편으로, 교과목류 사교육을 근절하기 위한 당국의 노력에도 불구하고 사교육에 대한 학부모의 수요는 지속되었고, 일부 사교육 기관 및 기존 관련 종사자들에 의한 사교육 분야 음성화 문제가 야기되었다. 이를 해결하기 위해 당국은 해결책을 제시하고 있으나, 자녀의 미래에 결정적으로 작용할

健康发展情况的报告" http://www.npc.gov.cn/npc/c2/c30834/202210/t20221029_320032.html. (2023년 10월 30일 검색)

수 있는 명문학교와 입시제도 등의 존재는 사교육에 대한 학부모의 수요를 지속시킬 수 있는 요인으로 풀이되며, 이에 대한 당국의 근본적 해결책의 모색은 추후 귀추를 주목해 볼 필요가 있을 것으로 보인다.

Ⅳ. 결론

대학 입시시험의 부활과 교육 산업화의 진행 속에 중국의 사교육 시장은 발전을 지속하였다. 그렇지만 한편으로, 중국의 사교육 시장은 가정에 큰 부담을 야기하였고, 가계 부담의 증가, 교육 불균형의 문제와 사교육 기관에 의한 다양한 혼선 등의 문제를 발생시키게 되었다. 그에 따라 중국 당국은 2018년 이후 전국적인 수준에서 사교육 기관에 대한 규범화를 추진하였으며, 2021년 7월 〈쌍감〉을 발표하여 사교육 기관에 대한 엄격한 기관 심사, 사교육 서비스 행위 규제, 일상 운영의 감독 강화 등을 통해 사교육 기관에 대한 강력한 규제를 추진하였다. 2021년 〈쌍감〉의 발표 이후 당국의 사교육 분야의 비영리화 및 감독 강화가 전개되었으며, 이는 기존 사교육 관련 기업들의 침체, 사교육 관련 종사자들의 대대적 이탈 등의 현상을 야기하였다. 이에 대응하여 기존 사교육 관련 기업들의 소양 교육으로의 전환, 사교육을 벗어난 다른 업계로의 진출 등이 발생하였고, 학부모의 지속되는 사교육 수요의 존재와 기존 사교육 기관 및 종사자들에 의한 사교육 음성화 현상 또한 야기되었다. 중국 사회에 만연한 성적 중시의 문화와 중국 가정의 성적 지상주의에 따른 사교육 수요는 지속되는 것으로 보인다. 학생의 미래에 중요한 영향을 미치는 명문학교 및 입시제도 등의 존속은 사교육 수요를 지속시킬 수 있는 요인으로 풀이된다. 즉, 〈쌍감〉이라는 국가의 정책을 통한 다양한 문제점 해소의 노력에도 불구하고, 이에 대한 학생과 학부모 등의 사교육에 대한 수요와 그에 따른 새로운 문제점의 발생은 추후 당국의 노력에 걸림돌로 작용할 잠재적 위험이 될 수 있는 문제가 될 수 있을 것으로 풀이되며, 이를 극복하기 위한 당국의 근본적인 대비책에 대한 모색은 향후 귀추를 주목해야 할 과제로 볼 수 있을 것이다. 이상으로 본문의 연구는 〈쌍감〉 정책이 사교육 분야에 미친 영향을 다양한 행위자들의 대응 등을 중심으로 검토하였다. 다만, 상술한 〈쌍감〉 정책의 한국 사교육에 대한 시사점 등에 대한 검토는 본 연구에서 다루지 못한 한계이며, 추후 연구과제로 남겨두고자 한다.

7장

20차 당대회 이후의 사영분야

I. 서론

    2024년 6월 〈국무원의 민영경제 발전 촉진 상황에 관한 보고(国务院关于促进民营经济发展情况的报告)〉에 따르면, 2012년부터 2023년까지 민영기업은 전국 기업 전체의 79.4%에서 92.3%를 차지할 정도로 크게 성장하여 5,300만여 개에 달하게 되었으며, 개체공상호(个体工商户) 역시 4,000만 개에서 1억 2,400만 개 정도로 양적인 성장의 측면에서 큰 성과를 거두었다. 또한 국가 첨단 과학기술 기업 중 민영기업의 비중은 62.4%에서 90.9%에 달할 정도로 상승하였고, 관련 기업 수 역시 28,000여 개에서 359,000여 개로 증가되어 혁신 수준의 제고에서도 상당한 성과를 거둔 것으로 평가되었다. 그 외에도 민영기업의 수출입 총액 역시 2012년부터 2023년까지 매년 11.1% 증가하여 전국 수출 총액에서의 비중이 50% 이상을 차지할 정도로 성장하여 중국 최대의 대외 무역 경영 주체로 발돋움하였다.[1]

---

1 中国人大网, "国务院关于促进民营经济发展情况的报告" http://www.npc.gov.cn/c2/

한편으로, 앞 장들에서 살펴본 바와 같이 시진핑 시기 중국의 사영분야는 당국가의 지도 하에 지속적인 성장을 통한 중국의 경제사회에서 중요한 위치를 차지하는 긍정적인 일면을 보여주는 동시에, 당국가의 다양한 수단을 통한 영향력 확대와 침투 및 일련의 규제 발생 등의 요인들이 병존하는 매우 복합한 양상을 보인다. 본 장에서는 20차 당대회 이후 시진핑 시기 사영분야 정책과 그에 따른 여파 등을 검토하여 시진핑 시기 중국의 사영분야 정책의 지속성과 문제점, 그에 대한 당국의 대응 등을 검토한다.

이를 위해 본 연구는 아래의 연구 질문을 제시한다. 첫째, 20차 당대회 이후 중국 공산당의 사영분야 정책은 어떠한 흐름 속에서 전개되고 있는가? 둘째, 최근 중국의 사영분야는 어떠한 어려움을 경험하였으며, 이는 어떠한 여파를 초래하였는가? 셋째, 이에 대하여 당국은 어떻게 대응하고 있는가? 궁극적으로 일련의 정책적 맥락을 검토해 볼 때, 20차 당대회 이후 시진핑 시기 사영분야 정책은 어떠한 흐름 속에서 진행되고 있으며, 어떠한 특징을 가지고 있다고 볼 수 있는가?

상술한 연구질문을 토대로 본문은 이하와 같은 내용을 주장한다. 첫째, 20차 당대회 이후 당국의 사영분야에 대한 적극적인 육성의 기조는 지속성을 보여주었으며, 고품질 발전의 중요성 확대와 신품질 생산력에 대한 강조가 전개되었는데, 이는 사영분야의 향후 발전 전망에 긍정적으로 작용할 수 있는 요인으로 볼 수 있다. 둘째, 최근 다양한 분야의 사영기업 규제는 사영기업의 어려움 가중과 사회적 여파의 발생을 초래하였고, 부동산 분야의 침체와 COVID-19 경험 속에서 소비자의 심리적 위축 현상이 야기되었으며, 발전과 안보의 동등한 중시의

---

c30834/202406/t20240627_437798.html. (2024년 7월 25일 검색). 윤태희(2024)에서 재인용.

정책적 맥락 속에서 안보의 중요성 강화와 외자기업들과의 관계 변화는 외자기업의 대대적 이탈 현상을 초래하였는데, 이는 사영분야의 성장과 발전에 어려움을 야기하는 요인으로 지적된다. 셋째, 중국 당국은 이에 대응하고자 대규모 설비 갱신과 소비품목 이구환신, 민영경제촉진법 등 법안 제정 추진, 외국기업의 투자유치를 위한 규정 수립 및 국가지도부의 관련 인사 접견 등의 다양한 방식으로 해결책을 모색하고 있다. 일련의 흐름이 향후 사영분야의 성장과 발전에 어떻게 작용할 수 있을지는 추후 귀추를 주목하면서 검토해야 할 과제로 볼 수 있다.

II. 사영분야 육성 기조의 지속

2022년 중국공산당 제20차 전국대표대회(中国共产党第二十次全国代表大会, 이하 20차 당대회) 이후 시진핑 시기 당국의 사영분야의 발전과 지지 및 정치적 인도 등의 강조는 지속되었다. 첫째, '두 가지 흔들림 없음(两个毫不动摇)'의 맥락 속에서 흔들림 없는 비공유제 경제(非公有制经济) 발전의 격려, 지지, 인도의 방침이 되풀이되었다. 이는 앞에서 살펴본 바와 같이 18차 당대회 이후 중국 공산당의 사영분야에 대한 중요 원칙인 '흔들림 없는 격려, 지지, 인도'를 재천명한 것이다. 한편으로, 20차 당대회는 민영기업 발전환경 개선과 법에 의거한 민영기업 재산권 및 기업가 권익 보호를 천명하고, 최초로 '민영경제의 발전 장대 촉진'을 언급하는 등 사영분야 육성에 대한 강력한 의지를 보여주었다.[2]

---

2   中国政府网, "习近平：高举中国特色社会主义伟大旗帜 为全面建设社会主义现代化国家而团结奋斗——在中国共产党第二十次全国代表大会上的报告" https://www.gov.cn/xinwen/2022-10/25/content_5721685.htm. (2024년 4월 5일 검색); 中华全国工商业联合会, "庄聪生：深刻把握党的二十大关于促进民营经济发展壮大的重要论述" https://www.acfic.org.cn/ztzlhz/2022ddesd/2022ddesd_jd/202210/t20221021_

20차 당대회 이후 중앙정부 차원에서도 당국은 사영분야의 발전과 육성에 적극적인 태도를 보여주었다. 2023년 3월 당시 리커창(李克强) 총리는 정부업무보고(政府工作报告)를 통해 향후 정부가 추진해야 할 주요 업무 중 하나로 '두 가지 흔들림 없음'의 확실한 시행을 제시하면서, 법에 의거한 민영기업 재산권 및 기업가 권익 보호와 관련 정책의 개선, 민영경제와 민영기업의 발전 장대 촉진, 중소기업(中小微企业)과 개체공상호(个体工商户) 발전 지지 등을 언급하였으며,³ 2024년 3월 국무원 총리 리창(李强) 역시 이와 유사한 맥락에서 국유기업, 민영기업, 외자기업 등이 모두 현대화 건설의 중요 역량임을 천명하는 한편, '두 가지 흔들림 없음' 체제 기제의 부단한 개선과 시행, 민영기업 발전 장대 촉진의 의견 및 관련 조치들의 전면적 시행 등을 명시하여 사영분야의 육성과 발전에 대한 당국의 지지가 지속되고 있음을 단적으로 시사하였다.⁴ 이처럼 20차 당대회 이후 사영분야에 대한 발전과 육성에 대한 적극적인 태도는 중국 공산당의 차원뿐만 아니라 중앙정부의 차원에서도 일관성을 가지고 있었던 것으로 볼 수 있다.

2023년 전국정협(全国政协) 14기 1차회의(十四届一次会议) 민주건국회(民建), 공상련(工商联)계 위원들과의 연석회의에서 제시된 시진핑의 발언들 또한 당국의 사영분야에 대한 지지의 입장을 단적으로 보여주었다. 구체적으로, 시진핑은 당중앙이 '두 가지 흔들림 없음,' '세 가지 변화 없음(三个没有变)' 등을 시종 견지하고 있음을 언급하고(杨宜勇 2023; 肖文·谢文武; 2023; 周文·白佶 2023),⁵ 민영기업과 기업가를 '우리

183201.html. (2024년 2월 14일 검색); 求是网, "促进民营经济发展壮大" http://www.qstheory.cn/qshyjx/2023-10/25/c_1129936950.htm. (2024년 4월 5일 검색)
3   中国政府网, "政府工作报告" https://www.gov.cn/gongbao/content/2023/content_5747260.htm. (2024년 2월 14일 검색)
4   中国政府网, "政府工作报告" https://www.gov.cn/yaowen/liebiao/202403/content_6939153.htm. (2024년 3월 30일 검색).

편(自己人)'으로 강조하였는데, '세 가지 변화 없음'은 2016년 시진핑이 언급한 '비공유제 경제가 중국 사회경제에서 차지하는 지위와 역할의 변화 없음,' '흔들림 없는 비공유제 경제의 격려, 지지, 인도의 방침과 정책의 변화 없음,' '비공유제 발전의 양호한 환경 조성 및 더 많은 기회 제공 방침과 정책의 변화 없음' 등을 지칭하는 것으로 사영분야에 대한 당국의 육성 방침이 일관성이 있음을 강조한 표현으로 볼 수 있다.[6] 또한 2장에서 살펴본 바와 같이 '우리편'이라는 표현은 시진핑이 2018년 민영기업 좌담회에서 최초로 제시하였는데, 이러한 '우리편'이라는 신분적 정의의 되풀이는 사영분야가 향후 중국의 발전에 차지하는 중요성을 강조하는 동시에, 새로운 형세 하에서 당국이 추진하는 전략적 방향을 단적으로 시사하였다(尹晓敏 2023).[7]

그 외에도, 20차 당대회 이후 중국 공산당은 사영분야에 대한 정치적 영향력 확대와 영도가 지속될 것임을 내포하였다. 예를 들어, 20차 당대회는 비공유제 기업의 당조직 건설 강화 뿐만 아니라, 업종협회, 상회

---

5 中国政府网, "习近平看望参加政协会议的民建工商联界委员时强调: 正确引导民营经济健康发展高质量发展" https://www.gov.cn/xinwen/2023-03/06/content_5745092.htm. (2024년 2월 14일 검색)

6 新华网, "总书记讲话中提到的"两个毫不动摇""三个没有变""两个健康"" http://www.news.cn/2023-03/07/c_1129417265.htm. (2024년 2월 14일 검색)

7 央视网, "习近平两会时刻 | "始终把民营企业和民营企业家当作自己人"" https://news.cctv.com/2023/03/07/ARTIwTtz5LgGSwAOCFzOvV8s230307.shtml. (2024년 2월 14일 검색). 한편으로 시진핑은 사영분야 발전을 위한 여론환경의 중요성을 강조하였다. 2022년 12월 중앙경제공작회의(中央经济工作会议)에서 시진핑은 '두 가지 흔들림 없음'의 확실한 시행을 천명하면서, 사회에서 '두 가지 흔들림 없음'의 견지에 대한 잘못된 의견에 대하여 반드시 단호한 태도를 보여야 한다는 점을 지적하였다. 더 나아가 시진핑은 민영기업의 발전환경 개선과 민영경제의 발전 장대 촉진을 강조하면서, 제도와 법률적 측면에서 민영기업에 대한 평등한 대우 실현, 정책과 여론적 측면에서 민영경제와 민영기업의 발전 장대 격려, 법에 의거한 민영기업 재산권과 기업가 권익 보호 등을 언급하여 사영분야 성장과 발전에 대한 당국의 입장을 보여주었다. 求是网, "当前经济工作的几个重大问题" http://www.qstheory.cn/dukan/qs/2023-02/15/c_1129362874.htm. (2024년 2월 17일 검색)

당조직 건설 업무 관리체제의 정돈 등의 방침을 제시하여 2장에서 살펴보았던 사영분야에 대한 당조직을 통한 영향력 확대의 흐름이 지속될 것임을 시사하였다. 즉 시진핑 시기 중국 공산당은 3명 이상의 당원이 있는 모든 기업의 당조직 건설을 완수하였는데(조영남 2022), 상술한 방침의 제시는 20차 당대회 이후에도 사영분야 당조직 건설이 지속될 뿐만 아니라, 업종협회, 상회 당조직 관련 업무의 정돈을 통해 더욱 효과적으로 사영분야에 대한 당의 영향력 확대가 이루어질 수 있음을 암시한 것이었다.[8]

둘째, 20차 당대회에서 중국식 현대화를 강조함에 따라 사영분야의 중요성이 더욱 대두되었다. 중국 공산당은 20차 당대회를 통해 당의 핵심임무를 전국 모든 민족의 단결과 인도를 통한 사회주의 현대화 강국의 전면적 건설과 두 번째 백 년의 분투 목표의 실현임을 선언하였고, 중국식 현대화(中國式現代化)를 통한 중화민족의 위대한 부흥을 강조하여 중국식 현대화를 공식화하는 한편(이정남 2023; 이민자 2023), 고품질 발전(高质量发展)을 사회주의 현대화 국가 전면 건설의 최우선 임무(首要任务)로 제시하였다.[9] 더 나아가 시진핑은 2023년 12월 중앙경제공작회의에서 고품질 발전을 '신시대의 확실한 도리(新时代的硬道

---

[8] 한편으로 20차 당대회는 '친밀하고 청렴한(亲清) 정부-기업가 관계(政商关系)'의 전면적 구성과 '비공유제 경제의 건강한 발전 및 비공유제 경제 인사의 건강한 성장 촉진'의 방침을 강조하였는데(席月民 2023; 王建均 2023), 이는 정부-기업가 관계의 조정에 대한 흐름과 사영분야에 대한 통일전선 업무를 통한 영향력 발휘의 지속을 내포하는 것으로 볼 수 있다.

[9] 고품질 발전(高质量发展, high-quality development)은 2017년 10월 19차 당대회에서 최초로 제시된 개념으로(Li et al. 2021b; 陈诺·尹勤 2024), 18차 당대회 이후 19차 당대회 이전까지 공산당의 고품질 발전에 대한 강조는 일반적으로 '발전의 질에 대한 더욱 중시(更加注重发展质量),' '질과 효익의 제고(提高质量和效益)' 등으로 표현되었다. 中华人民共和国国家发展和改革委员会, "高质量发展的体系化阐释" https://www.ndrc.gov.cn/wsdwhfz/202403/t20240301_1364325.html. (2024년 2월 14일 검색).

理)'로 삼을 것을 강조하는 등 고품질 발전의 중요성을 천명하였는데,[10] 이는 향후 중국의 발전 방향에 고품질 발전이 중요한 방침으로 자리잡을 것임을 단적으로 시사하였다.

이처럼 향후 중국의 발전 방향에서 고품질 발전이 중요해짐에 따라, 사영분야의 중요성은 더욱 강조되었다(朱鹏华 2023). 특히, 2023년 7월 발표된 〈중공중앙과 국무원의 민영경제 발전 장대 촉진에 관한 의견(中共中央国务院关于促进民营经济发展壮大的意见, 이하 의견)〉은 사영분야가 중국식 현대화에 가지는 중요성을 더욱 구체화하였다. 〈의견〉은 '민영경제는 중국식 현대화 추진의 신진세력(生力军)이며, 고품질 발전의 중요한 기초이자, 중국의 사회주의 현대화 강국 전면 건설과 두 번째 백 년의 목표 실현을 위한 중요한 역량임을 최초로 명시하였으며(朱克力 2023),[11] 법에 의거한 각종 소유제 경제의 평등한 생산요소 사용과 시장경쟁의 공평한 참여 및 동등한 법률보호, 민영기업의 자체 개혁 발전, 준법 경영과 업그레이드를 통한 발전 품질의 지속적 향상에 대한 인도, 민영경제의 규모 확장(做大), 질적 향상(做优), 역량 강화(做强) 촉진을 목적으로 언급하였다(『光彩』 2023).

더 나아가, 〈의견〉은 민영경제 발전 환경의 지속적 개선, 민영경제에 대한 정책 지원 강도의 강화, 민영경제 발전의 법치 보장 강화, 민영경제의 고품질 발전 추진, 민영경제 인사의 건강한 성장 촉진, 민영경제 발전의 사회적 분위기 조성 등의 영역에서의 사영분야 발전을 위한 중요한 방침들을 제시하였는데,[12] 이는 중공중앙과 중앙정부의 사영분

---

10 人民网, "中央经济工作会议在北京举行 习近平发表重要讲话" http://politics.people.com.cn/n1/2023/1212/c1024-40137394.html. (2024년 2월 14일 검색).

11 中华全国工商业联合会, "高云龙：促进民营经济发展壮大为推进中国式现代化贡献力量" https://www.acfic.org.cn/qlyw/202309/t20230920_196083.html. (2024년 2월 14일 검색); 求是网, "民营经济是推进中国式现代化的生力军" http://www.qstheory.cn/qshyjx/2024-01/08/c_1130055041.htm. (2024년 2월 14일 검색)

야 발전을 위한 최초의 공동 발표 문건으로 이해되었고, 지난 10년 국유분야에만 적용되던 '규모 확장(做大), 질적 향상(做优), 역량 강화(做强)' 방침의 사영분야 관련 당문건으로 최초 명시 등의 특징을 가지고 있는 것으로 지적되었다(Li and Tong 2023).[13]

셋째, 국가 최고 지도자인 시진핑은 2023년 후반기부터 '신품질 생산력(新质生产力)'을 강조하기 시작하였다. 구체적으로, 2023년 9월 시진핑은 헤이룽장(黑龙江)을 시찰하는 과정에서 과학혁신자원의 통합, 전략신흥산업과 미래산업 발전 인도, 신품질 생산력의 신속한 형성 등을 언급하여 '신품질 생산력'을 최초로 제시하였으며,[14] 2024년 1월 중앙정치국 제11차 집체학습(中央政治局第十一次集体学习)에서 신품질 생산력을 '개괄적으로 말해서, 혁신이 주도하며, 전통적 경제 성장방식과 생산력 발전 경로를 탈피한, 첨단 과학기술, 고효율, 고품질의 특징을 가지고, 신발전이념에 부합하는 선진 생산력의 질적 형태'로 언급하였

---

12 中国政府网, "中共中央 国务院关于促进民营经济发展壮大的意见" https://www.gov.cn/zhengce/202307/content_6893055.htm. (2024년 2월 14일 검색)

13 한편으로, 〈의견〉은 민영경제 인사에 대한 정치사상 체계 건설의 개선을 천명하여 우수한 인재에 대한 당원으로의 충원, 이상신념 교육과 사회주의 핵심가치관 교육 등 사상교육에 대한 강조와 신 면영경제 영역에 대한 당조직 건설의 적극적 모색의 방침을 제시하여 사영분야 주요 인사에 대한 정치사상적 통제와 체제 내부로의 포섭, 당조직을 통한 사영분야 영향력 확대의 방침을 제시하였다. 또한 〈의견〉은 당의 영도력 견지와 강화를 명시하였는데, 이를 통해 당중앙의 민영경제 업무에 대한 집중 통일 영도의 견지와 당 영도의 업무 전과정 및 각 방면에 대한 도달을 언명하여 사영분야에 대한 당의 정치적 영도 강화를 재차 강조하였다. 〈의견〉의 발표 이후 관련 부처들은 민영기업의 발전 장대에 관한 다양한 정책들을 발표하여 1+N체계로 사영분야 발전을 추진하고자 하였으며, 2023년 9월 중앙기구편제위원회판공실(中央编办)은 국가발전과 개혁위원회(国家发展和改革委员会) 내부에 민영경제발전국(民营经济发展局)의 설립을 승인하여 관련 영역 정책의 통합 조정과 각 항목 주요 조치의 빠른 시행과 성과 확보 등을 추진하였다(周文其 等 2023; 魏楚 2024). 中华人民共和国国家发展和改革委员会, "让民营经济这片"森林"更加"本固枝荣"" https://www.ndrc.gov.cn/wsdwhfz/202401/t20240109_1363172.html. (2024년 2월 12일 검색)

14 新华网, "第一观察 | 习近平总书记首次提到"新质生产力"" http://www.news.cn/politics/leaders/2023-09/10/c_1129855743.htm. (2024년 2월 12일 검색)

다.[15] 또한, 2024년 3월 양회 기간 동안 시진핑은 14기 전국인대 2차회의(十四届全国人大二次会议)에서 장쑤성 대표단 심의(江苏代表团审议)에 참가하여 '고품질 발전의 최우선 임무를 확고하게 파악하여 지역 상황에 부합하게(因地制宜) 신품질 생산력을 발전시킬 것'을 강조하였다.[16]

이처럼, 국가 최고 지도자에 의한 신품질 생산력의 강조 속에서 사영분야의 중요성은 더욱 강화될 것으로 평가되는데,[17] 과학혁신, 전략신흥산업, 미래산업 등 신품질 생산력의 주요 분야에서 사영분야의 공헌이 가능하기 때문이다.[18] 실제로 2023년 5월까지 신기술, 신산업, 신업태(新业态), 신모델 등 '4신 경제(四新经济)'의 민영기업 수는 2,500만 개를 넘어서게 되었고, 국가급 전정특신(专精特新) 소거인(小巨人) 기업 중 민영기업의 비중이 80%를 넘어서는 등 중국의 질적 성장에서도 사영분야는 매우 중요한 역량으로 부상하였다.[19] 이처럼 중국의 사영분

---

15 더 나아가 시진핑은 '이것(신품질 생산력)은 기술의 혁명적 돌파, 생산요소의 혁신성 배치, 산업의 심화 전환과 업그레이드로 탄생하고, 노동자와 노동 수단, 노동 대상 및 그 최적화 조합의 비약적 상승을 기본적 함의로 하며, 총요소생산성의 대폭 상승을 핵심지표로 하고, 특징은 혁신이며 관건은 우수한 품질에 있으며, 본질은 선진 생산력'으로 신품질 생산력을 설명하여 신품질 생산력의 과학적 함의와 기본적인 원칙을 제시하였다. 中华人民共和国民政部, "因地制宜加快发展新质生产力" https://www.mca.gov.cn/n152/n166/c1662004999979998148/content.html. (2024년 3월 16일 검색)

16 中国政府网, "习近平在参加江苏代表团审议时强调：因地制宜发展新质生产力" https://www.gov.cn/yaowen/liebiao/202403/content_6936752.htm. (2024년 3월 16일 검색)

17 中国网, "发挥民营企业创新优势 加速形成新质生产力" http://cppcc.china.com.cn/2023-12/27/content_116905554.shtml. (2024년 3월 16일 검색)

18 中国社会科学网, "民营经济与新质生产力" https://www.cssn.cn/glx/202310/t20231013_5690302.shtml. (2024년 3월 16일 검색)

19 群众网, "当好生力军：民营经济发展进入新阶段" http://www.qunzh.com/pub/qzzs/jdfc/jcck/202312/t20231211_104829.html. (2024년 2월 13일 검색); 新华网, "中国民营企业突破5000万户" http://www.news.cn/fortune/2023-07/10/c_1129740713.htm. (2024년 2월 13일 검색)

야는 중국식 현대화 추진의 '신진세력'으로 평가받게 되었으며(张品彬 2024), 향후 신품질 생산력의 발전에도 중요한 역할을 수행할 수 있을 것으로 기대되었다.

요컨대, 20차 당대회 이후 중국 공산당의 사영분야에 대한 적극적인 육성의 기조는 기존 시진핑 집권기인 18차 당대회 이후의 방침에서 일관성을 지니는 것으로 풀이된다. 이는 '두 가지 흔들림 없음'의 맥락 속에서의 사영분야에 대한 격려, 지지, 인도 방침의 되풀이, 사영분야에 대한 지지 입장의 표명과 과거 시진핑이 언급한 '세 가지 변화 없음' 및 '우리편' 언사의 재등장, 사영분야 당조직 건설에 대한 당국의 방침 등을 통해서 나타났다. 한편으로, 20차 당대회를 통해 나타난 중국식 현대화의 강조 속에서 고품질 발전이 중요해짐에 따라, 사영분야의 중요성은 더욱 강하게 대두되었다. 또한, 신품질 생산력의 강조 속에서 질적 성장의 주요 역량으로 부상한 사영분야는 향후 당국의 발전 전략에서 중요한 역할을 수행할 수 있을 것으로 전망되었다. 즉, 20차 당대회 이후 사영분야는 당국의 적극적인 육성의 기조 속에서 고품질 발전과 신품질 생산력의 주요 역량으로 향후 더욱 발전할 수 있는 공간을 가질 수 있을 것으로 풀이되었던 것이다.

Ⅲ. 사영분야 관련 주요 현안과 당국의 대응

한편으로, 2021년 전후 공동부유가 재차 강조되는 시대적 흐름 속에서 야기된 당국의 사영분야에 대한 대대적인 규제는 다양한 영역에서 사영분야의 침체를 야기한 것으로 지적된다. 첫째, 4장에서 살펴본 바와 같이, 공동부유가 점차 강조되는 시대적 흐름 속에서 인터넷 플랫폼 영역 사영기업들의 시장독점과 자본의 무질서한 확장 방지를 위한 반독점 강화와 공평 경쟁을 강조하는 정책이 추진되었는데, 일련의 정책적 맥락 속에 사영기업들은 대대적인 규제를 경험하였다. 이러한 당국의 대대적인 규제로 인해 인터넷 플랫폼 영역의 사영기업들은 2020년 말 알리바바 계열사 앤트 그룹의 기업공개(IPO) 보류를 기점으로 1.1조 달러 규모 이상의 손실을 입었던 것으로 분석되었다.[20]

또한, 5장에 살펴본 바와 같이 2020년 8월 당국은 3개 레드라인(三道红线)을 제시하여 부동산 영역 사영기업의 부채를 통제하고자 하였으나, 사영기업들의 대대적인 어려움을 초래하여 2021년 6월부터 2022년 12월까지 전국에서 파산한 부동산 기업은 563개에 달하였고, 2022년~2023년 기간 동안 판매, 금액 기준 전국 50대 부동산 기업 중 채무불이행을 선언한 기업은 16개에 달하는 등의 어려움에 직면하게 되었다(赖勉珊·杨嘉雨 2024). 한편으로, 6장에서 검토한 바와 같이 〈쌍감(双减)〉 정책의 제시 이후 25개 사교육 관련 상장된 사영기업들이 모두 의무교육단계 교과목류 사교육 분야에 종사하지 않게 되었고, 오프라인 의무교육단계 교과목류 사교육 기관의 95.6% 감소 및 온라인 사교육 기관의 87.1% 감소 등이 야기되어 중국의 사교육 분야 역시 크게 위축되는 현상을 경험하였다.

이처럼 다양한 분야에서 당국의 정책적 규제 속에 사영기업들이 어려움을 겪게 됨에 따라 사영분야의 위축 현상이 발생하게 되었다. 예를 들어, 2023년 9월 공상련이 발표한 〈2023년 중국 500대 민영기업(2023 中国民营企业500强)〉에 따르면, 2022년 중국 500대 민영기업의 영업 수익은 39조 8,300억 위안에 달하여 전년 대비 3.94% 증가하였으나, 세후 순이익은 1조 6,400억 위안으로 전년 대비 4.86% 감소하였다.[21]

---

20 Reuter, "Beijing's regulatory crackdown wipes $1.1 trillion off Chinese Big Tech" https://www.reuters.com/technology/beijings-regulatory-crackdown-wipes-11-trln-off-chinese-big-tech-2023-07-12/. (2024년 2월 15일 검색)

한편으로 사영분야의 투자 감소가 야기되었다. 2022년 중국 국유 고정자산 투자는 10.1% 증가한 반면, 민간 고정자산 투자는 0.9%의 증가세만 보이게 되었는데,[22] 이러한 추세는 2023년에도 이어져 2023년 국유 고정자산 투자는 6.4% 성장의 상승세를 기록한 반면, 민간 고정자산 투자는 -0.4% 성장을 기록, 감소세를 보이게 되었던 것이다.[23] 그에 따라, 전국 고정자산 투자에서 민간투자가 차지하는 비중 또한 2015년 64.2%에서 2023년 50.4%로 약 14% 가량 감소하게 되었다.[24] 이러한 민간투자의 감소는 기업가들이 투자에 대하여 소극적인 태도를 보여주고 있음을 시사하였다.[25] 이처럼 2021년을 전후로 야기된 다양한 영역에서의 사영분야에 대한 규제는 사영분야의 위축을 초래한 것으로 볼 수 있다.

둘째, 사영분야의 어려움 가중은 사회적 여파를 야기한 것으로 보인다. 지난 3년간의 교육, 부동산, 기술 산업 영역의 사영분야에 대한 대대적 규제는 젊은 노동자들에게 큰 타격을 초래하였고, 서비스 분야의 침체와 대졸자들의 기술과 기대치 및 가용 일자리 간의 불균형 등의 다양한 요인들과 맞물려 청년층의 대규모 실업사태를 초래하였다.[26]

21　财新网, "中国民企500强净利润连续两年下滑 海外投资减速" https://companies.caixin.com/2023-09-12/102102963.html. (2024년 2월 15일 검색)

22　中国政府网, "2022年全国固定资产投资（不含农户）增长5.1%" https://www.gov.cn/xinwen/2023-01/17/content_5737472.htm. (2024년 2월 15일 검색)

23　国家统计局, "2023年全国固定资产投资增长3.0%" https://www.stats.gov.cn/sj/zxfb/202401/t20240116_1946620.html. (2024년 3월 30일 검색)

24　中国政府网, "15年民間固定资产投资增长10.1%" https://www.gov.cn/zhuanti/2016-01/19/content_5034289.htm. (2024년 2월 15일 검색); 经济观察网, "2023年固定资产投资：民间投资占比降至50.4%" https://www.eeo.com.cn/2024/0306/642263.shtml. (2024년 3월 30일 검색)

25　PIIE, "Half a year into China's reopening after COVID, private economic activity remains weak" https://www.piie.com/blogs/realtime-economics/half-year-chinas-reopening-after-covid-private-economic-activity-remains. (2024년 2월 15일 검색)

한편으로, 상술한 '3개 레드라인'은 부동산 개발업자들의 기록적인 채무불이행을 야기하였고(Huang 2023),[27] 부동산 기업들의 침체와 채무불이행 등은 주택 건설의 둔화 및 미완공 주택의 증가를 초래하였다.[28] 또한, '3개 레드라인' 이후 부동산 분야의 침체는 가정의 부를 부동산의 형식으로 축적하였던 중산층의 자산 악화를 야기하였는데, 2022년 6월부터 2023년 6월까지 판데믹과 관련 없는 시위의 22.6%가 주택 구매자에 의해 발생한 것으로 지적되었다(Ong 2024). 이처럼 사영분야의 침체는 대대적인 실업 문제, 시위의 증가 등 사회적 혼란을 야기할 수 있는 잠재적 위험을 가지고 있는 것으로 볼 수 있는 것이었다.

한편으로 부동산 분야의 위축과 COVID-19의 경험 등은 소비자 심리 위축에 큰 역할을 초래하는 것으로 지적되었다. 2023년 중국의 부동산 개발 투자 금액은 11조 913억 위안으로 전년 대비 9.6% 감소하였는데, 그 중 주택 투자 금액은 8조 3,820억 위안으로 9.3% 감소하였던 것으로 집계되었다. 또한, 부동산 개발 기업의 주택(住宅) 시공 면적은 58억 9,884만㎡로 전년 대비 7.7% 감소하였으며, 주택의 신규 착공 면적은 9억 5,376만㎡로 20.9% 감소하였던 것으로 분석되었다. 또한, 주택 판매면적과 금액 역시 전년 대비 각각 8.2%, 6.0% 감소하였고, 미판매주택

26　Congressional Research Service, "China's Economy: Current Trends and Issues" https://crsreports.congress.gov/product/pdf/IF/IF11667. (2024년 2월 15일 검색). 2023년 7월 국가통계국은 2023년 상반기 청년 실업률을 21.3%로 발표하였으나, 2024년 1월에는 2023년 12월 기준 재학생을 포함하지 않는 청년 실업률을 14.9%로 집계, 발표하였다. 腾讯网, "国家统计局：去年不包含在校生的青年失业率为 14.9%" https://new.qq.com/rain/a/20240117A031AW00. (2024년 3월 15일 검색)

27　Reuters, "China property crisis enters dangerous next phase" https://www.reuters.com/breakingviews/china-property-crisis-enters-dangerous-next-phase-2022-07-14/. (2024년 2월 15일 검색)

28　KBS 뉴스, "中 부동산發 금융위기 오나…투신 소동에 시위까지" https://news.kbs.co.kr/news/pc/view/view.do?ncd=5527071. (2024년 2월 15일 검색)

의 면적은 22.2% 증가하는 등 부동산 시장의 위축은 지속되었다.[29] 2023년 양회 기간 주택과 도농건설부 부장(住房和城乡建设部部长) 니홍(倪虹)의 발언에 따르면 주택은 주민 재산의 60% 정도를 차지하는데,[30] 이러한 부동산 가격의 지속적 하락은 소비자의 부동산에 대한 지출의향 감소를 초래하여 소비 심리의 위축을 야기하는 것으로 지적되었다. 더 나아가 COVID-19를 대처하는 과정에서 중국 시민들은 강도 높은 봉쇄정책을 경험하였고, 이에 대한 보상이 부재한 상황 속에서 사회안전망이 빈약하다는 것을 인식하였는데, 이러한 경험 역시 중국 소비자의 신뢰를 감소시킨 것으로 풀이되었다.[31] 특히 2022년 4월 이후 중국의 소비자 신뢰지수는 100을 넘지 못하고 지속적으로 위축되어 있는 것으로 지적되었다(清华大学中国经济思想与实践研究院(ACCEPT)宏观预测课题组 2024).[32] 이러한 소비자의 지출 의향 감소에 따라 중국 가정의 예방적 성격을 가진 저축이 비약적으로 증가하였는데(依绍华 2023), 2020년부터 2024년 1월까지 중국 가정의 은행 저축 규모는 2009년부터 2019년까지의 저축 총액에 해당하는 58조 2,400억 위안에 달하게 되었다.[33] 이처럼 중국 소비자들은 소비를 위한 대출보다 저축을 더욱

---

29 国家统计局, "2023年全国房地产市场基本情况" https://www.stats.gov.cn/sj/zxfb/202401/t20240116_1946623.html. (2024년 3월 15일 검색)

30 中华人民共和国住房和城乡建设部, "住房和城乡建设部部长倪虹在2023年全国两会"部长通道"答记者问" https://www.mohurd.gov.cn/xinwen/jsyw/202303/20230307_770570.html. (2024년 3월 15일 검색)

31 Zurich Insurance, "China: Will the ailing economy be bolstered?" https://www.zurich.com/en/economics-and-markets/publications/topical-thoughts. (2024년 2월 15일 검색)

32 Al Jazeera, "Year of the Dragon: China faces critical moment in push to revive economy" https://www.aljazeera.com/economy/2024/2/19/year-of-the-dragon-china-faces-critical-moment-in-push-to-revive-economy. (2024년 3월 15일 검색)

33 搜狐网, "中国人四年存58.24万亿元！连曾经是"月光族"的年轻人也加入了"存钱大军"" https://www.sohu.com/a/759318379_121801928. (2024년 3월 15일 검색)

선호하게 되었는데, 소비가 생산의 근본적 목적이고 투자의 최종적 귀결점임을 감안할 때 소비 심리의 회복은 투자 활성화와 불가분의 관계에 있는 것으로 지적되었다(李佩珈 2024).

셋째, 시진핑 시기 기존 유지되던 발전과 성장 중시 방침에서 발전과 안보의 동등한 중시로의 전환이 야기되어 안보의 중요성이 더욱 강조되었는데(Wang 2023b; Greitens 2023),[34] 이는 중국 내 외자기업과의 관계에 큰 변화를 가져온 것으로 풀이된다. 2017년 중국이 미국의 GDP 60%를 넘어서는 등 중국의 부상이 가시화되는 상황이 되자 미국은 중국을 전략적 경쟁상대로 인식하게 되었고, 중국에 대한 압박을 전개하였다(伍山林·周瑞 2022; Wong 2023). 미중 간의 갈등과 미국의 중국에 대한 전방위적인 압박이 전개되자(张文宗 2023), 미중 간의 전략적 경쟁은 단순 경제를 넘어선 국가 안보 차원의 문제로 지적되었고(陈健·郭冠清 2023),[35] 이러한 맥락 속에서 '발전과 안보의 통합'이 2020년 19기 5중 전회(十九届五中全会)를 통해 전면적인 사회주의 현대화 국가 건설의 전략 지도 사상으로 삽입되는 등 발전과 안보 간 관계의 재조정

---

34 钟开斌(2022)에 따르면, 마오쩌둥 시기 중국 공산당은 냉전의 지속과 전쟁과 혁명을 시대의 주제로 인식함에 따라 외부위협에서 벗어나기 위한 생존형 발전을 추구하였으며, 1970년대 후반 국내외 형세의 변화 및 평화와 발전이 새로운 시대 주제로 강조됨에 따라 당과 국가의 업무 중점이 사회주의 현대화 건설로 전환되었다. 시진핑 시기 중국 공산당은 중국 특색의 신시대 진입과 세계의 백 년 동안 존재하지 않던 대변화의 국면을 경험하게 되면서 발전과 안보의 통합 고려를 강조하게 되었다.

35 2014년 4월 시진핑은 최초로 총체적 국가안보관(总体国家安全观)을 제시하는 맥락에서 발전 문제를 중시하고, 안보 문제도 중시해야 한다(既重視发展问题, 又重視安全问题)고 강조하였으며(李明洋·高英彤 2023), 2017년 2월 국가안전공작좌담회에서는 발전과 안보의 통합 견지(坚持统筹发展和安全)의 방침을 최초로 제시하였다. 더 나아가, 중국 공산당은 2017년 19차 당대회를 통해 발전과 안보의 통합, 우환의식(忧患意识) 강화와 안정적 시기에서도 잠재적 위험에 대한 대비(居安思危) 등을 당의 국가 거버넌스의 중요한 원칙으로 제시하였으며(陈向阳 2023), 20차 당대회는 당헌 수정을 통해 '발전과 안보의 통합'을 최초로 당헌에 삽입하였다(龚维斌 2022;钟开斌 2023).

이 발생하였다(陈始发·毕蕾 2023; Wong 2023).

2022년 20차 당대회는 '발전'에 대한 관심을 지속하는 한편, '안보'에 대한 언급을 크게 확대하여 중국 국가 전략적 측면에서 발전 중심에서 발전과 안보 동시 중시로의 전환이 발생하였음을 단적으로 보여주었다(赵可金 2023).[36] 또한, 시진핑은 2023년 3월 〈양회〉 기간 동안 민주건국회와 공상련계 위원들과의 연석회의에서 '미국 중심의 서방 국가의 중국에 대한 전방위적인 억제, 포위, 탄압'을 언급하여 중국의 발전이 전례없는 엄격한 도전에 직면하였음을 강조하였는데(Duchatel 2023),[37] 이러한 지도부의 국제정세에 대한 인식 및 발전과 안보의 동등한 중시는 중국 내에서 활동하는 외국기업에 대한 대대적인 규제를 야기한 것으로 풀이되었다(Greitens 2023).

안보에 대한 기조가 점차 강화되는 흐름 속에서 2023년 4월 제14기 전국인민대표대회 상무위원회 제2차 회의에서 수정되어 2023년 7월부터 시행된 〈중화인민공화국 반간첩법(中华人民共和国反间谍法, 이하 반간첩법)〉은 중국에 진출한 외국기업의 현지 경영에서 어려움을 더욱 가중시키게 되었다(Purbrick 2023). 특히 수정된 〈반간첩법〉은 제4조 2항을 통해 간첩조직에 참여하거나, 간첩조직 및 그 대리인의 업무를 받아들이는 경우, 혹은 간첩조직 및 그 대리인에게 의탁하는 것을 간첩행위로 규정하였고, 제4조 3항을 통해 간첩조직 및 그 대리인 이외의 기타 해외 기관, 조직, 또는 개인이 시행하거나 타인의 시행을 지시,

---

[36] 赵可金(2023)에 따르면, '발전'은 18차 당대회 보고에서 294회 언급된 이후 19차 당대회 보고에서 227회, 20차 당대회 보고에서 234회 언급 등으로 발언 빈도가 유지된 반면, '안보'에 대한 언급은 18차 당대회 보고에서 36회, 19차 당대회 보고에서 55회, 20차 당대회 보고에서 91회 언급되는 등 안보에 대한 언급은 크게 증가하여 안보에 대한 고려가 크게 확대되었음을 보여주었다.

[37] 中国政府网, "习近平看望参加政协会议的民建工商联界委员时强调: 正确引导民营经济健康发展高质量发展" https://www.gov.cn/xinwen/2023-03/06/content_5745092.htm. (2024년 2월 14일 검색)

자금 지원을 하는 경우, 혹은 국내 기관, 조직, 개인이 이와 결탁하여 국가 기밀, 정보, 기타 국가안전 및 이익과 관계된 문건, 데이터, 자료, 물품 등을 절취, 정탐, 매수하거나 불법적으로 제공하는 경우, 혹은 국가 직원의 반동적 활동을 책동, 유혹, 협박, 매수하는 경우를 간첩행위로 명시하였는데,[38] 이러한 광범위한 간첩행위 범위 규정은 투자를 위한 실사 조사 또는 시장 환경을 파악하기 위한 경제조사 등 중국에서 기업들이 수행하는 일상적인 활동들 역시 위법적인 행위로 간주될 수 있음을 시사하는 것이었다.[39]

이러한 흐름 속에서, 2023년 3월 미국의 민츠 그룹(Mintz Group) 현지 직원 5명 체포와 일본의 아스텔라스 제약(Astellas Pharma) 임직원 억류, 4월에는 컨설팅 기업 베인&컴퍼니(Bain&Company) 상하이 사무소 검열과 직원 심문 등이 발생하였고, 5월에는 캡비전(Capvision)의 일부 외국 정부, 군사 및 정보 기관과도 밀접하게 관련된 기업들을 포함한 중국에서 민감하게 간주되는 산업에 대한 컨설팅 프로젝트 다수 수주에 따른 규제가 보도되었다.[40] 이처럼 〈반간첩법〉의 수정 및

---

[38] 中国政府网, "中华人民共和国反间谍法" https://www.gov.cn/yaowen/2023-04/27/content_5753385.htm. (2024년 2월 13일 검색); Merics, "Amended anti-espionage law aims to curate China's own narrative" https://merics.org/en/comment/amended-anti-espionage-law-aims-curate-chinas-own-narrative. (2024년 3월 10일 검색)

[39] Crowell & Moring LLP, "China's Revised Counterespionage Law and Recent Actions Highlight Challenges for U.S. Companies Operating in China" https://www.crowell.com/en/insights/client-alerts/chinas-revised-counterespionage-law-and-recent-actions-highlight-challenges-for-us-companies-operating-in-china. (2024년 3월 10일 검색)

[40] Al Jazeera, "China probes Capvision in latest raid on foreign company" https://www.aljazeera.com/economy/2023/5/9/china-probes-global-consulting-firm-amid-security-crackdown. (2024년 3월 10일 검색); The Guardian, "China targets foreign consulting companies in anti-spying raids" https://www.theguardian.com/world/2023/may/09/china-targets-foreign-consulting-companies-in-anti-spying-raids. (2024년 3월 10일 검색); The Guardian, "China widens 'already

주요 기업들의 검열 등의 변화들은 외국기업들의 기업 일상 활동 수행에 대한 우려를 야기하게 되었으며, 외국기업들의 위축과 이탈 현상을 초래하였다.[41]

2023년 5월 IT 컨설팅 기관인 포레스터 리서치(Forrester Research)가 중국 사무소 폐쇄를 결정하였고, 중국에서 운영 확장을 고려하던 거슨 러먼 그룹(Gerson Lehrman Group)의 직원 해고가 발생하였으며, 11월에는 자산 관리 기업 뱅가드 그룹(Vanguard Group)과 여론 조사 기관 갤럽(Gallup)이 중국에서부터의 철수를 선언하였다.[42] 일련의 흐름 속에서 중국에 대한 외국기업의 직접 투자 감소와 투자 이탈 현상이 발견되었는데, 미중 간의 갈등 뿐만 아니라 외국 컨설팅 기업과 실사 기업의 폐쇄, 새로운 국가 안보 관련 법안과 해외로의 데이터 유출 규제 등이 이에 영향을 미친 것으로 분석되었다.[43] 더 나아가 2024년

---

breathtaking' scope to arrest foreigners for espionage" https://www.theguardian.com/world/2023/apr/27/china-widens-already-breathtaking-scope-to-arrest-foreigners-for-espionage. (2024년 3월 10일 검색)

41　The Guardian, "Fears for people and firms as China's new anti-espionage law comes into effect" https://www.theguardian.com/world/2023/jun/30/fears-for-people-and-firms-as-chinas-new-anti-espionage-law-comes-into-effect. (2024년 3월 10일 검색); Atlantic Council, "China Pathfinder: Will sluggish growth trigger green shoots of reform?" https://www.atlanticcouncil.org/in-depth-research-reports/issue-brief/china-pathfinder-will-sluggish-growth-trigger-green-shoots-of-reform/. (2024년 3월 10일 검색). 한편으로 2023년 8월 중국 당국은 외국 기업으로부터의 투자 촉진을 위해 〈국무원의 진일보한 외상투자환경 개선과 외상투자 유치 역량 강화에 관한 의견(國務院关于进一步优化外商投资环境加大吸引外商投资力度的意见)〉을 발표하였으나, 미중 간의 지정학적인 갈등, 당국의 안보 중시 방침 지속, 반간첩 관련 수단의 유지 등으로 인해 외국 투자자들의 중국에 대한 부정적 전망을 개선하기 어려운 것으로 지적되었다(Pei 2023).

42　Voice of America, "China's Crackdown on Foreign Firms Has Increased Uncertainty" https://www.voanews.com/a/china-s-crackdown-on-foreign-firms-has-increased-uncertainty-/7403621.html. (2024년 3월 10일 검색)

43　Peterson Institute for International Economics, "Foreign direct investment is exiting China, new data show" https://www.piie.com/blogs/realtime-economics/foreign-direct-investment-exiting-china-new-data-show. (2024년 3월 10일

2월에는 〈중화인민공화국 국가기밀보호법(中华人民共和国保守国家秘密法)〉이 수정되었는데,[44] 이는 외국기업의 중국에서의 경영활동에 더 큰 불확실성을 초래할 우려가 있는 것으로 지적되었다.[45] 일부 선행연구들은 양질의 해외직접투자(FDI)가 자본 확보, 합리적 자원 배분, 현지 기업 혁신 추동, 지역 환경의 질적 개선 등 여러 가지 측면에서 고품질 발전에 긍정적인 효과를 미칠 수 있다고 지적한다(胡雪萍·许佩 2020; Li et al. 2021a). 이를 감안할 때, 외국기업의 중국 당국에 대한 불신과 그에 따른 이탈 현상은 사영분야의 고품질 발전을 저해할 수 있는 잠재적 요인으로 볼 수 있다.

한편으로 중국 공산당은 상술한 일련의 문제를 해결하고자 최근 다양한 방책을 제시하였다. 먼저, 대대적인 설비 갱신과 소비품목 이구환신(以旧换新)을 추진하였다.[46] 2024년 3월 국무원은 〈대규모 설비 갱신

검색)

[44] 中国政府网, "中华人民共和国保守国家秘密法" https://www.gov.cn/yaowen/liebiao/202402/content_6934648.htm. (2024년 3월 17일 검색)

[45] Reuters, "China broadens law on state security to include 'work secrets'" https://www.reuters.com/world/china/china-broadens-law-state-secrets-include-work-secrets-2024-02-28/. (2024년 3월 17일 검색); CNBC, "China doubles down on national security, expanding its state secrets law" https://www.cnbc.com/2024/02/28/china-doubles-down-on-national-security-expanding-its-state-secrets-law.html. (2024년 3월 17일 검색). 한편으로 2024년 3월에는 "〈데이터의 해외 유동 촉진과 규범 규정(促进和规范数据跨境流动规定, 이하 규정)〉을 발표하여 국제 무역, 국제운송, 학술협력, 다국적 생산과 마케팅 등의 활동에서 수집, 생산된 데이터의 해외 제공 허용과 개인 데이터 및 중요 데이터를 포함하지 않는 경우 데이터의 해외 반출시 안전 평가를 신고할 필요가 없다고 명시하여 외자 기업의 우려를 해소하고자 하였으나, 〈규정〉에서 제시한 '중요 데이터'가 무엇인지 구체적으로 명시되지 않는 모호한 성격이 문제로 지적되었다. 中央网络安全和信息化委员会办公室, 促进和规范数据跨境流动规定" https://www.cac.gov.cn/2024-03/22/c_1712776611775634.htm. (2024년 3월 25일 검색); 연합뉴스 "中, 데이터 해외 전송 규제 완화…'외국기업 투자 견인 총력전'" https://www.yna.co.kr/view/AKR20240324025200083?section=international/china. (2024년 3월 25일 검색).

[46] 2024년 2월 중앙재경위원회 제4차회의(中央财经委员会第四次会议)에서 대규모 설비의 갱신과 소비품목의 이구환신 문제 및 전사회 물류 비용 감소 등의 문제를

과 소비품목 이구환신 추진 행동 방안(推动大规模设备更新和消费品以旧换新行动方案)〉을 발표하여 중점 업종의 설비 갱신, 건축과 도시 인프라 영역의 설비 갱신, 교통운송 설비와 노후 농기계 갱신, 교육과 문화여행, 의료 설비 수준의 제고 등의 설비 갱신 행동 방침을 제시하는 한편, 자동차 및 가전제품의 이구환신과 주택 인테리어 소비품의 교체 등의 소비품목 이구환신 행동 방침을 천명하였는데,[47] 이는 생산설비와 소비품목의 수요 확대 및 소비 증가의 추진, 설비의 대규모 갱신을 통한 제조업의 첨단화, 스마트화, 친환경화, 디지털화 추세 적응, 설비갱신과 이구환신을 통한 시장용량과 공간 확대를 통한 신품질 생산력의 육성 등을 도모한 것으로 지적되었다.[48]

또한, 2024년 2월 사법부(司法部), 국가발전개혁위원회(国家发展改革委), 전국인민대표대회 상무위원회 법제공작위원회(全国人大常委会法工委)는 공동으로 민영경제촉진법 입법좌담회(民营经济促进法立法座谈会)를 개최하여 〈민영경제촉진법(民营经济促进法)〉의 초안 작성 작업이 이미 시작되었음을 언급하였는데, 실용적이고, 유용하며, 운용성 높은 법안의 제정을 통한 민영경제의 건강한 발전 촉진, 더 나은 시장화·법치화·세계화 경영환경 조성, 고품질 발전의 착실한 추진과 중국식 현대화 건설을 위한 법치 보장의 제공 등을 천명하였다.[49] 〈민영경제촉진법〉

논의하였는데, 해당 회의에서 시진핑은 제품의 세대 교체가 고품질 발전의 중요 조치임을 지적하고, 새로운 대규모의 설비 갱신과 소비품목 이구환신의 격려와 인도를 강조하였다. 中国政府网, "习近平主持召开中央财经委员会第四次会议强调：推动新一轮大规模设备更新和消费品以旧换新 有效降低全社会物流成本" https://www.gov.cn/yaowen/liebiao/202402/content_6933834.htm. (2024년 3월 17일 검색)

47 中国政府网, "国务院关于印发《推动大规模设备更新和消费品以旧换新行动方案》的通知" https://www.gov.cn/zhengce/content/202403/content_6939232.htm. (2024년 3월 17일 검색)

48 搜狐网, "新一轮"以旧换新"政策背后有何含义？专家解读" https://www.sohu.com/a/761506129_162522. (2024년 4월 4일 검색)

의 제정을 통해 사영분야 발전 촉진의 법치 보장 제공과 민간투자를 위한 안정성 및 예측 가능성 있는 제도 환경을 구축, 사영기업이 안심하고 투자할 수 있는 제도 환경의 개선을 추진한다는 복안이었다.[50]

더 나아가 국무원 판공청은 〈높은 수준 대외개방의 착실한 추진 및 외자 유치와 이용의 역량 확대 행동 방안(扎实推进高水平对外开放更大力度吸引和利用外资行动方案)〉을 발표하였다. 이를 통해 시장진입 확대와 외상투자 자유화 수준 제고, 정책 역량 강화와 외상투자의 매력 제고, 공평 경쟁 환경 개선과 외상투자기업 서비스 개선, 혁신요소 유동성 강화와 국내기업과의 혁신 협력 촉진, 국내규제 개선과 높은 국제 수준의 경제무역 규칙과의 연결 강화 등 외자기업의 경영환경 개선을 위한 방책을 포괄하는 내용이 제시되었다.[51] 또한, 국가 최고지도자 시진핑은 미국 공상계 및 전략학술계 대표(美国工商界和战略学术界代表)와의 집단 회견을 통해 '시장화, 법치화, 국제화 일류 경영환경의 지속적 건설과 미국기업을 포함한 각국 기업에게 더 광활한 발전 공간의 제공' 등을 천명하여 외국기업들의 적극적인 투자를 호소하는 모습을 보여주었다.[52] 다만, 이러한 일련의 대응들이 실제 외자기업의 불신 해

49　中华人民共和国司法部, "司法部：民营经济促进法起草工作已经启动" https://www.moj.gov.cn/pub/sfbgw/fzgz/fzgzxzlf/fzgzlfgz/202402/t20240223_494916.html. (2024년 4월 4일 검색)

50　新浪网, "国家发改委研究起草民营经济促进法" https://finance.sina.cn/2024-03-21/detail-inapaxhm4846833.d.html?vt=4. (2024년 4월 4일 검색)

51　中国政府网, "国务院办公厅关于印发《扎实推进高水平对外开放更大力度吸引和利用外资行动方案》的通知" https://www.gov.cn/zhengce/content/202403/content_6940154.htm. (2024년 4월 4일 검색)

52　中国政府网, "习近平会见美国工商界和战略学术界代表" https://www.gov.cn/yaowen/liebiao/202403/content_6941869.htm. (2024년 4월 4일 검색). 한편으로 2023년 3월 중국 고위당국자들은 국가발전포럼(中国发展高层论坛), 보아오포럼(博鳌亚洲论坛) 등을 통해 중국으로의 외국자본의 투자 유치를 위해 적극적으로 노력하는 모습을 보여주었다. 연합뉴스, "中 "외국기업, 평등한 대우 보장"…외자 이탈 방지에 안간힘" https://www.yna.co.kr/view/AKR20240325116200009. (2024년 4월 6일

소와 적극적인 투자유치로 이어질 수 있을지 추후 향배를 주시할 필요가 있을 것으로 사료된다.[53]

이처럼 2021년을 전후하여 인터넷 플랫폼 영역, 부동산 영역, 사교육 영역 등 다양한 영역에서 사영기업들은 당국의 대대적인 규제를 경험하게 되었으며, 이는 사영분야의 투자 감소 등 위축 현상을 발생시키게 되었다. 한편으로 사영분야의 어려움 가중은 청년층 일자리 문제 및 부동산을 둘러싼 시위 증가 등 사회적 혼란을 야기할 수 있는 잠재력을 가진 것으로 지적되었고, 부동산 영역의 위축과 COVID-19 등을 경험하면서 소비자의 심리적 위축과 저축 증가 등의 현상이 발생하게 되었다. 그 외에도, 발전과 안보의 동등한 중시가 강조되는 맥락 속에서 외자기업들에 대한 정책의 변화는 외자기업의 대대적인 이탈을 초래하였던 것으로 풀이된다. 이러한 사영기업 어려움 가중, 소비자의 심리적 위축, 외자기업의 이탈 등의 현상에 대응하고자, 당국은 대대적인 설비갱신과 소비품목 이구환신, 민영경제촉진법의 법안 작성 추진, 외자기업의 투자유치를 위한 정책과 국가지도부의 직접적인 외자기업 만남 등을 전개하였다. 다만, 상술한 대응이 중국의 사영기업과 소비자의 심리적 위축 해소와 외자기업의 적극적인 중국 투자 등으로 이어지게 될지는 추후 경과를 지켜볼 필요가 있을 것으로 보인다.

검색); 연합뉴스 "마음 급한 中, 시진핑 이어 서열 3위도 "中에 투자해달라" 호소" https://www.yna.co.kr/view/AKR20240328154100083. (2024년 4월 6일 검색)

53 CNBC, "China's Xi meets American CEOs in bid to boost confidence in ailing economy" https://www.nbcnews.com/news/world/china-xi-jinping-economy-american-business-apple-blackstone-great-hall-rcna145231. (2024년 4월 5일 검색)

Ⅳ. 결론

중국 공산당은 20차 당대회 이후 '두 가지 흔들림 없음'의 맥락 속에서의 사영분야에 대한 격려, 지지, 인도 방침의 되풀이, 사영분야에 대한 '세 가지 변화 없음' 및 '우리편' 언사의 강조, 사영분야 당조직 건설에 대한 방침 등을 통해 사영분야에 대한 적극적인 육성의 기조가 지속되고 있음을 내포하였다. 또한, 20차 당대회 이후 고품질 발전의 중요성 증가와 최근 신품질 생산력에 대한 당국의 강조는 질적 성장의 주요 역량인 사영분야의 향후 발전 전망에 긍정적으로 작용할 수 있는 요인으로 간주될 수 있을 것으로 보인다.

그렇지만, 최근 인터넷 플랫폼, 부동산, 사교육 등 다양한 분야의 사영기업들의 규제에 의한 사영기업 어려움 가중과 사회적 여파의 발생, 부동산 분야의 침체와 COVID-19 경험 속에서 나타난 소비자 심리 위축 현상, 발전과 안보의 동등한 중시 속에서의 안보 중요성 강화와 외자기업들과의 관계 변화 및 그에 따른 외자기업의 대대적 이탈 현상 등은 최근 사영분야의 성장과 발전에 어려움을 야기하는 요인으로 이해될 수 있을 것으로 보인다.

다만, 이에 대해서 중국 당국은 대규모 설비 갱신과 소비품목 이구환신, 민영경제촉진법 등의 법안 제정 추진, 외국기업 투자유치를 위한 정책 제시 및 국가지도부의 관련 인사 접견 등 다양한 방식으로 난국을 타개하고자 노력하고 있는 것으로 풀이된다. 이러한 노력들이 향후 얼마나 유의미한 전환점으로 작용할 수 있을지는 추후 추이를 주시하면서 검토해야 할 과제로 사료된다.

8장

20기 3중전회와 사영분야 정책

I. 서론

2024년 7월 중국 공산당 제20기 중앙위원회 제3차 전체회의(中国共产党第二十届中央委员会第三次全体会, 이하 20기 3중전회(二十届三中全会))가 개최되었다. 20기 3중전회는 〈중공중앙의 진일보한 전면 심화개혁과 중국식현대화 추진에 관한 결정(中共中央关于进一步全面深化改革、推进中国式现代化的决定, 이하 결정)〉을 통과하였는데,[1] 〈결정〉은 2035년 사회주의 현대화 기본실현의 목표 하에, 중화인민공화국 설립 80주년인 향후 5년간의 주요 개혁 조치를 15개 부분, 60개 항목에 걸쳐 제시하였다.[2]

개혁기 주요 3중전회(三中全会)는 중국의 개혁개방에 매우 중요한 역할을 수행한 것으로 평가된다. 예를 들어, 국가 최고 지도자 시진핑

---

1   中国政府网, "中共中央关于进一步全面深化改革　推进中国式现代化的决定" https://www.gov.cn/zhengce/202407/content_6963770.htm. (2024년 7월 24일 검색)
2   中国政府网, "习近平：关于《中共中央关于进一步全面深化改革、推进中国式现代化的决定》的说明" https://www.gov.cn/yaowen/liebiao/202407/content_6963773.htm. (2024년 7월 24일 검색)

(习近平)은 '역대 3중전회가 연구하는 의제, 제시되는 결정, 채택하는 조치, 발산하는 신호는 새로운 중앙지도부의 정책 방향과 업무 중점을 판단하는 중요 의거가 되며, 향후 5-10년의 업무에 대하여 중요한 의미를 지닌다'고 발언하여 3중전회가 중국의 발전과정에 차지하는 중요성을 직접 언급한 바 있다(郑吉伟 2024).[3] 이러한 맥락에서, 개혁기 주요 3중전회를 둘러싼 다양한 연구들이 제시되었다.[4]

또한, 개혁기 주요 3중전회에서 제시된 다양한 정책들은 중국의 사영분야의 성장과 발전에도 매우 중요한 영향을 미치는 것으로 지적되었다. 예를 들어, 1978년 12월 11기 3중전회는 '인민공사 사원의 자류지(自留地), 가정 부업과 자유시장 거래(集市贸易)는 사회주의 경제의 필요한 보충 요소'임을 명시하여 농촌에서 개체경제(个体经济)가 새로운 활력을 얻는 돌파구로 작용하게 되었던 것으로 평가되며(石云鸣·姚桓 2024), 1984년 10월 12기 3중전회(十二届三中全会)에서 통과된 〈중공중앙의 경제체제 개혁에 관한 결정(中共中央关于经济体制改革的决定)〉은 다양한 소유제 형식과 경영방식의 적극 발전과 이에 대한 법적 보호의 중요성을 강조하였던 것으로 지적되었다(高尚全 2013). 또한, 1993년

---

[3] 求是网, "关于《中共中央关于全面深化改革若干重大问题的决定》的说明" http://www.qstheory.cn/dukan/2020-06/04/c_1126073313.htm. (2024년 6월 26일 검색). 그 중에서도 개혁개방과 사회주의 현대화 건설의 역사적 신시기(新时期)의 시작을 알린 11기 3중전회(十一届三中全会)와 전면심화개혁(全面深化改革) 및 체계적인 전체 설계를 통한 개혁 추진의 신시대(新时代)를 개척하여 개혁개방의 새로운 국면을 맞이하게 된 18기 3중전회(十八届三中全会)는 시대를 구별짓는(划时代的) 회의로 풀이된다(沈传亮 2019; 戴焰军 2019; 장윤미 2020).

[4] 예를 들어, 개혁기 중국 공산당의 집단지도체제 교체기 3중전회의 의의와 성격을 고찰한 연구가 제시되는 한편(최경식 2015), 1978년 11기 3중전회의 역사적 전환점으로의 의의와 모호성의 문제(안치영 2008), 2008년 17기 3중전회에서 제시된 농촌개혁과 삼농문제(박광득 2008; 이종화 2009), 2013년 18기 3중전회를 중심으로 나타난 금융개혁(이연단 2014), 전면심화개혁 방침에서 제시된 시장의 결정적 역할에 대한 제도적 제한요인(여유경 2014), 농촌 토지제도의 문제점과 개혁 방향 (서석흥 2014) 등 다양한 연구들이 개혁기 주요 3중전회를 둘러싸고 수행되었다.

11월 14기 3중전회(十四届三中全会)에서 통과된 〈중공 중앙의 사회주의 시장경제 체제 건설의 약간 문제에 관한 결정(中共中央关于建立社会主义市场经济体制若干问题的决定)〉은 개체(个体), 사영(私营), 대외무역경제(外贸经济)의 발전 격려 및 법에 의거한 관리 강화를 강조하였고(郭朝先 2008), 국가의 각종 소유제 경제의 평등한 시장경제 참여를 위한 조건 창조 및 각종 유형 기업에 대한 동등한 대우(一视同仁)를 명시하였다(徐亚娜 2010; 熊辉 等 2013). 그 외에도 2003년 10월 16기 3중전회(十六届三中全会)에서 통과된 〈중공중앙의 사회주의 시장경제체제 완비의 약간 문제에 관한 결정(中共中央关于完善社会主义市场经济体制若干问题的决定)〉은 개체, 사영 등 비공유제 경제가 중국 사회 생산력 발전의 중요 역량임을 천명하는 한편(陈阳 2009), 사유재산권의 보호와 사영분야 발전 촉진에 유리한 현대 재산권 제도 수립을 강조하였다(张厚义·刘平青 2003; 王拴乾 2003). 더 나아가, 2013년 11월의 18기 3중전회는 공유제 경제와 비공유제 경제는 모두 사회주의 시장경제의 중요구성요소(重要组成部分)이며, 모두 중국의 경제사회 발전의 중요 기초(重要基础)임을 최초로 명시하였으며(董珊珊 2014; 郑默杰 2013), 권리평등(权利平等), 기회평등(机会平等), 규칙평등(规则平等)의 견지와 사영분야에 대한 각종 형식의 불합리한 규정 철폐, 각종 음성적 장벽의 해소 등이 제시되어 사영분야 발전의 공평한 경쟁환경의 조성을 강조하였다(祝远娟 2014; 李连仲 2014; 周戎 等 2022). 이처럼 개혁기 주요 3중전회를 통해서 사영분야의 발전을 위한 다양한 정책이 제시되었던 것이다.

이러한 맥락에서 본문은 20기 3중전회를 통해 제시된 사영분야 관련 정책들을 검토하여 이하와 같은 질문들을 연구질문을 제시한다. 첫째, 20기 3중전회에 나타난 사영분야 주요 방침들은 무엇이며, 어떠한 특징을 지니는가? 둘째, 사영분야의 육성을 위해서는 어떠한 방침들이 제시되었으며, 그 의의는 무엇인가? 셋째, 사영분야의 영도를 위해서는 어떠한 방침들이 명시되었으며, 이는 어떠한 함의를 가지고 있는가? 끝으로, 이를 통해서 볼 때, 20기 3중전회를 통해 제시된 사영분야 관련 정책의 방향성은 어떠한 특징을 가지고 있으며, 어떠한 과제를 가지고 있다고 볼 수 있는가?

이를 통해 본문은 이하의 내용을 주장한다. 첫째, 20기 3중전회를 통해 중국 공산당은 사영분야에 대한 적극적인 육성의 의지를 보여주었다. 구체적으로 중국 공산당은 '두 가지 흔들림 없음'에 대한 재천명과 사영분야에 대한 공평한 대우 및 재산권과 합법적 권익의 보호를 강조하였으며, 사영분야 발전에 양호한 환경 조성과 기회 제공을 언명하는 한편, 고품질 발전과 신품질 생산력을 강조하여 해당 영역에서의 사영분야의 중요성을 강조하였다. 둘째, 한편으로 당국의 사영분야에 대한 적극적 영도의 방침이 제시되었다. 구체적으로 사영분야에 대한 정치사상적 영도의 맥락이 내포되는 '두 가지 건강'과 기업가정신의 발양이 명시되었고, '친밀하고 청렴한 정부-기업가 관계'가 강조되어 정부와 기업가 간의 상호작용에 대한 당국의 영도가 지속됨을 시사하였으며, 사영기업의 거버넌스에 대한 당국의 영향력 확대가 내포되는 등 사영분야에 대한 당국의 적극적 영도가 전개될 수 있음을 보여주었다. 셋째, 이처럼 20기 3중전회를 통해 나타난 사영분야 관련 정책은 사영분야에 대한 적극적 육성과 영도의 강조라는 측면이 동시에 나타나는데, 육성과 영도 중 향후 어느 방향이 더욱 중시될 것인가, 그리고 20기 3중전회에서 나타난 방침들이 추후 얼마나 일관성있게 전개될 것인가 등은 향후 추이를 지켜보아야 할 과제로 사료된다.

II. 20기 3중전회에서 나타난 사영분야 육성 방침

20기 3중전회를 통해 당국은 사영분야에 대한 적극적 육성의 의지를 보여주는 다양한 방침들을 제시하였다. 구체적으로 이는 두 가지 흔들림 없음의 기조 유지와 사영분야에 대한 공평한 대우 및 합법적 권익의 강조, 사영분야의 발전에 양호한 환경 조성과 기회 제공, 고품질 발전과 신품질 생산력의 강조 속에서 관련 영역의 사영분야에 대한 중요성 시사 등으로 볼 수 있다. 첫째, 20기 3중전회를 통해 '두 가지 흔들림 없음'의 방침이 다시 강조되었다. 구체적으로 〈결정〉은 제5항에서 '흔들림 없는 비공유제 경제 발전의 격려, 지지, 인도'를 명시하여 기존 사영분야에 유지되던 방침에 대한 되풀이를 통해 사영분야에 대한 적극적 육성의 방침이 지속될 것임을 시사하였다. 또한, 해당 항목에서 제시된 '각종 소유제 경제에 대한 법에 의거한 평등한 생산요소의 사용, 공평한 시장 경쟁의 참여, 동등한 법률 보호'의 방침 역시 앞에서 살펴본 바와 같이 기존 18차 당대회에서 강조된 내용으로, 사영분야에 대한 공평한 대우의 방침이 지속성을 가짐을 알 수 있다. 이처럼 사영분야에 대한 적극적인 격려, 지지, 인도의 방침이 시진핑 시기 지속성을 가지고 있고, 향후에도 지속성을 가질 것임이 재천명된 것이다.

한편으로, 시장경제 기초 제도 완비 방침 속에서 재산권 및 합법적 권리에 대한 보호가 강조되었다. 구체적으로, 〈결정〉에서는 법에 의거한 평등한 각종 소유제 경제의 평등한 재산권 보호가 천명되는 한편, 각종 소유제 경제의 재산권과 합법적 이익 침해 행위에 대한 동등한 책임과 처벌이 명시되었으며, 재산권의 집법과 사법 보호 강화와 행정 및 형사수단을 통한 경제 분쟁 개입 방지, 기업가의 억울한 판결에 대한 법에 의거한 선별 및 교정 기제 개선 등을 제시하였다. 이는 20차 당대회와 2023년 7월의 〈중공중앙과 국무원의 민영경제 발전 장대 촉진에 관한 의견(中共中央 国务院关于促进民营经济发展壮大的意见)〉에서 제시된 '법에 의거한 사영기업의 재산권 보호와 기업가의 합법적 권익 보호' 흐름의 연장선상에서 제시된 맥락으로 판단된다.[5] 요컨대, 20기 3중전회는 과거부터 유지된 '두 가지 흔들림 없음'의 기조 하에서 사영분야에 대한 격려, 지지, 인도의 방침이 지속될 것임을 강조하였던 것이다. 이러한 맥락 속에서 사영분야에 대한 공평한 대우가 강조되었으며, 20차 당대회를 통해 강조된 재산권과 합법적 권익에 대한 보호의 방침이 되풀이되어 이에 대한 당국의 강력한 의지를 단적으로 보여준 것으로 사료된다.

둘째, 사영분야 발전을 위한 양호한 환경 및 더 많은 기회 제공의 방침과 정책 견지가 제시되었다. 이는 시진핑 시기 지속적으로 강조된 민영기업 발전 환경 개선의 연장선상에 있는 것으로 풀이된다.[6] 먼저, 민영경제촉진법(民营经济促进法)의 제정이 예고되었다.[7] 이는 민영경제

---

[5] 中国政府网, "习近平：高举中国特色社会主义伟大旗帜 为全面建设社会主义现代化国家而团结奋斗——在中国共产党第二十次全国代表大会上的报告" https://www.gov.cn/xinwen/2022-10/25/content_5721685.htm. (2024년 7월 24일 검색); 中国政府网, "中共中央 国务院关于促进民营经济发展壮大的意见" https://www.gov.cn/zhengce/202307/content_6893055.htm. (2024년 7월 24일 검색)

[6] 예를 들어 당국은 2019년 9월 〈중공중앙과 국무원의 더 나은 환경 조성과 민영기업 개혁발전 지지에 관한 의견(中共中央国务院关于营造更好发展环境支持民营企业改革发展的意见)〉을 발표하였고, 2020년 10월에는 국가발전개혁위원회 등 6개 부문이 공동으로 〈민영기업 개혁발전과 전환 업그레이드 가속화 지지에 관한 시행 의견(关于支持民营企业加快改革发展与转型升级的实施意见)〉을 제시하는 한편, 2020년 1월부터 〈경영환경 개선 조례(优化营商环境条例)〉를 시행하였다(王欣 2022). 더 나아가, 20차 당대회는 '민영기업 발전환경 개선'을 언명하였고, 2023년 7월 〈민영경제 발전 장대 촉진에 관한 의견〉은 안정적이고 평등하며, 투명하고 예측 가능한 발전 환경의 지속적 개선을 명시하였다(许英杰·袁东明 2024). 이처럼 시진핑 시기 경영환경 개선에 대한 당국의 노력은 지속되었다.

[7] 이에 따라, 2024년 10월 〈중화인민공화국 민영경제촉진법(초안 의견 청취)(中华人民共和国民营经济促进法(草案征求意见稿))〉가 공개되어 2024년 11월 8일까지 중국의 각계각층으로부터의 의견 청취를 전개하였다. 中华人民共和国司法部, "司法部 国家发展改革委关于《中华人民共和国民营经济促进法(草案征求意见稿)》公开征求意见的通知" https://www.moj.gov.cn/pub/sfbgw/lfyjzj/lflfyjzj/202410/t20241010_5

가 50% 이상의 세수, 60% 이상의 GDP, 70% 이상의 기술 혁신, 80% 이상의 도시 노동 취업, 90% 이상의 기업 수를 차지할 정도로 크게 성장하였지만, 이에 대한 법치 보장의 미비 문제로 인한 민영경제 관련 전문 법안의 필요성 때문으로 볼 수 있다.[8] 또한, 사영분야에 대한 개방 영역 확대의 방침이 제시되었다. 〈결정〉은 인프라 관련 경쟁적 영역의 개방을 천명하는 한편, 민영기업의 국가 중대 건설 프로젝트 참여 및 국가 주요 기술 관련 임무 참여에 대한 지지의 입장을 보여주었다. 이는 향후 인프라 및 국가의 주요 사업에서 사영 분야의 활동 반경이 더욱 확대될 가능성을 시사하는 것으로 이해된다. 더 나아가, 〈결정〉은 융자지원 정책 완비를 통한 사영분야의 융자난(融资难), 융자귀(融资贵) 현상 해소, 민영기업 신용 종합평가 체계의 수립과 중소 민영기업 신용 강화 시스템 개선 등을 통한 민영기업의 어려움 해소의 방침을 제시하였다.[9] 이처럼 〈결정〉은 사영분야 발전을 위한 경영환경 개선과 더 많은

07325.html (2024년 11월 7일 검색)

8   21经济网, "民营经济促进法起草工作启动 产权保护、公平竞争成关注重点" https://www.21jingji.com/article/20240224/herald/5e3bd0d77682027880776a9ed01977fc.html. (2024년 7월 24일 검색)

9   중국의 금융기관은 국유기업을 더 선호하였는데(袁莉 2024), 이는 국유기업이 궁극적으로 정부 소유이며 당국의 정책 달성에 관련된 경우가 많기 때문에 채무 불이행 가능성이 더 낮다고 인식되지만, 사영기업은 국유기업 대비 규모가 작고 수출에 더 의존적이기 때문에 국제 무역의 침체에 더 많은 문제점을 노출할 수 있기 때문이다(Bunny 2020). 이러한 맥락에서 중국의 중소 사영기업은 국유기업보다 금융기관의 더 엄격한 융자조건과 더 높은 융자 비용에 직면하는 경우가 빈번하였다(徐政 等 2024). 사영분야의 융자지원 문제를 해소하고자, 2023년 11월 중국인민은행, 금융감독총국, 증권감독관리위원회, 국가외환국, 국가발전개혁위원회, 공업정보화부, 재정부, 중화 전국공상업연합회(工商联) 등 8개 부처는 공동으로 〈민영 경제 발전 장대 지원의 금융지지 조치 강화에 관한 통지(关于强化金融支持举措助力民营经济发展壮大的通知)〉를 발표하여 금융기관의 사영분야에 대한 동등대우(一视同仁)와 사영분야의 경제사회 발전 공헌에 상응하는 금융의 사영분야 지지를 강조하였다. 그에 따라 금융기관의 사영분야에 대한 금융지원은 크게 증가하였다. 중국인민은행에 따르면, 2024년 3월 민영경제 대출(民营经济贷款) 잔액은 작년 동기 대비 10.7% 증가하였고, 전체 대출에서 차지하는 비중은 작년 동기 대비 0.4% 상승하였다. 또한 포용적 소형기업 대출(普惠小微贷款) 잔액 20.3% 증가, 지원받은 소형기업

기회 제공을 위해 민영경제 전문 법안의 제정을 통한 사영분야 법치 보장 강화, 사영분야에 대한 개방 영역의 확대, 융자지원 개선을 통한 사영분야의 어려움 해소를 모색하였던 것으로 볼 수 있다.

셋째, 사회주의 현대화 국가 전면 건설의 가장 중요한 임무로 고품질 발전(高质量发展)이 재천명되었으며,[10] 지역의 현지 상황에 부합하는 신품질 생산력(新质生产力) 발전 체제 기제 개선이 강조되었다.[11] 이러한 고품질 발전 및 신품질 생산력에 대한 강조는 사영분야의 발전에 긍정

의 수 7.5% 증가 등 민영기업과 소형기업에 대한 금융 서비스 개선의 노력이 전개되었다. 中国政府网, "中国人民银行 金融监管总局 中国证监会 国家外汇局 国家发展改革委 工业和信息化部 财政部 全国工商联关于强化金融支持举措 助力民营经济发展壮大的通知" https://www.gov.cn/zhengce/zhengceku/202311/content_6917272.htm. (2024년 7월 24일 검색); 中国人民银行, "中国货币政策执行报告" http://www.pbc.gov.cn/zhengcehuobisi/125207/125227/125957/5347949/5347944/20240511 09091110942.pdf. (2024년 7월 24일 검색)

10 7장에서 살펴본 바와 같이, 중국 공산당은 19차 당대회를 통해서 중국이 고속성장 단계에서 고품질 발전의 단계로 진입하였음을 선언하였고, 20차 당대회를 통해서 고품질 발전을 사회주의 현대화 국가 전면 건설의 최우선 과제로 제시하였다. 더 나아가 2023년 12월 중앙경제공작회의(中央经济工作会议)와 2024년 1월 중공중앙 정치국 제11차 집체학습(中共中央政治局第十一次集体学习)에서 시진핑은 고품질 발전을 신시대의 확실한 도리(硬道理)로 삼을 것을 강조하였다. 求是网, "发展新质生产力是推动高质量发展的内在要求和重要着力点" http://www.qstheory.cn/dukan/qs/2024-05/31/c_1130154174.htm. (2024년 7월 24일 검색); 光明网, "把坚持高质量发展作为新时代的硬道理" https://theory.gmw.cn/2024-02/29/content_37173611.htm. (2024년 7월 24일 검색); 人民网, "中央经济工作会议在北京举行 习近平发表重要讲话" http://politics.people.com.cn/n1/2023/1212/c1024-40137394.html. (2024년 7월 24일 검색); 中国政府网, "习近平在中共中央政治局第十一次集体学习时强调：加快发展新质生产力 扎实推进高质量发展" https://www.gov.cn/yaowen/liebiao/202402/content_6929446.htm. (2024년 7월 24일 검색)

11 7장에서 살펴본 바와 같이 신품질 생산력은 2023년 9월 헤이룽장(黑龙江)성을 시찰하면서 '과학기술 혁신자원 통합, 전략성 신흥산업(战略性新兴产业)과 미래산업(未来产业) 발전 인도, 신품질 생산력의 신속한 형성'을 언급하면서 최초로 제시한 개념이다(曾宪奎 2024; 程名望·常臻 2024). 시진핑은 2023년 12월 중앙경제공작회의에서 '파괴적 기술과 최첨단 기술을 통한 신산업, 신모델, 신동력의 촉진과 신품질 생산력 발전'을 언급하여 신품질 생산력의 지위와 가치를 제시하였으며(保虎 2024), 2024년 3월 양회 기간 동안 현지 상황에 부합하는 신품질 생산력 발전을 강조하였다. 이에 대해서는 7장의 논의를 참조.

적인 요인으로 작용될 수 있을 것으로 풀이된다. 2023년 7월 〈중공중앙과 국무원의 민영경제 발전 장대 촉진에 관한 의견〉은 민영기업을 중국식 현대화의 신진세력(生力军)이자 고품질 발전의 중요 기초(重要基础)로 공인하였으며,[12] 〈의견〉의 제16항 '과학기술 혁신능력 향상의 지지' 항목은 주요 산업 민영 과학기술 선도 기업(领军企业), 전정특신(专精特新) 중소기업,[13] 강한 혁신능력 보유 중소기업의 특성 산업 클러스터 육성, 민영기업의 기초적, 첨단적 연구와 성과 전환의 지지 등을 명시하여 사영분야의 고품질 발전을 위한 당국의 의지를 단적으로 보여주었다.[14]

한편으로, 2024년 1월 중앙정치국 제11차 집체학습에서 시진핑은 신품질 생산력의 발전은 고품질 발전 추동의 내재적 요구와 중요한 착력점(着力点)임을 천명하였으며, 신품질 생산력의 특징으로 혁신을 강조하였다.[15] 사영분야는 신품질 생산력 발전의 중요 역량으로 평가되는데(周文·张奕涵 2024), 중국의 사영분야는 R&D 투자와 연구개발 인력의 50% 이상, 기술 혁신 성과의 70% 이상, '전정특신' 소거인 기업의 80% 이상, 첨단기술 기업의 90% 이상을 차지하는 중국 과학기술 혁신의 중요 주체로 자리 잡았기 때문이다(梁雅楠 等 2024). 이처럼 높은 잠재력과 창의력을 가진 시장주체로써 사영분야는 과학기술 혁신과

12　中国政府网, "中共中央 国务院关于促进民营经济发展壮大的意见" https://www.gov.cn/zhengce/202307/content_6893055.htm. (2024년 7월 24일 검색)

13　전정특신 중소기업은 '전문화(专业化), 정교화(精细化), 특색화(特色化), 참신화(新颖化)'의 특징을 보유한 중소기업을 지칭한다. 搜狐网, "知识星球 | 读懂专精特新中小企业、专精特新"小巨人"企业、制造业单项冠军企业三类企业！" https://news.sohu.com/a/832877582_796223. (2024년 12월 5일 검색)

14　中国社会科学网, "新质生产力为民营经济高质量发展指明方向" https://www.cssn.cn/jjx/jjx_jjxp/202405/t20240514_5751063.shtml. (2024년 7월 24일 검색)

15　求是网, "发展新质生产力是推动高质量发展的内在要求和重要着力点" http://www.qstheory.cn/dukan/qs/2024-05/31/c_1130154174.htm. (2024년 7월 24일 검색).

산업 변혁 추동의 중요한 역량으로 이해되는데(江浩然 2023; 周文·何雨晴 2024), 2023년 3월 양회 기간 시진핑은 민주건국회와 공상련계 위원과의 만남에서 능력과 조건을 갖춘 민영기업의 자주 혁신 강화와 과학기술 자립 및 과학기술 성과 전환에서의 더 큰 역할 수행을 언명하였다.[16] 이러한 맥락에서 2024년 7월 20기 3중전회의 〈결정〉에서 제시된 기업의 과학기술 혁신 주체 지위 강화의 방침은 해당 분야의 사영기업들에게 더 많은 활동의 여지를 줄 수 있을 것으로 풀이된다.[17]

요컨대, 20기 3중전회의 〈결정〉은 사영분야의 적극 육성을 위한 일련의 정책을 제시하였다. 첫째, '두 가지 흔들림 없음'에 대한 재천명과 사영분야에 대한 공평한 대우 및 재산권과 합법적 권익의 강조가 되풀이되어 당국의 사영분야 육성에 대한 의지를 단적으로 보여주었다. 둘째, 〈결정〉을 통해 사영분야 발전을 위한 양호한 환경의 조성과 기회 제공의 방침이 제시되어 경영환경의 개선을 통해 사영분야를 육성하고자 하는 당국의 노력이 지속됨을 보여주었다. 셋째, 고품질 발전과 신품질 생산력의 발전을 강조하는 맥락에서 해당 영역에 종사하는 사영분야의 중요성이 다시 한번 부각되었다. 이러한 맥락에서 20기 3중전회의 〈결정〉은 사영분야의 적극적 육성에 대한 중국 공산당의 방침을 단적으로 보여주었다고 볼 수 있다.

---

16 新华网, "（两会受权发布）习近平在看望参加政协会议的民建工商联界委员时强调 正确引导民营经济健康发展高质量发展 王沪宁蔡奇丁薛祥参加看望和讨论" http://www.news.cn/politics/leaders/2023-03/06/c_1129417096.htm. (2024년 8월 7일 검색).

17 구체적으로 〈결정〉은 제14항의 '과학기술 체제 개혁 심화' 항목에서 기업의 과학기술 혁신 주체 지위 강화, 과학기술 선도 기업 육성의 기제 수립, 기업 주도의 산학연 융합 강화, 기업의 R&D 준비금 제도 건설, 국가 과학기술 핵심 임무에서 기업의 자발적 주도 또는 참여의 지지를 명시하는 한편, 전정특신 중소기업 발전 장대 촉진의 기제 수립 등을 제시하였다.

Ⅲ. 20기 3중전회에서 나타난 사영분야 영도 강화

그러나 이러한 육성의 방침은 당국의 사영기업가에 대한 적극적 영도 하에서 이루어질 것이 시사되었다. 첫째, 정치사상적 맥락 속에서 사영기업가에 대한 정치적 영도가 강조되었다. 먼저, 〈결정〉에서는 비공유제 경제의 건강한 발전과 비공유제 경제 인사의 건강한 성장 촉진의 업무 기제 개선을 명시하여 사영분야에 대한 '두 가지 건강'이 지속됨이 강조되었다.[18] 국가 최고지도자인 시진핑은 2015년 중앙통전공작회의(中央统战工作会议)에서 비공유제 경제의 건강한 발전과 비공유제 경제 인사의 건강한 성장은 중요한 경제 문제이자 중요한 정치문제임을 지적하였으며,[19] 건강한 비공유제 경제 발전의 전제(前提)는 비공유제 경제 인사의 건강한 성장이라는 점을 강조하였다.[20] 이에 대해서는 2장에서 살펴본 바 있다. '두 가지 건강'은 사람이 건강하지 못하면 경제

---

18 '두 가지 건강'은 '비공유제 경제의 건강한 발전과 비공유제 경제 인사의 건강한 성장'을 의미하는데, 1996년 당시 중앙통전부 부장(中央统战部部长) 왕자오궈(王兆国)가 '비공유제 경제 인사의 사상정치 업무를 잘 수행하는 것은 당의 경제체제 개혁의 위대한 전략적 사실에 직접 관계되며, 비공유제 경제의 건강한 발전과도 관계된다'고 언급하여 '비공유제의 건강한 발전'이 처음 제시되었으며, 2000년 장쩌민(江泽民)은 제19차 전국통전공작회의(全国统战工作会议)에서 공식적으로 비공유제 경제의 통전업무가 '비공유제 경제의 건강한 발전과 비공유제 경제 인사의 건강한 성장'에 착안되어야 함을 강조하면서 최초로 '두 가지 건강'이라는 용어가 제시되었다(陆聂海 2020). 西藏统一战线, ""两个健康"提法的由来, 你知道多少？" http://www.xztzb.cn/ziliao/1558337134923.shtml. (2024년 7월 24일 검색)

19 广西统一战线, "理论 | 王建均：牢牢把握做好新时代非公有制经济统战工作的主题" https://www.gxtzb.cn/tzll/dylt/202209/t20220930_13393.html. (2024년 7월 24일 검색)

20 또한, 직후 발표된 〈중국공산당 통일전선 공작조례(시행)(中国共产党统一战线工作条例(试行)〉를 통해서 '두 가지 건강'은 사영분야 경제 영역 통일전선 업무의 주제로 공식 확립되었다(陆聂海 2020). 中国政府网, "做好非公有制经济领域统战工作" https://www.gov.cn/xinwen/2015-09/07/content_2925865.htm. (2024년 7월 24일 검색); 广西统一战线, "理论 | 王建均：牢牢把握做好新时代非公有制经济统战工作的主题" https://www.gxtzb.cn/tzll/dylt/202209/t20220930_13393.html. (2024년 7월 24일 검색)

가 건강할 수 없다는 인식 속에서 사영기업가들에 대한 정치사상 업무의 중요성을 강조하는 논리로 풀이되는데(李小宁 2018), 사영기업가들의 '건강'은 공산당에 대한 충성을 의미하였으며, 사영기업가들의 건강한 발전은 당과 중앙 지도부에 대한 충성을 내포하는 것으로 지적되었다(Dotson 2020). 이러한 맥락에서 〈결정〉에서 제시된 '두 가지 건강'은 사영분야에 대한 공산당의 정치사상적 영도의 중요성과 사영기업가들의 당 지도부에 대한 충성을 강조하는 것으로 사료된다.

한편으로, 〈결정〉은 기업가정신의 발양(弘扬企业家精神)을 강조하였는데,[21] 시진핑 시기 당국이 강조하는 기업가정신은 애국경업(爱国敬业)과 준법준수 및 고난 분투의 정신, 혁신발전과 품질집중 및 탁월성 추구의 정신, 책임이행과 과감한 감당(敢于担当) 및 사회봉사의 정신 등의 3가지 층위로 구분되며(周如冰 2019; 冯小茫 2019), 기업가 개인과 기업의 개별적 이익 실현의 측면뿐 아니라, 개별 기업과 기업가 개인의 이익을 국가이익, 민족이익, 사회이익과 결부시키는 맥락을 강조한다는 특징이 있다(李晓 2020). 더 나아가 2020년 기업가 좌담회(企业家座谈会)에서 시진핑은 기업가정신을 강조하는 맥락에서 '우수한 기업가는 국가와 민족에 대하여 숭고한 사명감과 강한 책임감을 가져야 함'을 지적하는 한편, '기업의 발전을 국가의 번영, 민족의 흥성, 국민의 행복과 긴밀하게 결합시키고, 주도적으로 국가를 위해 책임을 지고, 국가의 걱정을 분담해야 함'을 강조하였다.[22] 이러한 측면에서 시진핑 시기 기

---

21 당국은 2017년 〈중공중앙과 국무원의 기업가의 건강한 성장 환경 조성과 기업가정신 발양 및 더 나은 기업가 역할 발휘에 관한 의견(中共中央国务院关于营造企业家健康成长环境弘扬优秀企业家精神更好发挥企业家作用的意见)〉을 통해 최초로 중앙 차원에서 최초로 기업가정신의 지위와 가치를 명시하였다(万长松·王朋媛 2022). 당국의 기업가정신에 대한 강조는 19차 당대회를 통해서 기업가정신의 자극과 보호(激发和保护企业家精神)로(孙桂生 等 2024), 20차 당대회에서는 기업가정신의 발양으로 명시되어 되풀이되었다(欧阳志政·刘安炉 2023; 白静 2023).
22 新华网, "（受权发布）习近平：在企业家座谈会上的讲话" http://www.xinhuanet.c

업가정신에 대한 강조는 애국주의적 정서의 고취를 통해 사영기업가의 국가에 대한 헌신과 순응을 강조하는 정치사상적 영향력 확대의 맥락을 지닌 것으로 이해할 수 있다.

둘째, 〈결정〉은 반부패적 맥락 속에서 정부 관료와 기업가 간의 청렴성과 동시에 긴밀한 관계의 형성을 중시한 '친밀하고 청렴한 정부-기업가 관계(亲清政商关系)'의 방침을 되풀이하여 사영기업과 지방 관료 간의 상호작용에 대한 당국의 영도가 지속될 것임을 시사하였다.[23] 그러나, 당국이 강조하는 정부 관료 개인과 기업가 개인 간의 친밀하고 청렴한 관계의 형성은 기층 차원에서 어려움을 야기한 것으로 보인다.[24] 특히, 강도 높은 반부패의 압박 속에서 정부 관료의 복지부동이나 기업

---

om/politics/2020-07/21/c_1126267575.htm. (2024년 8월 27일 검색)

[23] 개혁기 중국의 지방 정부는 경제활성화를 통한 지방 이익증가와 경제 발전을 추구하였고, 관료 개인 차원에서도 경제 성장을 통한 정치업적 및 개인의 사적 이익 추구를 도모하였다. 한편으로 사영기업가 입장에서도 기업의 성장과 발전을 위해 지방정부로부터 다양한 자원에 의존하였다(윤태희 2021, 58-59; 张国清 等 2016). 이러한 맥락에서 정부와 기업 간에는 밀접한 관계가 형성되었고, 정부-기업가 간의 밀접한 관계 속에서 부패 방지가 중요한 문제로 대두되었다(何晓斌 等 2020). 한편으로 시진핑 시기 강도 높은 반부패 활동이 전개되었고, 이러한 맥락에서 정부-기업가 관계에 대한 재조정이 추진되었다(聂辉华 2020; 黄少卿 等 2018). 특히 시진핑은 2016년 3월 전국정협 12기 4차회의(全国政协十二届四次会议)에서 최초로 신형(新型) 정부-기업가 관계를 친(亲), 청(清) 두 단어로 제시하였는데(潘玉娟, 2020; 付翠莲 2023), 이는 간부와 기업의 관계에서 친밀함과 청렴함을 통한 긍정적인 상호작용을 강조한 것으로 볼 수 있다(李其容 等 2024). 이러한 친밀하고 청렴한 정부-기업가 관계에 대한 방침은 19차 당대회에서 '친밀하고 청렴한 신형 정부-기업가 관계의 구성'으로 명시되었고(刘树升 2019), 20차 당대회를 통해서는 '친밀하고 청렴한 정부-기업가 관계의 전면 구성' 등으로 제시되어 시진핑 시기 정부-기업가 관계의 맥락에서 강조되는 중요한 원칙 중 하나로 이해된다(姜辉·许如宝 2023). 中国政府网, "习近平在看望参加政协会议的民建工商联委员时强调毫不动摇坚持我国基本经济制度推动各种所有制经济健康发展俞正声参加看望和讨论" https://www.gov.cn/xinwen/2016-03/04/content_5049192.htm. (2024년 7월 24일 검색)

[24] 腾讯网, "权利、空间、手段：企业面临的三大核心问题 | 独思录 x 郑永年" https://new.qq.com/rain/a/20240308A08AVY00. (2024년 8월 7일 검색); 中国纪检监察杂志, "政商如何走向"亲""清"" https://zgjjjc.ccdi.gov.cn/bqml/bqxx/202112/t20211201_255431.html. (2024년 8월 7일 검색)

가의 어려움 외면(清而不亲), 일부 관료의 지대추구와 관상결탁 문제(亲而不清), 자신에게 돌아오는 이익에 따라 기업에 대한 일처리가 달라지는 문제(不亲不清) 등의 난맥상이 주요 문제점으로 지적된다(宫秀芬·孙愈 2023; 付翠莲 2023). 최근 강도 높은 반부패적 정책의 강조 속에서 지방 관료들은 뇌물 수수나 불법적 토지 수탈 등의 문제를 야기할 수 있는 새로운 외국인 투자처의 확보나 사영 분야의 지지를 강화하려는 노력 대신, 위험의 회피와 실수를 적발당하지 않고 안전을 추구하는 보신주의적 태도를 보이는 문제를 야기하는 것으로 평가되었다.[25] 이러한 지방 관료와의 소통과 교류의 어려움은 사영기업가의 활동에도 부정적인 영향을 야기하는 것으로 풀이되었다.[26]

셋째, 사영기업의 거버넌스에 대한 당국의 영향력 확대가 시사되었다. 구체적으로, 〈결정〉은 사영기업의 거버넌스 구조 및 관리 체계 개선을 지지 및 인도하고, 기업의 준법 능력 강화와 부패 관련 위험 방지 능력 개선을 명시하는 한편, 현재 진행적(ongoing) 및 사후적(ex post) 감시 강화와 사영기업에 대한 행정적 감찰의 규범화를 제시하였다.[27] Kennedy and Mazzoco(2023)에 따르면 시진핑 시기 사영기업에 대한 당국의 거버넌스적 측면에서의 개입은 당조직, 특수관리주(特殊管理股, special management share), 기업의 사회 신용체계(社会信用体系)를 통해 전개되고 있다.[28] 먼저, 당조직을 통한 사영기업 거버넌스 영향력

---

[25] SCMP, "China's anti-corruption net has risk-averse officials afraid to innovate" https://www.scmp.com/news/china/politics/article/3274741/no-bold-moves-chinas-anti-corruption-net-has-risk-averse-officials-afraid-innovate. (2024년 8월 27일 검색)

[26] 이에 대해서는 2장의 내용을 참조.

[27] 〈결정〉의 영문은 이하를 참조. English.gov.cn, "Full text: Resolution of CPC Central Committee on further deepening reform comprehensively to advance Chinese modernization" https://english.www.gov.cn/policies/latestreleases/202407/21/content_WS669d0255c6d0868f4e8e94f8.html. (2024년 7월 24일 검색)

확대가 존재한다. 시진핑 시기 조건을 갖춘 모든 사영기업에 당조직이 설립되었는데(조영남 2022), 이러한 사영분야 당조직은 사영기업가의 입장에서 기업에 대한 통제 권한의 유지에 대한 우려를 야기할 수 있으며(He and Liu 2022), 사영기업가들로 하여금 내키지 않는 당국의 정책에 따르게 만드는 결과를 야기할 수 있는 것으로 풀이된다(윤태희 2021). 또한, 시진핑 시기 당국은 출판 매체, 인터넷 기업 등 민감한 분야에 대하여 특수관리주를 도입하여 사영기업의 활동을 합법적으로 검열하고, 이사진으로 참여하는 동시에, 최종 부결 권한을 보유하게 되어 사영기업의 거버넌스에 개입할 수 있게 되었다.[29] 이를 통해 당국은 온라인 문학 영역의 여론 및 이데올로기에 대한 관리와 문화적 안정성을 가질 수 있으며, 인터넷 기업들에 대해서도 데이터 접근 권한에 대한 확보와 기업의 경영 활동에 대한 검열을 달성할 수 있는 것으로 평가되었다.[30] 더 나아가, 당국은 사회 신용체계를 통해서 기업의 행보

---

[28] Kennedy, S. and Mazzocco, I. (2023). "Can Chinese Firms Be Truly Private?" https://bigdatachina.csis.org/can-chinese-firms-be-truly-private/. (2024년 8월 24일 검색)

[29] 2013년 18기 3중전회(十八届三中全会)를 통해 중국 공산당은 혼합소유제로 전환된 이후의 중요 국유 미디어 기업의 특수관리주 제도 모색을 천명하였고, 2014년 〈문화체제 개혁 심화 실시방안(深化文化体制改革实施方案)〉을 통해 미디어 기업에서의 특수관리주 제도 시범적 시행의 방침을 천명하였다. 더 나아가 2015년 〈중공중앙과 국무원의 국유기업 개혁 심화에 관한 지도 의견(中共中央、国务院关于深化国有企业改革的指导意见)〉을 통해 소수의 특정 영역에서의 국가 특수관리주 제도 건설 모색한다는 방침이 수립되었으며, 2016년 5월 국가신문출판광전총국(国家新闻出版广电总局)은 회의를 통해 특별관리주의 1% 이상 소유권 보유, 이사진 참여, 콘텐츠에 대한 일정 검열 권한의 보유를 건의하였다. 한편으로 2017년 국가인터넷정보판공실(国家网信办)은 〈인터넷 신문 정보 서비스 관리 규정(互联网新闻信息服务管理规定)〉을 통해 조건을 갖춘 온라인 뉴스 정보 제공자에게 특수관리주 제도의 시행을 천명하였다(叶春燕·王颜 2019). Sun, Y. (2024). "Golden shares Reimagined: Decoding China's Special Management Shares." https://papers.ssrn.com/sol3/papers.cfm?abstract_id=4765649. (2024년 8월 20일 검색)

[30] 예를 들어, 2017년 런민왕(人民网)은 베이징테셰과기주식회사(北京铁血科技股份公司)의 1.5% 주식을 인수하여 군사소설 창작의 요람인 톄셰망(铁血网)의 총편집 임면과 내용 심사에 대한 '1표 부결권'을 행사하게 되었으며(韩天时 2021), 틱톡의

에 영향을 미치고 있는 것으로 지적되었다.³¹ 사회 신용체계를 통해 당국은 기업에 대한 광범위한 데이터의 수집과 평가를 통해 규정을 위반한 기업에 대한 블랙리스트(black list)를 작성하고,³² 모범적인 기업에 대해서는 레드리스트(red list)를 작성하여 그에 상응하는 제재 혹은 보상을 제공하는데(CRS Report 2020; Trauth-Goik and Liu 2023;

모회사인 바이트댄스, 텐센트, 알리바바 등에 대해서도 당국은 소수 지분의 매입을 통해 데이터 접근 권한의 확보 및 기업 경영 활동의 검열이 이루어지게 되었다. Reuters, "Beijing takes 'golden share' in a Tencent subsidiary, records show" https://www.reuters.com/world/china/beijing-takes-golden-share-tencent-subsidiary-records-show-2023-10-19/. (2024년 8월 20일 검색)

31 1999년 중국은 최초의 신용 연구 과제인 '국가 신용관리 체계 건설 과제(建立国家信用管理体系课题)'를 전개하였고, 2003년 국무원은 약 5년의 시간을 통해 경제 발전과 상응하는 사회 신용체계 기본 프레임과 운영 기제의 기초적 건설을 천명하였다. 한편으로, 2011년 중국공산당 17기 6중전회(十七届六中全会)를 통해 신용(诚信) 건설이 강조되었고, 2014년 6월에는 〈국무원의 사회 신용체계 건설 규획강요(2014년-2020년) 인쇄 배포에 관한 통지(国務院关于印发社会信用体系建设规划纲要(2014—2020年)的通知), 이하 통지〉를 통해 사회 신용체계 건설의 총체적 프레임과 운영 방식이 제시되었다(陶云清・张金林 2023). 또한, 2022년에는 〈사회 신용체계 건설의 고품질 발전 추진과 신발전 국면 형성의 촉진에 관한 의견(关于推进社会信用体系建设高质量发展促进形成新发展格局的意见)〉을 통해 사회 신용체계의 고품질 발전이 강조되었으며(陈杏头・楼裕胜 2024), 2024년 5월 국가발전개혁위원회 판공청(国家发展改革委办公厅)은 〈2024-2025년 사회 신용체계 건설 행동 계획(2024—2025年社会信用体系建设行动计划)〉을 발표하여 신용 건설 법치화 및 규범화 수준 향상, 신용 인프라 건설의 통합적 추진, 신용 정보 공유 응용의 강화, 신용 규제 효율의 향상, 중점영역 신용 건설의 가속화 등을 천명하였다. 그 외에도 중국 당국은 2015년과 2016년 43개 도시(구)의 사회 신용체계 건설 시범도시 선정과 2017년, 2019년, 2021년과 2023년 4차례에 걸친 사회 신용체계 건설 시범구 명단 발표 등을 통해 더 많은 도시의 시범구 형성 참여를 격려하였다(于波・王威 2024). 中国政府网, "国家发展改革委办公厅关于印发《2024—2025年社会信用体系建设行动计划》的通知" https://www.gov.cn/zhengce/zhengceku/202406/content_6955501.htm. (2024년 8월 20일 검색)

32 예를 들어 2022년 말까지 중국의 전국 신용정보 공유 플랫폼(全国信用信息共享平台)은 46개 부처와 모든 성(구, 시)와 연결을 통해 1억 6,000만 개의 경영 주체의 730억 개에 달하는 정보를 수집하였으며, 중국인민은행 신용조회 시스템(中国人民银行征信系统) 역시 11억 6,000만 명의 자연인과 1억 개의 기업 및 기타조직에 대한 정보를 수록하는 한편, 4,000여 개의 금융기관에 접속하여 세계 최대규모, 최대 인구의 포괄 및 신용 대출 정보 수집 종류가 가장 포괄적인 신용조회 시스템을 형성하였다(韩家平 2024).

Jakob 2021),[33] 이는 당국가에 대한 기업의 순응을 추동할 수 있는 잠재력을 보유한 것으로 평가되었다(Lin and Milhaupt 2023). 이러한 맥락에서, 〈결정〉에서 제시된 사영기업 거버넌스 개선의 방침은 당국의 사영기업에 대한 영향력 발휘의 강화를 내포하는 것으로 사료된다.

요컨대, 20기 3중전회의 〈결정〉은 사영분야에 대한 당국의 영도 강화의 방침이 제시되었던 것으로 이해된다. 먼저, 〈결정〉은 '두 가지 건강'을 강조하여 공산당에 대한 사영기업가들의 건강한 발전, 즉 당과 중앙 지도부에 대한 충성을 강조하였으며, 기업가정신의 발양을 강조하여 애국주의적 정서의 고취를 통한 사영기업가의 국가에 대한 헌신과 순응을 강조하는 등 정치사정적 측면에서의 사영분야에 대한 영향력 확대의 방침을 내포하였다. 또한, 〈결정〉은 친밀하고 청렴한 정부-기업가 관계의 방침을 강조하여 사영기업가와 지방 관료 간의 상호작용에 대한 당국가의 중요 원칙 제시와 영도가 지속될 것임을 시사하였다. 이는 지방 관료와 사영기업가의 소통과 교류의 어려움을 야기하여 사영기업가의 활동에도 부정적인 영향을 초래할 수 있을 것으로 사료된다. 셋째, 〈결정〉을 통해 사영기업의 거버넌스 개선에 대한 당국의 영향력 확대 방침이 제시되었는데, 시진핑 시기 사영기업 거버넌스에 대한 당국의 개입이 당조직, 특수관리주, 사회 신용체계 등으로 이루어진다는 점을 감안할 때, 사영기업 거버넌스 개선의 방침은 당국의 사영기업에 대한 영향력 확대를 수반하는 것으로 이해될 수 있다.

이처럼 20기 3중전회의 〈결정〉을 통해 나타난 시진핑 시기 사영분야 관련 정책은 크게 보았을 때, 사영분야에 대한 적극적인 육성과 한편으

33　CRS Report (2020). "China's Corporate Social Credit System." https://crsreports.congress.gov/product/pdf/IF/IF11342. (2024년 8월 20일 검색) 2014년 발표된 〈통지〉는 정부, 상무(商务), 사회, 사법 영역의 신용(诚信) 건설을 강조하였는데, 상무 영역 신용 건설의 핵심 주체는 기업으로 풀이되었고(Zuo et al. 2023), 사회 신용 체계의 주요 대상 역시 기업으로 지적되었다(Drinhausen and Brussee 2021).

로는 당국의 영도 강화라는 두 가지 맥락이 존재하는 것으로 풀이된다. 다만, 20기 3중전회에서 제시된 당국의 방침이 사영분야에 대한 적극적인 육성과 영도의 강화 중 어떠한 방향에 더욱 중점을 두어 집행이 될 것인지는 향후 행보를 주시하면서 보아야 할 필요가 있을 것으로 보인다. 예를 들어, 20기 3중전회의 폐막 이후 2024년 8월 중앙 전면심화 개혁위원회 제6차 회의(中央全面深化改革委員会第六次会议)에서 시진핑은 개혁의 전략적 중점과 우선 방향을 정확히 파악하고, 개혁 조치의 선후 순서, 흐름과 시기를 합리적으로 배치해야 한다는 점을 지적하는 동시에, 개혁을 경제사회 발전과 더욱 긴밀하게 결합시키고, 상징성 있는 개혁 조치를 빠르게 시행하도록 추동할 것을 강조하였다. 이러한 맥락에서 20기 3중전회에서 제시된 다양한 정책들 중 어떠한 부분들에 더욱 우선순위가 부여되어 추진될 것인지 추이를 지켜볼 필요가 있을 것으로 사료된다.[34]

또한, 20기 3중전회에서 제시된 당국의 사영분야 관련 방침이 어떻게 집행될 것인가에 대한 문제 또한 향후 당국의 정책적 행보와 그에 따른 결과물에 따라 평가와 해석이 달라질 수 있을 것으로 보인다. 예를 들어, 2013년 18기 3중전회를 통해 '시장의 자원배치에서의 결정적 역할'이 천명되었으나,[35] 2014년에 '총체적 국가안전관'이 제시되어

---

[34] 中国政府网, "习近平主持召开中央全面深化改革委员会第六次会议强调：解放思想实事求是与时俱进求真务实 全力抓好改革任务的组织实施" https://www.gov.cn/yaowen/liebiao/202408/content_6971175.htm. (2024년 9월 7일 검색)

[35] Thomas, N. (2024). "Politics First: The Key to Understanding China's Third Plenum." https://asiasociety.org/policy-institute/politics-first-key-understanding-chinas-third-plenum. (2024년 9월 7일 검색); Roach, S. S. (2024). "Don't Be Fooled by China's Third Plenum." https://www.project-syndicate.org/commentary/china-third-plenum-about-xi-jinping-governance-priorities-more-than-concrete-policies-by-stephen-s-roach-2024-07. (2024년 7월 18일 검색); Lubin, D. (2024). "China's third plenum – watch what they do, not what they say." https://www.chathamhouse.org/2024/07/chinas-third-plenum-watch-w

'발전과 안보' 간의 관계 재조정이 발생하는 한편, 사영분야에 대한 당국의 영향력 확대가 야기되었다(Drinhausen and Legarda 2022).[36] 또한, 7장에서 검토한 바와 같이 2021년 공동부유 재강조기를 거치면서 사영분야에 대한 일련의 규제가 발생하였는데, 이는 사영분야의 위축 현상과 당국에 대한 신뢰 약화의 문제를 초래한 것으로 지적되었다(Pei 2024). 이러한 맥락에서 20기 3중전회에서 강조된 사영분야에 대한 육성과 영도의 방침이 향후 얼마나 일관성있게 지속될 수 있을지 여부가 향후 사영분야의 성장과 발전에 매우 중요하게 작용할 것으로 사료된다. 이처럼 20기 3중전회를 통해서 사영분야에 대한 육성과 영도에 대한 강조가 같이 제시되었다는 점을 알 수 있는데, 추후 당국의 정책이 사영분야의 육성과 영도 중 어디에 더 방점을 둘 것인가의 문제와 향후 일관성 있는 정책 전개가 진행될 것인가의 여부 등은 추후 사영분야의 발전적 흐름에 영향을 야기할 수 있는 주요 문제로 풀이되며, 이에 대하여 향후 귀추를 주시할 필요가 있을 것으로 보인다.

IV. 결론

개혁기 주요 3중전회는 중국의 개혁개방에 매우 중요한 역할을 수행하였을 뿐만 아니라, 사영분야의 성장과 발전에도 매우 중요한 영향을 미치는 것으로 평가된다. 이러한 맥락에서 최근의 20기 3중전회 역시 중국 공산당의 사영분야에 관한 다양한 정책들이 육성과 영도가 공존

---

hat-they-do-not-what-they-say. (2024년 9월 7일 검색)
36 Huang, T. and Tan, Y. (2024). "China's upcoming party session is unlikely to reverse its economic troubles." https://www.piie.com/blogs/realtime-economics/2024/chinas-upcoming-party-session-unlikely-reverse-its-economic-troubles. (2024년 7월 2일 검색)

하는 흐름 속에서 제시되었던 것으로 보인다. 중국 공산당은 '두 가지 흔들림 없음'에 대한 되풀이와 사영분야에 대한 공평한 대우 및 재산권과 합법적 권익의 보호, 사영분야 발전에 양호한 환경 조성과 기회 제공 등을 강조하여 사영분야에 대한 적극적인 육성의 태도를 보여주었으며, 고품질 발전과 신품질 생산력이 강조되는 맥락 속에서 해당 영역에서의 사영분야가 중요한 역할을 수행할 수 있음을 시사하였다. 그렇지만, 한편으로 중국 공산당은 사영분야에 대한 적극적인 영도 또한 전개될 것임을 암시하였는데, 구체적으로 20기 3중전회는 정치사상적 측면의 영도를 내포하는 '두 가지 건강'과 기업가정신의 발양을 강조하였고, '친밀하고 청렴한 정부-기업가 관계'를 명시하여 지방 정부와 기업가 간의 상호작용에 대한 당국의 영도가 지속될 것임을 보여주었다. 또한, 시진핑 시기 사영기업의 거버넌스적 측면에서의 당국의 개입이 당조직, 특수관리주, 사회 신용체계 등의 수단으로 이루어졌다는 점에서 20기 3중전회에서의 사영기업 거버넌스 개선에 대한 강조는 사영기업에 대한 당국가의 영향력 확대가 수반될 수 있음을 내포하였다. 이처럼 20기 3중전회를 통해 나타난 사영분야에 대한 당국의 정책은 육성과 영도가 공존하는 것으로 보이며, 향후 육성과 영도 중 어느 부분이 더욱 중시될 것인가 그리고 20기 3중전회에서 제시된 방침이 향후 얼마나 일관성 있게 전개될 수 있는가 등이 추후 관련 정책에 대한 평가에 매우 중요하게 작용할 것으로 사료된다. 이상으로 본문의 연구는 20기 3중전회에서 나타난 중국 공산당의 사영분야 관련 정책을 검토하여 사영분야의 발전 향배에 대한 모색에 시사점을 도출하고자 하였다. 다만 본문의 연구는 기술과 설명에 더 초점을 두고 있다는 한계점이 있으며, 분석적인 맥락에서 시진핑 시기 사영분야에 대한 검토는 추가적인 연구를 통해 해결되어야 할 과제로 남겨두고자 한다.

9장 결론

I. 시진핑 시기 사영분야 정책과 함의

시진핑 시기 중국 공산당은 사영분야에 대한 육성과 지지의 의사를 지속적으로 표명하였다. 18차 당대회 이래 중국 공산당은 사영분야에 대한 '흔들림 없는 격려, 지지, 인도'의 방침을 지속적으로 언급하였으며, 2018년 사영분야의 퇴출을 둘러싼 논란 속에 민영기업 좌담회를 통해 사영분야가 중국의 경제사회 발전에 가지는 입지에는 변함이 없다는 점을 강조하였다. 이에 반해, 사영분야에 대한 당조직 건설 강화, 젊은 세대를 중심으로 한 통일전선 강조, 신형 정부-기업가 관계를 통한 정부 관료와 기업가 간의 상호작용 동학의 재조정 등 사영분야에 대한 정치적인 포섭과 통제의 강화 또한 전개되었다. 한편으로, 시진핑 시기 국유분야의 경쟁력 강화, 질적 개선, 규모 확장 등의 역량강화 방침 속에서 국유분야의 약진이 달성되었지만, 사영분야의 위축 현상 역시 감지되었다. 그 외에도 혼합소유제 개혁 이후 국유자본의 사영기업 지분 확보 현상, 주식시장 위기 대응 과정에서 나타난 국가대표팀의 상장기업 지분 매입 등은 국가의 사영분야에 대한 영향력 확대를 초래한 것으로 이해될 수 있다.

 2021년 전후로 강조된 공동부유는 국가-사영기업가 간의 동학에 큰 영향을 주었다. 절대 빈곤의 해소와 전면 소강사회 달성을 선언한 당국은 공동부유를 강조하는 한편, 개인의 자발적, 도덕적 영향 하에서의 가처분 소득의 사회 기부를 통한 소득 재분배의 제3차 분배를 공동부유의 실천 방안으로 제시하였다. 이러한 흐름 속에서 2021년 인터넷 플랫폼 영역의 사영기업들은 대대적인 반독점 처벌을 경험하였다. 인터넷 플랫폼 기업과 기업가들은 기부 활동을 통해 공동부유의 실현에 적극 협력하는 모습을 보여 국가-사영기업가 관계에서 단기적으로 당국이 우위를 점하고 있다는 점이 재확인되었다. 또한, 부동산 영역 역시 시진핑 시기 지속적으로 언급된 주택 투기 불가의 방침이 공동부유의 맥락 속에서 다시 한번 강조되었고, 2020년 제시된 '3개 레드라인'은 높은 레버리지를 기반으로 성장하던 부동산 기업들의 침체를 야기하였다. 또한 사교육에 대한 가계 부담의 증가, 사교육 격차의 심화와 사교육 기관의 다양한 혼선 등 사교육 시장의 문제가 시진핑 시기 대두되었고, 2021년 7월 당국은 〈의무교육단계 학생의 숙제 부담과 사교육 부담의 진일보 감소에 관한 의견(이하 쌍감)〉을 발표하여 사교육 기관의 비영리화와 감독의 강화를 추진하였다. 이는 사교육 기관의 대대적인 침체와 사교육 관련 기관의 의무교육단계 교과목류 사교육 이탈을 초래하였고, 사교육 관련 종사자들의 대규모 실직 등의 문제를 야기하였다.

 2022년 20차 당대회를 통해 중국 공산당은 사영분야에 대한 적극적인 육성의 기조를 되풀이하는 동시에, 고품질 발전과 신품질 생산력의 중요성을 강조하여 향후 사영분야가 당국의 발전 전략 속에서 중요한 역할을 수행할 수 있음을 시사하였다. 그러나 위에서 언급한 사영기업들에 대한 대대적 규제는 사영분야의 위축을 초래하였고, 부동산 영역 침체 및 COVID-19의 경험 속에서 발생한 소비자 심리의 위축, 발전과 안보의 동등한 중시 속에서 나타난 외자기업의 대대적 이탈 등의 현상이 관측되어 사영분야의 성장과 발전에 잠재적인 어려움을 야기할 수 있을 것으로 우려되었다. 2024년 7월의 20기 3중전회는 향후 5년간의 발전에 대한 청사진을 제시하였는데, 사영분야에 대한 당국의 적극적인 육성의 의지와 영도의 강화 방침이 동시에 천명되었다. 이처럼 시진핑 시기 중국 공산당의 사영분야에 대한 정책은 전반적으로 매우 복잡한 흐름 속에서 전개되었던 것을 알 수 있다.

시진핑 시기 중국 공산당의 사영분야 관련 정책은 이하의 특징을 지니는 것으로 볼 수 있다. 첫째, 중국 공산당은 육성과 함께 영도의 강화를 동시에 추구하며, 사영분야 발전의 방향성을 제시하는 역할을 수행한다. 18차 당대회 이래 당대회와 주요회의, 2018년 민영기업 좌담회, 사영분야에 대한 다양한 정책 등에서 나타난 당국의 입장을 검토하였을 때, 공산당은 실제로 사영분야의 육성을 위해 많은 노력을 기울였던 것으로 보인다. 그러나 한편으로, 사영분야 당조직 건설, 사영분야에 대한 정치사상적 영도의 강조, 신형 정부-기업가 관계를 통한 정부 관료와 기업가 간의 상호작용 동학의 재조정 등 다양한 노력들을 통해 사영분야에 대한 영도의 강화가 동시에 전개되었던 것을 알 수 있다. 또한 중국 공산당은 사회주의 현대화 국가 건설을 위한 고품질 발전의 강조와 신품질 생산력의 천명 등으로 사영분야의 발전의 방향성을 제공하였다. 이처럼 시진핑 시기 중국 공산당은 사영분야에 대한 육성과 영도 및 발전의 방향성 제시 등의 역할을 수행하였던 것이다.

둘째, 사영분야의 성장과 발전은 사영분야 정책 외 다른 정책들의 영향을 받는다. 앞에서 살펴본 바와 같이, 시진핑 시기 국유기업에 대한 역량 강화의 정책적 흐름은 사영분야의 성장과 발전에 큰 영향을 주었다. 또한, 2021년 공동부유가 대대적으로 강조되는 시대적 흐름 속에서 다양한 영역의 사영기업들은 큰 타격을 받고 침체에 빠지게 되었다. 한편으로, 국가 지도부의 국제정세에 대한 인식 변화와 발전과 안보의 동등한 중시의 방침은 외자기업의 이탈 현상을 초래하여 사영분야의 성장과 발전에 어려움을 야기할 수 있는 잠재적 요인으로 지목되었다.

셋째, 사영분야에 대한 어려움의 가중은 또 다른 여파를 초래하여 사영분야에 또 다른 문제를 초래한다. 2021년 공동부유 강조의 여파로 청년층 일자리 문제, 부동산 문제로 인한 시위 증가 발생 등의 문제를 야기하였으며, 부동산의 침체와 COVID-19에 대한 강도 높은 당국의 봉쇄정책은 시민들의 소비 심리를 위축시키는 결과를 초래하였다. 이처럼 시진핑 시기 사영분야에 나타나는 다양한 양상들은 사영분야의 육성과 영도의 강화를 동시에 추구하는 당국의 정책과 사영분야 정책 외의 다양한 정책적 요인들, 사영분야의 어려움이 초래한 다른 여파들의 상호작용이 야기한 결과로 볼 수 있다.

이처럼 시진핑 시기 사영분야 관련 정책은 1장에서 제시한 국가-사영기업가 관련 이론적 분석틀과 결부시켜 볼 때, 시진핑 시기 국가-사영기업가 관계는 기존의 이론적 분석틀에서 전제하는 현상들과는 상이한 흐름의 동학이 전개되는 것을 알 수 있다. 이러한 새로운 유형의 국가-사영기업가 관계의 동학이 시진핑 시기 두드러지게 나타난다는 점에서 이는 '시진핑 신시대 국가-사영기업가 관계'로 이해할 수 있을 것이다. 첫째, 시민사회론에서 기대하는 사영분야의 성장과 발전으로 인한 국가의 영향력 감소는 시진핑 시기 발생하지 않았다. 시진핑 시기 중국 공산당은 비공유제 경제의 건강한 발전과 비공유제 경제 인사의 건강한 성장을 중요한 정치 문제로 인식하여 사영분야에 대한 정치적인 영도의 강화를 추진하였다. 단적으로, 중국 공산당은 통일전선 공작을 통해 비공유제 경제 인사를 중국 특색 사회주의 사업의 건설자로 만들 것을 강조하는 한편, 이들을 '정치적으로 현명한 사람(政治上的明

白人)'으로 만들고자 노력하였으며, 애국주의적 요소를 포함하는 기업가정신을 제시하여 국가에 대한 헌신과 순응을 강조하였다. 이처럼 시진핑 시기 국가의 사영기업가에 대한 정치사상적인 영도가 더욱 중시되고 있다는 점에서 시민사회론에서 기대하는 사영분야의 성장과 발전 이후 국가의 영향력 감소보다는 국가의 영향력 확대가 이루어진다는 점이 시진핑 신시대 국가-사영가업가 관계의 주요 특징으로 볼 수 있다.

둘째, 시진핑 신시대 국가-사영가업가 관계는 국가 조합주의와 다른 맥락의 국가의 직접적 침투를 통해 전개된다. 앞에서 살펴본 바와 같이, 국가 조합주의는 개혁기 당의 사회에 대한 직접적 통제의 완화와 이에 대한 공백을 메워줄 수 있는 다양한 대리적 결사체의 활용을 강조한다. 그렇지만 이와는 달리 시진핑 시기 중국 공산당은 모든 조건을 갖춘 기업에 당조직 설립을 완수하여 사영분야에 대한 직접적인 영향력의 확대를 추진하였다. 또한, 시진핑 시기 혼합소유제 개혁 이후 국유자본의 사영기업 지분 확보 현상, 주식시장 위기 대응 과정에서 나타난 국가대표팀의 상장기업 지분 매입 등을 통한 국가의 사영분야에 대한 영향력 확대가 감지되었다. 한편으로, 20기 3중전회를 통해 제시된 사영기업 거버넌스에 대한 당국의 영향력 확대 방침은 향후에도 대리적 결사체가 아닌 당국가의 직접적인 영향력 강화가 사영분야에 발생할 수 있음을 시사한다. 이러한 맥락에서 국가 조합주의와는 다른 형태의 사영분야에 대한 직접적인 침투가 시진핑 신시대 국가-사영가업가 관계의 또 다른 특징으로 이해된다.

셋째, 시진핑 신시대 국가-사영가업가 관계에서 중국 공산당은 후견주의를 대체할 정부-기업가 간의 상호작용의 새로운 원칙을 강조하여 과거와는 다른 형태의 국가-사영기업가 관계의 동학을 추구한다. 과거 지방의 경제성장 과정에서 발생한 지방정부 관료와 기업가 간의 상호

긴밀한 관계는 시진핑 시기 반부패적 맥락에서 중요한 문제로 대두되었다. 더 나아가 중국 공산당은 '친밀하고 청렴한 정부-기업가 관계'를 제시하여 후견주의와는 상이한 방향으로 정부 관료와 기업가 개인 간의 관계를 재정립하였고, 이는 사영기업가와 지방 관료 간의 소통 및 교류의 어려움을 초래한 요인이 되었다. 이처럼 시진핑 시기 일련의 정책들은 기존의 이론적 분석틀에서 제시된 관점들과는 다른 맥락에서의 국가-사영기업가 관계의 상호작용을 내포한다는 점에서 시진핑 신시대 국가-사영기업가 관계의 중요한 특징을 지니는 것으로 풀이된다.

그 외에도, 시진핑 시기 일련의 정책적 흐름은 당국가가 필요한 경우 사영분야에 대하여 강력한 규제를 야기할 수 있다는 점과 사영분야는 이러한 국가의 규제에 매우 취약하다는 점을 보여주었다. 이는 시진핑 신시대 국가-사영기업가 관계에서 국가가 강력한 우위를 점하고 있음을 내포한다. 구체적으로, 공동부유가 강조되는 시대적 맥락 속에서 중앙 당국은 자본의 무질서 확장 방지 및 반독점 문제를 지적하여 인터넷 플랫폼 기업들의 강도 높은 규제를 초래하였고, 주택 투기 불가 및 '3개 레드라인' 등의 정책을 통해 부동산 영역의 사영기업들에 대한 어려움을 가중시켰으며, 〈쌍감〉을 통해서 사교육 분야 사영기업들의 대대적인 침체를 초래하는 등 사영분야에 큰 영향을 야기하였다. 앞에서 검토한 사영분야에 대한 정치적 영도의 강화, 국가의 사영분야에 대한 직접적인 침투, 지방 관료와 기업가 간의 결탁 방지 등을 고려할 때, 시진핑 신시대 국가-사영기업가 관계는 시진핑 시기 강력한 당국가가 자신의 우위를 전제로 추진하는 일련의 국가-사영기업가 상호작용 동학의 재구성을 의미하는 것으로 이해된다. 즉, 이는 시진핑 시기 중국 공산당이 사영분야에 대한 적극적인 육성을 추진하되, 강력한 당국가의 영도 하에서, 당국가가 선호하는 방향으로의 발전을 요구하는 것으로 볼 수 있다. 다만, 사영분야에 대한 대대적인 규제가 초래한 민간투자의 위축, 사영분야의 강력한 규제에 의한 다양한 사회적 여파, 국유기업의 역량강화와 외자기업의 이탈, 시민들의 소비심리 위축 등 여러 요인들의 영향을 고려할 때, 시진핑 신시대 국가-사기업가 관계는 국가의 의도와는 다른 복합적인 요소와의 상호작용 속에서 더욱 복잡한 양상으로 전개되는 것으로 사료된다.

Ⅱ. 중국 사영분야의 향후 전망과 과제

단기적으로 볼 때, 향후 시진핑 시기 사영분야의 정책에서는 시진핑 신시대 국가-사영기업가 관계가 가지는 특징들이 일정 부분 반영될 것으로 보인다. 첫째, 사영분야에 대한 적극적인 육성의 기조는 지속될 것으로 보인다. 2025년 2월에 개최된 민영기업 좌담회(民营企业座谈会)에서 시진핑은 당과 국가의 민영경제 발전에 대한 기본 방침과 정책은 이미 중국 특색 사회주의 제도 체계에 포함되었으며, 이를 한결같이 견지하고 실행할 것과 이것이 변할 수 없고, 변하지도 않을 것이라고 선언하였다. 동시에, 18차 당대회 이래 20기 3중전회까지 당의 주요 문건에서 지속적으로 강조되었던 사영분야에 대한 흔들림 없는 격려, 지지, 인도의 방침이 재천명되었다.[1] 이처럼 중국 공산당의 사영분야에 대한 적극적인 육성의 방침은 향후에도 지속성을 가지게 될 것으로 보인다.

둘째, 사영분야에 대한 영도의 강화 또한 지속될 것으로 보인다. 시진핑은 '비공유제 경제 인사의 건강한 발전은 중요한 경제 문제일 뿐만

1　中国政府网, "习近平在民营企业座谈会上强调：民营经济发展前景广阔大有可为　民营企业和民营企业家大显身手正当其时" https://www.gov.cn/yaowen/liebiao/202502/content_7004103.htm. (2025년 2월 26일 검색)

아니라, 중요한 정치문제'임을 선언하였으며(廖军·苏志宏 2023), 중국 공산당은 민영경제에 대한 통일 전선 업무를 당의 민영경제 영도의 중요방식으로 제시하여 중국의 민영경제가 자본주의 사유제와 본질적으로 차이가 있음을 내포하였다(史苏·李小宁 2024). 또한, 2022년 시진핑은 중앙 통일전선 공작회의에서 이상 신념 교육의 심도있는 전개, 친밀하고 청렴한 정부-기업가 관계 건설, 민영경제 고품질 발전 촉진, 비공유제 경제 인사의 합격한 중국 특색 사회주의 사업의 건설자로의 인도 등 사영분야에 대한 구체적인 영도의 방안을 언명한 바 있다(石瑶 2024). 비공유제 경제의 건강한 발전과 비공유제 경제 인사의 건강한 성장 촉진의 방침은 2025년 2월 민영기업 좌담회에서도 명시되어 사영분야에 대한 정치적 영도의 중시는 시진핑 시기 계속 강조될 것으로 보인다.

셋째, 당국의 사영분야 발전의 방향성에 대한 제시 또한 지속될 것으로 풀이된다. 2024년 12월 중앙경제공작회의에서 시진핑은 2025년 중점 업무 중의 하나로 '과학기술 혁신을 통한 신품질 생산력의 발전 주도와 현대화 산업 체계(现代化产业体系)의 건설'을 강조하였으며,[2] 2025년 2월 민영기업 좌담회에서는 광범위한 민영기업과 민영기업가들의 고품질 발전이 길을 걸을 것과 자주 혁신의 강화와 발전 방식의 전환, 기업의 품질, 효율과 핵심 경쟁력의 지속적 향상을 통한 과학 기술 혁신의 추동과 신품질 생산력의 육성, 현대화된 산업 체계 구축 등의 다양한 측면에 기여해야 한다는 점을 강조하였다.[3] 이처럼 과학기술의 혁신을

---

[2] 中国政府网, "中央经济工作会议在北京举行 习近平发表重要讲话" https://www.gov.cn/yaowen/liebiao/202412/content_6992258.html. (2025년 2월 26일 검색).

[3] 中国政府网, "习近平在民营企业座谈会上强调：民营经济发展前景广阔大有可为 民营企业和民营企业家大显身手正当其时" https://www.gov.cn/yaowen/liebiao/202502/content_7004103.htm. (2025년 2월 26일 검색); 新华网, "以创新为引领促进民营经济高质量发展" http://www.news.cn/politics/20250225/008f40e7db334a5187f

통한 신품질 생산력의 발전과 현대화 산업 체계 건설에 대한 중요성의 역설과 민영기업과 기업가의 고품질 발전의 길을 걸을 것에 대한 요구 등이 제시되었는데, 향후에도 당국의 사영분야 발전 방향에 대한 지침은 지속적으로 제시될 것으로 판단된다.

다만, 향후 사영분야의 향배는 당국의 정책 외에도 다른 다양한 요인들에 영향을 받을 것으로 보인다. 먼저, 외국 투자자의 투자 감소와 국제정세의 불확실성 등 외부적 요인의 문제가 있다. 2024년 새로 설립된 외상 투자기업은 59,080개로 9.9% 증가하였으나, 실제 외자 사용 금액은 8,263억 위안으로 27.1% 감소하였다.[4] 또한, 최근 트럼프 정권의 재등극 이후 중국에 관세를 부과함으로써 미중간의 긴장 국면을 더욱 심화시키고 있으며, EU 또한 전기차 등에서 중국에 대해 관세 장벽을 높여 중국과의 마찰을 야기하는 등 국제정세의 불확실성은 더욱 가속화되고 있다(中国宏观经济研究院对外经济研究所国际经济形势课题组 2025).[5] 한편으로, 당국은 2025년 2월 〈2025년 외자 안정 행동 방안(2025年稳外资行动方案)〉을 발표하여 적극적인 외자유치를 위한 새로운 방침을 제시하였다.[6] 향후 국제정세의 불확실성과 해외 직접 투자의 감소 등의 상황에 직면하여 당국이 얼마나 효과적으로 대응할 수 있을지 여부는 사영분야의 생존과 발전에도 중요한 변수로 작용할 것으로

6c0543e9a50ea/c.html. (2025년 2월 27일 검색)

[4] 中华人民共和国商务部, "2024年全国吸收外资8262.5亿元人民币" https://data.mofcom.gov.cn/article/zxtj/202502/62673.html. (2025년 2월 27일 검색)

[5] 연합뉴스, "트럼프, 중국부터 관세전쟁 '포문' 열어…韓 수출 '유탄' 우려" https://www.yna.co.kr/view/AKR20250204136900003. (2025년 3월 1일 검색); 연합뉴스, "EU '관세 폭탄'에…중국 전기차 11월 수출액 42% 급감" https://www.yna.co.kr/view/AKR20241224056400009. (2025년 3월 1일 검색).

[6] 中国政府网, "国务院办公厅关于转发商务部、国家发展改革委《2025年稳外资行动方案》的通知" https://www.gov.cn/zhengce/content/202502/content_7004409.htm. (2025년 3월 1일 검색)

판단된다.

　둘째, 국내의 소비심리 위축 해소가 중요 변수로 작용할 것으로 사료된다. 2024년 4분기 인민은행의 도시 저축 가구 설문 조사에서는 전반적인 주민의 소득 증가에 대한 낮은 기대,[7] 취업 형세에 대한 부정적인 인식,[8] 주택 가격 상승에 대한 낮은 기대,[9] 저축 선호의 성향 등이 감지되었고,[10] 2024년 12월 소비자 신뢰지수가 86.4를 기록하는 등 소비의 침체 문제가 향후 발전을 위한 해결과제로 지목되었다(祝宝良 2024; 陈锡康 外 2025).[11] 이에 대한 대응으로, 2024년 12월 중앙 경제공작회의에서 시진핑은 전방위 국내수요 확대를 2025년 최우선 과제로 제시하였고,[12] 2025년 2월 당국은 〈소비환경 개선 3년 행동 방안(2025-2027년)(优化消费环境三年行动方案(2025—2027年))〉을 발표하여 소비환경 개선을 추진하고 있다.[13] 이러한 당국의 노력이 추후 소비심

---

[7] 응답 주민의 12.1%는 소득 증가, 67.7%는 기본 불변, 20.2%는 수입 감소로 응답하였다.

[8] 응답 주민의 7.7%는 취업 형세 양호와 취업 용이, 40.2%의 주민은 보통, 52.1%는 '취업형세 심각과 취업 어려움' 및 '잘 모르겠음'으로 대답하였다.

[9] 다음 분기 주택 가격에 대하여 12.5%의 주민은 주택 가격 상승을 기대하였고, 54.5%의 응답자는 '기본 불변'으로 인식하였으며, 21.1%의 주민은 주택 가격의 하락을 예상하였다.

[10] 더 많은 소비의 의향을 보인 주민은 24.9%, 더 많은 저축의 의향을 보인 주민은 61.4%, 더 많은 투자의 의향을 보인 주민은 13.6%를 차지하였다. 中国人民银行, "2024年第四季度城镇储户问卷调查报告" http://www.pbc.gov.cn/diaochatongjisi/116219/116227/5629779/2025032117142239782.pdf. (2025년 3월 23일 검색)

[11] SCMP, "China's middle class feels the squeeze as property slump hits pocketbooks" https://www.scmp.com/economy/china-economy/article/3298995/chinas-middle-class-feels-squeeze-property-slump-hits-pocketbooks?module=perpetual_scroll_0&pgtype=article. (2025년 3월 1일 검색).

[12] 中国政府网, "中央经济工作会议在北京举行 习近平发表重要讲话" https://www.gov.cn/yaowen/liebiao/202412/content_6992258.htm. (2025년 3월 1일 검색)

[13] 中国政府网, "市场监管总局等五部门关于印发《优化消费环境三年行动方案（2025—2027年）》的通知" https://www.gov.cn/zhengce/zhengceku/202502/content_7004441.htm. (2025년 3월 1일 검색)

리 위축의 해소와 내수 확대를 추동할 것인지 여부는 추후 사영분야의 미래 전망에도 중요하게 작용할 것으로 보인다.

끝으로, 민영 시장주체의 자신감 부족 현상의 해소 또한 중요한 요소로 볼 수 있다. 예를 들어, 2024년 연간 고정자산 투자는 전년 대비 3.2% 증가하였으나, 민간 고정자산 투자는 25조 7,574억 위안으로 전년 대비 -0.1%의 증가세를 기록,[14] 2년 연속 마이너스(-) 성장을 보여주었다.[15] 이러한 민간투자의 지속적인 감소는 사영분야의 자신감 부족을 시사하는 것으로, 미래에 대한 불확실성 때문에 관망의 태도로 투자를 하지 않거나 투자를 축소하기 때문인 것으로 풀이된다(石云鸣 2025). 기업가들은 국가의 거시 경제 전망, 외자의 유치와 협력에 대한 전망, 소속 업계 시장 수요에 대한 전망, 국내 시장 투자에 대한 전망 및 기업 운영 수익에 대한 전망 등에서 전년 대비 더욱 부정적인 입장을 보이는 것으로 지적된다(袁岳 2025). 이러한 민간투자의 위축과 기업가들의 부정적 전망을 해소하기 위한 당국의 해결책 방안의 모색이 중요하게 작용할 것으로 보인다. 이처럼 향후 중국의 사영분야는 당국의 정책적 의도 뿐만 아니라, 다양한 요인들이 맞물려 당국이 예기치 못한 변수들을 초래할 가능성이 존재하는 것으로 볼 수 있다.

14　国家统计局, "2024年全国固定资产投资增长3.2%" https://www.stats.gov.cn/sj/zxfb/202501/t20250117_1958329.html. (2025년 2월 27일 검색)

15　国家统计局, "2023年全国固定资产投资增长3.0%" https://www.stats.gov.cn/sj/zxfb/202401/t20240116_1946620.html. (2025년 3월 23일 검색). 2023년에도 전국 고정자산 투자는 전년 대비 3.0% 증가하였지만, 민간 고정자산 투자는 전년 대비 -0.4%의 증가세를 기록하였다.

참고문헌

1. 논문 및 단행본

강설금 (2023). "중국의 학생 교육 '부담감소(減負)' 정책에 대한 연구: 1950-60년 대와 시진핑 시기의 비교를 중심으로." 『중어중문학』. 제91집.

김성옥 (2012). "중국 국진민퇴(国进民退)의 배경과 작동기제에 관한 연구: 강화와 확산의 기제와 사례." 『중국연구』. 제56권.

김영준 (2021). "중국 정부의 인터넷 기업에 대한 반독점 규제의 대내외 정책 함의." 『국가정보연구』. 제14권 제2호.

루웨이이 편저, 유홍준 역 (2004). 『현대 중국 사회계층』. 도서출판 그린.

刘金贺·李牧群·马滋辉·李萌·许李严 (2010). "국진민퇴의 발전과 전망." 『SERI China Review』. 제10-2호.

李桂兰·李丹 (2022). "从"减负"到"双减政策"：兼谈中国基础教育生态的治理." 『동북아문화연구』. 제73집.

박광득 (2008). "中國共産黨 제17기 3中全會와 農村改革." 『정치·정보연구』. 제11권 제2호.

박우 (2021). "중국의 플랫폼 기업과 국가의 관리에 관한 탐색적 연구." 『아시아리뷰』. 제11권 제3호.

서석흥 (1993). "1980년대 末 중국 私營經濟의 存在 實態에 관한 實證硏究." 『중소연구』. 통권 59호.

서석흥 (2014). "중국 농촌 토지제도의 문제점과 개혁 방향: 18기 3중전회 〈결정〉을 중심으로." 『중국학』. 제48집.

안치영 (2008). "모호한 전환점: 중국공산당의 11기3중전회에 대한 재고." 『국제·지역연구』. 제17권 제4호.

여유경 (2014). "중국 경제개혁 심화에 내재된 제도적 제약: 영도소조, 혼합소유제, 정치화된 기업지배구조." 『한국과 국제정치』. 제30권. 제2호.

윤태희 (2021). 『공산당원이 된 중국 사영기업가들』. 서울대학교출판문화원.

_____ (2024). "중국 공산당 20기3중전회와 사영분야 정책: 육성과 영도의 공존." 『아태연구』. 제31권 제4호.

이민자 (2023). "중국식 현대화: 중국 특색의 사회주의 건설 방안."『현대중국연구』. 제24권 제4호.

이서이·한용수 (2021). "중국 쌍감(双減) 정책과 교육 문화에 대한 소고: 공공 온라인 교육 플랫폼을 중심으로."『철학·사상·문화』. 제37호.

이연단 (2014). "최근 중국 금융개혁의 주요 내용과 시사점: 중국공산당 제18기 3중전회의 '결정'을 중심으로."『증권법연구』. 제15권 제1호.

이정남 (2023). "중국 2022: 중국공산당 20차 당대회와 중국식 근대화."『아세아연구』. 제66권 제1호.

이재현 (2021). "시진핑 '신발전' 체제의 정치적·경제적 본질."『마르크스주의 연구』. 제18권 제4호.

이종화 (2009). "17기3중전회에 나타난 중국 삼농(三農)개혁의 변화와 의미."『사회과학연구』. 제17집 제2호.

이중희 (2021). "중국의 거대 플랫폼에 대한 반독점과 데이터 독점 규제: 알리바바 사례를 중심으로."『아시아연구』. 제24권 제4호.

이홍규 (2016). "시진핑 시대의 국유기업 개혁 방향과 중국모델: 혼합소유제 개혁을 중심으로."『중국연구』.

위엔위엔 앙, 양영빈 번역 (2023).『부패한 중국은 왜 성장하는가: 부패의 역설이 완성한 중국의 도금 시대』. 한겨레 출판사.

장윤미 (2020). "'신시대' 중국의 문화담론과 문화전략 분석."『중소연구』. 제44권 제1호.

장지혜·김태식 (2022). "쌍감(双減) 정책이 중국의 영어교육 플랫폼에 미친 영향에 관한 연구."『중국학』. 제80집.

전성흥 (2000). "중국의 국가-사회관계 연구." 정재호 편.『중국정치연구론』 나남, 69-120.

정종호 (2000). "중국의 '流動人口'와 국가-사회 관계 변화: 北京 '浙江村' 사례를 중심으로."『비교문화연구』. 제6집 2호.

조영남 (2005). "중국 국가-사회관계의 변화 연구: 사회단체의 지방의회 입법 참여를 중심으로."『한국과 국제정치』 제21권 4호.

_____ (2006).『후진타오 시대의 중국 정치』. 나남.

_____ (2009).『21세기 중국이 가는 길』. 나남.

_____ (2022).『중국의 통치 체제2: 공산당 통제 기제』. 21세기 북스.

최경식 (2015). "중국공산당 3중全會 성격 고찰: 11기 3중全會 이후 집단지도체제 교체기의 3중全會를 중심으로."『군사논단』. 제81호.

하남석 (2021). "시진핑 시기 중국의 청년 노동 담론." 『마르크스주의 연구』. 제18권 제4호.

Ang, Y. Y. (2021). "The Robber Barons of Beijing: Can China Survive Its Gilded Age?" *Foreign Affairs*. Vol. 100 No. 4.

Beck, K. I. (2023). "Reforming the Chinese State Sector: Mixed Ownership Reforms and State-Business Relations." *Journal of Contemporary China*. Vol. 32 No. 140.

Bian, Y. (2002). "Chinese Social Stratification and Social Mobility." *Annual Review of Sociology*. Vol. 28.

Blanchette, J. (2020). "From "China Inc." to "CCP Inc.": A New Paradigm for Chinese State Capitalism." *China Leadership Monitor*. No. 66.

Bray, M. (2013). "Shadow Education: Comparative Perspectives on the Expansion and Implications of Private Supplementary Tutoring." *Procedia - Social and Behavioral Sciences*. Vol. 77.

Bray, M., and W. Zhang (2023). "Cross-Border Shadow Education: Private Supplementary Tutoring in the Global Education Industry." *Revista Española de Educación Comparada*. Vol. 42.

Bruun, O. (1995). "Political Hierarchy and Private Entrepreneurship in a Chinese Neighborhood." Andrew Walder (ed.). *The Waning of the Communist State: Economic Origins of Political Decline in China and Hungary*. Berkeley: University of California Press.

Bunny, M. (2020). "Private Sector Financial Conditions in China." *Bulletin*.

Caixa Bank Research (2022). "China's real estate sector: size does matter" *Monthly Report: Economic and Financial Market Outlook*. Vol. 463.

Cheek, T. (1998). "From Market to Democracy in China: Gaps in the Civil Society Model." Juan D. Lindau and Timothy Cheek (eds.). *Market Economics and Political Change: Comparing China and Mexico*. Lanham: Rowman & Littlefield Publishers.

Chen, B., and H. Zhu (2022). "Has the Digital Economy Changed the Urban Network Structure in China?—Based on the Analysis of China's Top 500 New Economy Enterprises in 2020." *Sustainability*. Vol. 14 No. 150.

Chen, E. (2020). "Dual Circulation's Implication Necessitates A Crackdown on

Fintech." *China Brief.* Vol. 20 No. 21.

Chen, G., M. Oubibi, A. Liang, and Y. Zhou (2022), "Parents' Educational Anxiety Under the "Double Reduction" Policy Based on the Family and Students' Personal Factors." *Psychology Research and Behavior Management.* Vol. 15.

Chen, H. and M. Rithmire (2020). "The Rise of Investor State: State Capital in the Chinese Economy." *Studies in Comparative International Development.* Vol. 55.

Chen, J. and B. J. Dickson (2010). *Allies of the State: China's Private Entrepreneurs and Democratic Change.* Cambridge: Harvard University Press.

Chen, Y., Y. Cai and C. Zheng (2020). "Efficiency of Chinese Real Estate Market Based on Complexity-Entropy Binary Causal Plane Method." *Complexity.* Vol. 2020.

Chen, Y., Z. Peng, C. Peng, and W. Xu, "Impact of new government-business relations on urban digital economy: Empirical evidence from China." *Finance Research Letters.* Vol. 53.

Cheng, M., L. Jin, Z. Li and B. Lin (2022). "The effectiveness of government stock purchase during market crash: Evidence from China." *Pacific-Basin Finance Journal.* Vol. 71.

Colino, S. M. (2020). "The case against Alibaba in China and its wider policy repercussions." *Journal of Antitrust Enforcement.* Vol 10.

Diallo, F. (2021). "Xi Jinping and "Common Prosperity": New Governance Paradigm or Tool to Consolidate Power?" *China Brief.* Vol. 21 No. 24.

Dai, K. (2023). ""Double reduction" policy in education industry and firm values: Evidence from China." *Finance Research Letter.* Vol. 54.

Dickson, B. J. (2000). "Cooptation and Corporatism in China: The Logic of Party Adaptation." *Political Science Quarterly.* Vol. 115 No. 4.

_____ (2003). *Red Capitalists in China: The Party, Private Entrepreneurs, and Prospects for Political Changes.* Cambridge: Cambridge University Press.

_____ (2007). *Wealth into power: the Communist Party's embrace of China's private sector.* Cambridge; New York: Cambridge University Press.

_____ (2010). "China's Cooperatiev Capitalists: The Business End of the Middle Class." Cheng Li (ed.). *China's Emerging Middle Class: Beyond Economic*

Transition. Washington D.C.: Brookings Institution Press.

_____ (2011). "Who consents to the "Beijing Consensus"?: Crony communism in China." S. Philip Hsu, Yu-Shan Wu and Suisheng Zhao (eds.). *In Search of China's Development Model: Beyond Beijing Consensus*. London and New York: Routledge.

_____ (2021). *The Party and the People: Chinese Politics in the 21st Century*. Princeton: Princeton University Press.

DiPippo, G., I. Mazzocco and S. Kennedy (2022). *Red Ink: Estimating Chinese Industrial Policy Spending in Comparative Perspective*. Washington DC: Center for Strategic and International Studies.

Dong, J., and L. Xia (2021). "China: Real estate sector needs a soft-landing". *China Economic Watch*. November 2021.

Dong, X. (2017). "Reform of China's Housing and Land System: The Development Process and Outlook of the Real Estate Industry in China." *Chinese Journal of Urban and Environmental Studies*. Vol. 5 No. 4.

Dotson, J. (2020). "The CCP's New Directives for United Front Work in Private Enterprises." *China Brief*. Vol. 20 No. 17.

Drinhausen, K., and V. Brussee (2021). "China's Social Credit System in 2021: From fragmentation towards integration." *MERICS China Monitor*. March 3, 2021.

Drinhausen, K., and H. Legarda (2022). "Confident Paranoia: Xi's "comprehensive national security" framework shapes China's behavior at home and abroad." *MERICS China Monitor*. September 15, 2022.

Du, H., C. Wu and H. Yu (2023). "Business Restructuring of New Oriental Education Technology Group Under the Double Reduction." *BPC Business and Management*. Vol. 38.

Dunford, M. (2022). "The Chinese Path to Common Prosperity." *International Critical Thought*. Vol. 12 No. 1.

Economy, E. C. (2018). "China's New Revolution." *Foreign Affairs*. Vol. 97. No. 3.

Edin, M. (2003). "Local State Corporatism and Private Business." *The Journal of Peasant Studies*. Vol. 30 No. 3-4.

Fang, H., Q. Gu, W. Xiong and L.-A. Zhou (2016). "Demystifying the Chinese

Housing Boom". *NBER Macroeconomics Annual*, Vol. 30.

Feng, S. (2021). "The evolution of shadow education in China: From emergence to capitalisation." *Hungarian Educational Research Journal*. Vol. 11 No. 2.

Foster, K. W. (2002). "Embedded with State: Agencies: Business Associations in Yantai." *The China Journal*. No. 47.

Gallagher, M. E. (2004). "China: The Limits of Civil Society in a Late Leninist State." Muthiah Alagappa (ed.). *Civil Society and Political Change in Asia: Expanding and Contracting Democratic Space*. Stanford: Stanford University Press.

Gao, L. (2010). "Achievements and Challenges: 30 Years of Housing Reforms in the People's Republic of China." *ADB Economics Working Paper Series*. Vol. 198.

Garcia-Herrero, A. and G. Ng (2021). "China's state-owned enterprises and competitive neutrality." *Policy Contribution*. No. 5.

Glaeser, E., W. Huang, Y. Ma, and A. Shleifer (2017). "A Real Estate Boom with Chinese Characteristics". *Journal of Economic Perspectives*. Vol. 31 No. 1.

Gold, T. (1989). "Urban Private Business in China." *Studies in Comparative Communism*. Vol. 22. No. 2/3.

Gold, T. B. (1990). "The Resurgence of Civil Society in China." *Journal of Democracy*. Vol. 1 No. 1.

Goodman, D. S. G. (1999). "The New Middle Class." eds. Merle Goldman and Roderick MacFarquhar, *The Paradox of China's Post-Mao Reform*, Cambridge: Cambridge University Press.

_____ (2010). "The New Rich in China: Why There Is No New Middle Class." *Arts: The Journal of the Sydney University Arts Association*. Vol. 32.

Greitens, S. C. (2023). "National Security after China's 20th Party Congress: Trends in Discourse and Policy." *China Leadership Monitor*. Vol. 77.

Gu, E. (2010). "Toward a Corporatist Development of Civil Society in China: Enabling State and Mutual Empowerment between State and Society." Deng Zhenglai (ed.). *State and Civil Society: The Chinese Perspective*. Singapore: World Scientific.

Guan, H., Y. Ma and J. Xie (2022). "Analysis and Reflection on Chinese Education Under the Double Reduction Policy." *Proceedings of the 2022 International Conference on Science Education and Art Appreciation.*

Guo, B,, B. Zhan, P. Hu, and T. Liu (2024). "Does the new government-business relations improve corporative environmental performance? A perspective based on environmental regulatory capture." *Frontiers in Environmental Science.* https://doi.org/10.3389/fenvs.2024.1506056. (2025년 2월 20일 검색).

Guo, J. (2021). "Brief analysis of the "Double Reduction" Policy and Some Reflections." *2021 4th International Conference on Education Technology and Information System.*

Gupta, A. and X. Zhao (2023). "Teachers' work under responsibilising policies: an analysis of educator's view on China's 2021 educational reform." *Journal of Education Policy.* https://doi.org/10.1080/02680939.2023.2236067. (2023년 9월 6일 검색)

Hajar, A. and M. Karakus (2022). "A bibliometric mapping of shadow education research: achievements. limitations, and the future." *Asia Pacific Education Review.* Vol. 23, pp. 341-359.

He, X., and J. Liu (2022). "Between Legitimacy and Socioemotional Wealth: Family Ownership and the Party Branches Building of Chinese Enterprises." *Management and Organization Review.* Vol. 18 No. 2.

Hendy, P. (2022). "Evolving Financial Stress in China's Prosperity Development Sector." *Bulletin.* September 2022.

Hillman, B. (2018). "The state advances, the private sector retreats." Jane Golley, Linda Jaivin, Paul J. Farrelly and Sharon Strange (eds.). *China Story Yearbook 2018: Power.* Canberra: Australian National University Press.

Hofman, B. (2021). "China's Common Prosperity Drive." *EAI Commentary.* Vol. 33.

_____ (2022). "Common Prosperity." Frank N. Pieke and Bert Hofman (eds.). *CPC Futures: The New Era of Socialism with Chinese Characteristics.* Singapore: East Asian Institute, National University of Singapore.

Holbig, H. (2022). "Canonising Xi Jinping Thought-Ideological Engineering and Its Real-World Relevance." Frank N. Pieke and Bert Hofman (eds.). *CPC*

Futures: The New Era of Socialism with Chinese Characteristics. Singapore: East Asian Institute, National University of Singapore.

Hong, Z. (2022). "A Study of Double Reduction Policy in China." *2022 International Conference on Financial Management, Humanities and Social Sciences.*

Hsieh, C.-T. and Z. Song (2015). "Grasp the Large, Let Go of the Small: The Transformation of the State Sector in China." *Brookings Papers on Economic Activity.*

Hu, C., Y. Li, and P. Ye (2023). "The Halo Effect of Government: Does State-Owned Capital Promote the Green Innovation of Chinese Private Enterprises?" *Sustainability.* Vol. 15.

Hua, B. and W. H. Yung (2022). "Ten Years of Tutoring in Shadow Education: A Narrative Inquiry into Industry Features and Evolution in China." *Asian Qualitative Inquiry Journal.* Vol. 1 No. 1.

Huang, D., and R. C. K. Chan (2018). "On 'Land Finance' in urban China: Theory and practice." *Habitat International.* Vol. 75.

Huang, T. (2023). "Why China's housing policies have failed." *Peterson Institute for International Economics Working Paper.* No. 23-5.

Huang, Y. (2008). *Capitalism with Chinese Characteristics: Entrepreneurship and the State.* New York: Cambridge University Press.

_____ (2011). "Rethinking the Beijing Consensus." *Asia Policy.* No. 11.

_____ (2019). "Varieties of Capitalism in China: Private-Sector Development During the Xi Jinping Era." Jacques deLisle and Avery Goldstein (eds.). *To Get Rich Is Glorious: Challenges Facing China's Economic Reform and Opening at Forty.* Washington DC: Brookings Institution Press.

Huang, Y., and Dali. L. Yang (1996). "The Political Dynamics of Regulatory Change: speculation and regulation in the real estate sector." *Journal of Contemporary China.* Vol. 5 No. 12.

Hung, H.-F. (2023). "China's "Common Prosperity" Era: the Spiral of Economic Slowdown & Statist Control." *Japan Spotlight.* January/February 2023.

International Monetary Fund (2022a). *Global Financial Stability Report— Navigating the High-Inflation Environment.* Washington, DC.: International Monetary Fund.

_____ (2022b). *World Economic Outlook: Countering the Cost-of-Living Crisis*. Washington, DC.: International Monetary Fund.

Ji, J, L. Zhou, Y. Wu, and M. Zhang (2022). "Hope and life satisfaction among Chinese shadow education tutors: The mediating roles of positive coping and perceived social support." *Frontiers in Psychology*. Vol. 13.

Jacob, J. T., and B. B. Subba (2022). "Toward Exceptionalism: The Communist Party of China and its Use of History." *China Report*. Vol. 58 No. 1.

Jakob, S. (2021). "The corporate social credit system in China and its transnational impact." *Transnational Legal Theory*. Vol. 12 No. 2.

Jia, W. and J. Peng (2022). "The Public Sentiment Analysis of Double Reduction Policy on Weibo Platform." *Computational Intelligence and Neuroscience*. Vol. 2022.

Jiang, J. (2021). "Can real estate regulatory policies contain real estate risks to banks? Evidence from China." *Journal of Chinese Economic and Business Studies*. Vol. 19 No.1.

Jiang, Y., J. Shang and L. Zhao (2023). "Review of China's Online Education Policy, 1999-2022." *ECNU Review of Education*. Vol. 6 No. 1.

Johansson, A. C., and X. Feng (2016). "The state advances, the private sector retreats? Firm effects of China's great stimulus programme." *Cambridge Journal of Economics*. Vol. 24.

Johnson, M. (2023). *The CCP Absorbs China's Private Sector: Capitalism with Party Characteristics*. Washington D.C: Hoover Institution.

Jones, G. and Y. Wu (2021). "The Business of K-12 Education in China." *Harvard Business School Working Paper*. No. 22-022.

Kaaresvirta, J., E. Ketola and R. Nuutilainen (2021). "China's real estate sector and the impacts of its possible disorder on Chinese economy and the euro area." *BOFIT Policy Brief*. Vol. 13.

Kakwani, N., X. Wang, N. Xue, and P. Zhan (2022). "Growth and Common Prosperity in China." *China and World Economy*. Vol. 30 No. 1.

Kennedy, S. (2021). "No Consensus on China." Scott Kennedy and Jude Blanchette (eds.). *Chinese State Capitalism: Diagnosis and Prognosis*. Washington DC: Center for Strategic and International Studies.

Knox, J. (2021). "How the 'taming' of private education in China is impacting

AI." *On Education: Journal for Research and Debate.* Vol. 4 No. 12.

Koss, D. (2021). "Party Building as Institutional Bricolage: Asserting Authority at the Business Frontier." *The China Quarterly.* Vol. 248.

Lam, W. R., and A. Shipke (2017). "State-Owned Enterprise Reform." W. Raphael Lam, Markus Rodlauer, and Alfred Schipke (eds.). *Modernizing China: Investing in Soft Infrastructure.* Washington DC: International Monetary Fund.

Lam, W. W.-L. (2021). "Implications of Xi's Revival of the Maoist Slogan "Common Prosperity"." *China Brief.* Vol. 21 No. 17.

Lardy, N. R. (2014). *Markets over Mao: The Rise of Private Business in China.* Washington DC: Peterson Institute for International Economics.

_____ (2018). "18. Private Sector Development." Ross Garnaut, Ligang Song, and Cai Fang (eds.). *China's 40 Years of Reform and Development: 1978-2018.* Washington DC: ANU Press.

_____ (2019). *The State Strikes Back: The End of Economic Reform in China?* Washington DC: Peterson Institute for International Economics.

Leutert, C. W. (2016). "Challenges Ahead in China's Reform of State-Owned Enterprises." *Asia Policy.* No. 21.

Li, A. H. F. (2015). "Troubled Stock Market, RMB Devaluation and Financial Reform in China." *China Perspective.* No. 4.

Li, C. (2016). "Holding "China Inc." Together: The CCP and The Rise of China's Yangqi." *The China Quarterly.* Vol. 228.

Li, C., and H. Zheng (2023). "Boom and bust, Chinese style: Multi-task regulatory dilemma and China's stock market crisis in 2015." *Competition & Change.* Vol. 27 No. 1.

Li, J., and Y. He (2023). "Unpacking "Double Reduction" Policy in China: Ideas, Values, and Practices." *Beijing International Review of Education.* Vol. 5.

Li, M., and R. Yang (2013). "Interrogating institutionalized establishments: urban-rural inequalities in China's higher education." *Asia Pacific Education Review.* Vol. 14.

Li, X., Y. Lu, and R. Huang (2021a). "Whether foreign direct investment can promote high-quality economic development under environmental regulation: evidence from the Yangtze River Economic Belt, China." *Environmental Science and Pollution Research.* Vol. 28.

Li, X., S. Zhou, K. Yin, and H. Liu (2021b). "Measurement of the high-quality development level of China's marine economy." *Marine Economics and Management.* Vol. 4 No. 1.

Li, Y., and S. Y. Tong (2023). "Whither China's Private Sector?" *EAI Commentary.* Vol. 67.

Li, Y., and Z. Na (2022). "China's Mortgage Boycotts Signal Deeper Problems in Its Real Estate Sector." *EAI Commentary.* Vol. 57.

Lichtenberg, E., and C. Ding (2009). "Local officials as land developers: Urban spatial expansion in China." *Journal of Urban Economics.* Vol. 66.

Lin, J. Y., and Z. Liu (2000). "Fiscal Decentralization and Economic Growth in China" *Economic Development and Cultural Change.* Vol. 49, No 1.

Lin, L. (2022a). "The Impact of Double Reduction Policy on K12 Education and Traning Enterprises: Case Studies of New Oriental and Tomorrow Advancing Life." *Advance in Economics, Business and Management Research.* Vol. 219.

Lin, X. (2022b). "Analysis of the Influence and Countermeasures of China's New Educational Policy "Double Reduction": Take an After-School English Training Institutions as an Example." *Psychology Research.* Vol. 12 No. 1.

Lin, Y.-M. (2017). *Dancing with the Devil: The Political Economy of Privatization in China.* New York: Oxford University Press.

Lin, L. Y., and C. J. Milhaupt (2023). "China's Corporate Social Credit System: The Dwan of Surveillance State Capitalism?" *The China Quarterly.* Vol. 256.

Liu, K. (2021). "China's State-Owned Enterprise Reform Since 2013." *European Journal of East Asian Studies.* Vol. 20.

Liu, M., R. Tao, F. Yuan, and G. Cao (2008). "Instrumental land use investment-driven growth in China." *Journal of the Asia Pacific Economy.* Vol. 13 No. 3.

Liu, M., and K. S. Tsai (2021). "Structural Power, Hegemony, and State Capitalism: Limits to China's Global Economic Power." *Politics & Society.* Vol. 49. No. 2.

Liu, Y.-L., (1992). "Reform From Below: The Private Economy and Local Politics in the Rural Industrialization of Wenzhou." *The China Quarterly*, No. 130.

Lu, J., P. Tuo, J. Pan, M. Zhou, M. Zhang, and S. Hu (2023). "Shadow Education in China and Its Diversified Normative Governance Mechanism: Double Reduction Policy and Internet Public Opinion." *Sustainability*. Vol. 15.

Luo, Y. (2022). "The Responses of Chinese Private Education Organizations to the "Double Reduction" Policy: Evidence from New Oriental and TAL." *Advances in Economics, Business and Management Research*. Vol. 211.

_____ (2023). "Parental Involvement in Senior Pupils' Learning in the Context of the Implementation of China's Double Reduction Policy." *Science Insights Education Frontiers*. Vol. 14 No. 1.

Luong, N., Z. Arnold, and B. Murphy (2021). "Understanding Chinese Government Guidance Funds: An Analysis of Chinese-Language Sources." *CSET Issue Brief*.

Man, J. Y., S. Zheng, and R. Ren (2011). "Housing Policy and Housing Markets: Trends, Patterns, and Affordability." Joyce Yanyun Man (ed.). *China's Housing Reform and Outcomes*. Cambridge: Lincoln Institute of Land Policy.

McCormick, B. L., S. Su, and X. Xiao (1992). "The 1989 Democracy Movement: A Review of the Prospects for Civil Society in China." *Pacific Affairs*. Vol. 65 No. 2.

Miura, Y. (2021). "Limitations of China's Growth Pattern Revealed by Excess Debt: SOEs and housing speculation threaten the feet of the Xi Jinping administration." *RIM Pacific Business and Industries*. Vol. 11 No. 82.

_____ 2022. "The Reality of "Common Prosperity" Advocated by the Xi Jinping Administration." *RIM Pacific Business and Industries*. Vol. 12 No.(83.

Naughton, B. (2017). "The Current Wave of State Enterprise Reform in China: A Preliminary Appraisal." *Asian Economic Policy Review*. Vol. 12.

_____ (2019). "The Financialisation of the State Sector in China." *East Asian Policy*. Vol. 11 No. 2.

_____ (2020). "Grand Steerage." Thomas Fingar, and Jean C. Oi (eds.). *Fateful*

      Decisions: Choices That Will Shape China's Future. Stanford: Stanford University Press.

_____ (2021). *The Rise of China's Industrial Policy, 1978 to 2020*. México DF: Universidad Nacional Autónoma de México.

Naughton, B., and B. Boland (2023). *China Inc.: The Reshaping of China's State Capitalist System*. Washington DC: Center for Strategic and International Studies.

Nee, V. (1991). "Social Inequalities in Reforming State Socialism: Between Redistribution and Markets in China." *American Sociological Review*. Vol. 56 No. 3.

Nevitt, C. E. (1996), "Private Business Association in China: Evidence of Civil Society or Local State Power?" *The China Journal*. No. 36.

OECD (2022). *OECD Economic Outlook, Interim Report September 2022: Paying the Price of War*. Paris: OECD Publishing.

Oi, J. C. (1985). "Communism and Clientelism: Rural Politics in China." *World Politics*, Vol. 37 No. 2.

_____ (1989). *State and Peasant in Contemporary China: The Political Economy of Village Government*. Berkeley and Los Angeles: University of California Press.

_____ (1992). "Fiscal Reform and The Economic Foundations of Local State Corporatism in China." *World Politics*. Vol. 45.

Oh, S.-Y. (2021). "China's Race to the Top: Regional and Global Implications of China's Industrial Policy." *World Trade Review*. Vol. 20.

Ong, L. H. (2014). "State-Led Urbanization in China: Skyscrapers, Land Revenue and "Concentrated Villages"." *The China Quarterly*. Vol. 217.

Overholt, W. H. (2023). "China's Coming Era of Slow Growth." *M-RCBG Associate Working Paper Series*. Vol. 2 No. 1.

Paik, W. (2014). "Local Developers, State, and Collusive Clientelism in Marketizing China." *Pacific Focus*. Vol. 29 No. 1.

Paik, W., and R. Baum (2014). "Clientelism with Chinese Characteristics: Local Patronage Networks in Post-Reform China." *Political Science Quarterly*. Vol. 129 No. 4.

Pan, F., F. Zhang and F. Wu (2021). "State-led Financialization in China: The

Case of the Government-guided Investment Fund." *The China Quarterly*. Vol. 247.

Parris, K. (1993). "Local Initiative and National Reform: The Wenzhou Model of Development." *The China Quarterly*. Vol. 134.

_____ (1999). "The Rise of Private Business Interest." Merle Goldman and Roderick MacFarquhar (eds.). *The Paradox of China's Post-Mao Reform*. Cambridge: Harvard University Press.

Parton, C. 2023. *Pleateau China: Reform in the ten years after the Third Plenum of 2013*, London: Council on Geostrategy.

Pearson, M. M. (1997). *China's New Business Elite: The Political Consequences of Economic Reform*. Berkeley: University of California Press.

Pearson, M. M., M. Rithmire, and K. S. Tsai (2022). "China's Party-State Capitalism and International Backlash: From Interdependence to Insecurity." *International Security*. Vol. 47 No. 2.

_____ (2024). "The Private Economy Under Party-State Capitalism." Stanley Rosen and Daniel C. Lynch (eds.), *Chinese Politics: The Xi Jinping Difference* (Second Edition). London and New York: Routledge.

Pei, M. (2021). "The Origins and Implications of Xi Jinping's "Common Prosperity" Agenda." *China Leadership Monitor*. Vol. 70.

_____ (2023). "How China Responded to its Economic Slowdown 2023." *China Leadership Monitor*. Vol. 78.

_____ (2024). "Do Chinese Leaders and Elites Think Their Best Days Are Behind Them?" *China Leadership Monitor*. No. 81.

Schmitter, P. C. (1974). "Still the Century of Corporatism?" *The Review of Politics*. Vol. 36, No. 1.

Ping, Y. C. (2011). "Explaining Land Use Change in a Guangdong County: The Supply Side of the Story." *The China Quarterly*. Vol. 207.

Purbrick, M. (2023). "Chinese National Security Laws Hinder Foreign Companies' Operations in China." *China Brief*. Vol. 23 No. 19.

Qian, H., A. Walker and S. Chen (2023). "The Double Reduction Policy in China: Three Prevailing Narratives." *Journal of Education Policy*. https://doi.org/10.1080/02680939.2023.2222381. (2023년 7월 13일 검색)

Qian, Z., L. Yuan, S. Wang, Q. Zhang, and B. Gong (2021). "Epidemics, Convergence, and Common Prosperity: Evidence from China." *China and World Economy*. Vol. 29 No. 6.

Roberts, D. T. (2021a). "Xi Jinping's Politics in Command Economy." *Issue Brief*. July 2021.

_____ (2021b). "What is "Common Prosperity" and how will change China and its relationship with the world." *Issue Brief*. December 2021.

Rogoff, K., and Y. Yang (2021). "Has China's Production Peaked?" *China & World Economy*. Vol. 29 No. 1.

Rogoff, K., and Y. Yang (2022). "A Tale of Tier 3 Cities." *IMF Working Paper*. No. 2022-196.

Schubert, G., and T. Heberer (2021). "State-business relations under Xi Jinping." Arthur S. Ding and Jagannath P. Panda (eds.). *Chinese Politics and Foreign Policies under Xi Jinping: The Future Political Trajectory*. New York: Rutledge.

She. B., S. S. Ramasamy, and P. Loahavilai (2023). "Analysis of the impact of the "double reduction" policy on the educational processes of Chinese students studying in Europe." *International Journal of Chinese Education*. Vol. 12. No. 1.

Shi, J., H. Xue, C. Fang, and L. Luo (2022). "Can After-School Tutoring Sustainably Empower Preschooler's Development? - A Longitudinal Study." *Sustainability*. Vol. 14.

Shirk, S. L. (2018). "China in Xi's "New Era": The Return to Personalistic Rule." *Journal of Democracy*. Vol. 29 No. 2.

So, A. (2003). "The Changing Pattern of Classes and Class Conflict in China," *Journal of Contemporary Asia*. Vol. 33 No. 3.

Solinger, D. J. (1992). "Urban Entrepreneurs and the State: The Merger of State and Society." Arthur Lewis Rosenbaum (ed.). *State and Society in China: The Consequence of Reform*. Boulder: Westview Press.

_____ (2006) "The creation of a new underclass in China and its implications." *Environment and Urbanization*. Vol 18 No. 1.

Stevenson, D. L. and D. P. Baker (1992). "Shadow Education and Allocation in Formal Schooling: Transition to University in Japan." *American Journal of Sociology*. Vol. 97. No. 6.

Strand, D. (1990). "Protest in Beijing: Civil Society and Public Sphere in China." *Problems of Communism*. Vol. 39. No. 3.

Sun, X. (2022). "Decoding China's "Common Prosperity" Drive." *LSE IDEAS Strategic Update*. April 2022.

Sun, X., J. Zhu, and Y. Wu (2014). "Organizational Clientelism: An Analysis of Private Entrepreneurs in Chinese Local Legislatures." *Journal of East Asian Studies*. Vol. 14.

Tan, Y. (2021) *Disaggregating China, Inc.: state strategies in the liberal economic order*. Ithaca: Cornell University Press.

Tang, B.-S., S.-W. Wong, and S.-C. Liu (2006). "Property Agents, Housing Markets and Housing Services in Transitional Urban China." *Housing Studies*. Vol. 21 No. 6.

Trauth-Goik, A., and C. Liu (2023). "Black or Fifty Shades of Grey? The Power and Limits of the Social Blacklist System in China." *Journal of Contemporary China*, Vol. 32 No. 144.

Tsai, K. S. (2007). *Capitalism without Democracy: The Private Sector in China*. Ithaca: Cornell University Press.

_____ (2015). "The Political Economy of State Capitalism and Shadow Banking in China." *Issues & Studies*. Vol. 51. No. 1.

_____ (2017). "When Shadow Banking Can Be Productive: Financing Small and Medium Enterprises in China." *The Journal of Development Studies*. Vol. 53. No. 12.

Unger, J. (1996). "Bridges: Private Business, the Chinese Government an the Rise of New Associations." *The China Quarterly*. Vol. 147.

_____ (2008). "Introduction: Chinese Associations, Civil Society, and State Corporatism: Disputed Terrain." Jonathan Unger (ed.). *Associations and Chinese State: Contested Spaces*. New York: M.E. Sharpe.

Unger, J. and A. Chan (1995). "China, Corporatism and East Asian Model." *The Australian Journal of Chinese Affairs*. No. 33.

_____ (2015). "State corporatism and business associations in China: A comparison with earlier emerging economies of East Asia." *International Journal of Emerging Markets*. Vol. 10 No. 2.

Verma, R. (2023). "Increasing Centralisation in China: A Bane for Economic

Growth." *Asian Affairs*. Vol. 53 No. 4.

Walder, A. G. (1986). *Communist Neo-Tradtionalism: Work and Authority in Chinese Industry*. Berkeley and Los Angeles: University of California Press.

Wank, D. L. (1995). "Bureaucratic Patronage and Private Business: Changing Network of Power in Urban China." Andrew Walder (ed.). *The Waning of the Communist State: Economic Origins of Political Decline in China and Hungary*. Berkeley: University of California Press.

_____ (1999). *Commodifying Communism: Business, Trust, and Politics in a Chinese City*. Cambridge: Cambridge University Press.

Wang, H. (2023b). "Security Is a Prerequisite for Development: Consensus-Building toward a New Top Priority in the Chinese Communist Party." *Journal of Contemporary China*. Vol. 32 No. 142.

Wang, Y. (2016). "Beyond Local Protectionism: China's State-Business Relations in the Last Two Decades." *The China Quarterly*. Vol. 226.

Wang, Z. (2023a). "Remaking Bonds: Adaptive Party Linkage-building in Contemporary China." *China: An International Journal*. Vol. 21 No. 2.

Wang, D., X.-Y. Chen, Z. Ma, X. Liu and F. Fan (2022b). "Has the "Double Reduction" Policy relieved stress? A follow-up study on Chinese adolescents." *Child and Adolescent Psychiatry and Mental Health*. Vol. 16 No. 91.

Wang, J., M. Ran, Q. Huang and, W. Li (2022c). "Nationalization of private enterprises and default risk: Evidence from mixed-ownership reform in China." *Economic Analysis and Policy*. Vol. 76, pp. 534-553.

Wang, Q., X. Luo and, J. Yang (2022a). "Understanding China's Double Reduction Policy on Educational Economy." *Global Economic Observer*. Vol. 10. No. 1.

Wei, Y., Y. Y. Ang, and N. Jia (2023). "The Promise and Pitfalls of Government Guidance Funds in China." *The China Quarterly*. Vol. 256.

Weil, S. (2018). "The strange case of pluralist lobbying in a corporatist setting: Defending Western business interest in China." *Business and Politics*. Vol. 20 No. 1.

White, G. (1993). "Prospects for Civil Society in China: A Case Study of Xiaoshan

City." *The Australian Journal of Chinese Affairs*. No. 29.

Whyte, M. K. (1992). "Urban China: A Civil Society in the Making?" Arthur Lewis Rosenbaum (ed.). *State and Society in China: The Consequence of Reform*. Boulder: Westview Press.

Wong, A. (2023). "China's Perspective on Economic Security." *Korea Policy*. Vol. 1 No. 3.

Wright, L. (2023). *Grasping Shadows: The Politics of China's Deleveraging Campaign*. Washington DC: Center for Strategic and International Studies.

Wu, B. (2021). "Research on the Impact of China's "Double Reduction" Policy on Out-of-School Remedial Classes." *Advances in Economics, Business and Management Research*. Vol 203.

Wu, G. (2022). *China's Common Prosperity Program: Causes, Challenges, and Implications*. New York: Asia Society Policy Institute.

Wu, J., J. Gyourko, and Y. Deng (2012). "Evaluating conditions in major Chinese housing markets." *Regional Science and Urban Economics*. Vol. 42 No. 3.

Xue, E., and J. Li (2023). "What is the value essence of "double reduction" (*Shuang jian*) policy in China? A policy narrative perspective." *Educational Philosophy and Theory*. Vol. 55.

Xue, H., and C. Fang (2018). "Supplementary Tutoring for Compulsory Education Students in China: Status and Trends." *ECNU Review of Education*. Vol. 1 No. 3.

Yang, D. L., and J. Jiang (2012). "Guojin Mintui: The Global Recession and Changing State-Economy Relations in China" Dali L. Yang (ed.). *The Global Recession and China's Political Economy*. New York: Palgrave MacMillan.

Yang, L., Y. Xie, A. Zhou, W. Zhang, and J. Smith (2023). "The impact of the implemetation of 'double reduction' policy on tutors in shadow education: legislation goals and early experiences." *Compare: A Journal of Comparative and International Education*.
https://doi.org/10.1080/03057925.2023.2170173. (2023년 7월 13일 검색)

Yang, Z., and J. Chen. 2014. *Housing Affordability and Housing Policy in Urban*

China. Berlin: Springer.

Yep, R. (2000). "The Limitation of Corporatism for Understanding Reforming China: An Empirical Analysis in a Rural Country." *Journal of Contemporary China*, Vol. 9 No. 25.

Yew, C. P. (2012). "Pseudo-Urbanization? Competitive government behavior and urban sprawl in China." *Journal of Contemporary China*. Vol. 21 No. 74.

Yin, Y., and Z. Lai (2021). "Research on the Transformation of Educational Institutions under the Policy of Double Reduction." *Advance in Social Science, Education and Humanities Research*. Vol. 615.

Yu, H. (2019). "Reform of State-owned Enterprises in China: The Chinese Communist Party Strikes Back." *Asian Studies Review*. Vol. 43 No. 2.

Yu, S., J. Zheng, Z. Xu, and T. Zhang (2022). "The Transformation of Parents' Perception of Education Involution Under the Background of "Double Reduction" Policy: The Mediating Role of Education Anxiety and Perception of Education Equity." *Frontiers in Psychology*. Vol. 13.

Yuan, J. (2022). "Research on the Relationship between Double Reduction Policy and Fertility Intention." *Advances in Social Science, Education and Humanities Research*. Vol. 670,

Yue, W., L. Yu and Y. Yang (2023). "The occupational anxiety of teachers caused by China's 'double reduction' policy: a study based on the grounded theory." *Frontiers in Psychology*. Vol. 14.

Zeng, F., W.-C. Huang and J. Hueng (2016). "On Chinese Government's Stock Market Rescue Efforts in 2015." *Modern Economy*. Vol. 7.

Zenglein, M. J., and J. Gunter (2023). *The Party Knows Best: Aligning economic actors with China's Strategic goals*. Berlin: Mercator Institute for China Studies.

Zhai, F. (2017). "Trade Cooperation and Conflicts between the United States and China: Risks 145 and Realities." Adam S. Posen and Jiming Ha (eds.). *US-China Cooperation in a Changing Global Economy*. Washington DC: Peterson Institute for International Economics.

Zhang, D., X. Li, and J. Xue (2015). "Education Inequality between Rural and Urban Areas of the People's Republic of China, Migrants' Children

Education and Some Implications." *Asian Development Review.* Vol. 32, No. 1.

Zhang, L. (2022). "The Implementation of the Double Reduction Policy: Problems, Causes, and Suggestions." *Science Insights.* Vol. 40 No. 3.

Zhang, L,. and T. Lan (2023). "The new whole system: Reinventing the Chinese State to promote innovation." *EPA: Economy and Space.* Vol. 55 No. 1.

Zhang, M., Y. Wu, C. Ji, and J. Wu (2022). "The Role of Perceived Social Support and Stress in the Relationship between Hope and Depression among Chinese Shadow Education Tutors: A Serial Mediation Model." *International Journal of Environmental Research and Public Health.* Vol. 19.

Zhang, S., N. B. C. Hassan and R. M. B. Sulong (2023a). "Whether the "Double Reduction" Policy Reduces Parents' Anxiety Over their Kids Future: A Qualitative Research from China." *International Journal of Academic Research in Progressive Education and Development.* Vol. 12 No. 1.

Zhang, W. (2023). *Taming the Wild Horse of Shadow Education: The Global Expansion of Private Tutoring and Regulatory Responses.* New York: Routledge.

Zhang, W., and M. Bray (2015). "Shadow Education in Chongqing, China: Factors underlying demand and policy implications." *KEDI Journal of Educational Policy.* Vol. 12 No. 1.

_____ (2020). "Comparative research on shadow education: Achievements, challenges, and the agenda ahead." *European Journal of Education.* Vol. 55 No. 3.

_____ (2021). "A changing environment of urban education: historical and spatial analysis of private supplementary tutoring in China." *Environment & Urbanization.* Vol. 33 No. 1.

Zhang, W., S. Xiao and W. Fu (2023b). "Can "Smart Homework" Achieve the Goal of Chinese "Double Reduction" Policy to Reduce Burden and Improve Quality?: The Positive and Negative Effects of "Smart Homework" on Students." *Sustainability.* Vol. 15.

Zhang, W. (2021). "Market economy and China's "common prosperity" campaign,"

Journal of Chinese Economic and Business Studies.
DOI:10.1080/14765284.2021.2004350.

Zheng, J. (2007). "Business Associations in China: Two Regional Experiences" *Journal of Contemporary Asia*, Vol. 37 No. 2.

Zhou, K. (2023). "The Impact and Future of the Implementation of 'Double Reduction' Policy." *BCP Business & Management.* Vol. 41.

Zuo, J., C. Huang, , B. Qiu, and R. Mai (2023). "The construction of social credit system and corporate innovation: Evidence from China." *Pacific-Basin Finance Journal.* Vol. 81.

『光彩』(2023). "关于促进民营经济发展壮大的意见."『光彩』. 第8期.

『财经界』(2006). ""十五"经济体制改革回顾之四:非公有制经济迎来历史上最好发展时期."『财经界』. 第3期.

贾康·苏京春·盛中明 (2021). "关于我国非公有制经济地位和作用的理论研究."『经济研究参考』. 第14期.

江剑平·葛晨晓·朱雪纯 (2020). "国有经济与民营经济协同发展的理论依据与实践路径."『西部论坛』. 第2卷 第5期.

江阴市委统战部江阴市委党校联合课题组 (2017). "新型政商关系构建中的统战策略研究."『江苏省社会主义学院学报』. 第6期.

江浩然 (2023). "发挥民营企业在科技自立自强中的更大作用."『旗帜』. 第4期.

姜力 (2022). "产权变革视阈下"民营经济"概念辨析."『山西师大学报(社会科学版)』. 第49卷 第6期.

姜辉·许如宝 (2023). "全面构建亲清政商关系的时代意义和实践路径."『吉林省社会主义学院学报』. 第3期.

康德颜 (2018). "改革开放40年我国非公有制经济发展历程与启示."『时代报告』. 第12期.

盖凯程·周永昇·刘璐 (2019). ""国进民进":中国所有制结构演进的历时性特征——兼驳"国进民退"论."『当代经济研究』. 第10期.

高尚全 (2013).『改革只有进行时: 对3个三中全会改革决定的回顾』. 北京: 人民出版社.

高惺惟 (2019). "我国房地产市场与股票市场的关联性分析: 基于非线性模型的检验."『金融与经济』. 第7期.

高燕·余光英·耿思远 (2012). "基于价值创造的股权收购: 对中粮集团入股蒙牛乳业的思考."『管理现代化』. 第6期.

高中华·杨小卜 (2023). "新时代民营经济企业家队伍建设：经验成效、当前问题及可能的突破方向."『科技和产业』. 第23卷 第18期.

辜胜阻 (2008). "解读『两个平等』：十七大非公经济理论的重大突破."『理论导报』. 第6期.

孔高文·杨洋·孔东民 (2013). "产权变更与企业绩效：基于中国工业企业数据的大样本研究."『兰州商学院学报』. 第29卷 第3期.

龚维斌 (2023) "统筹发展和安全以新安全格局保障新发展格局."『中国应急管理科学』. 第10期.

邱兴·李德树·刘敏·朱玲 (2022). ""双减"政策在区域落实中的校外培训机构治理问题与对策."『成都师范学院学报』. 第38卷 第3期.

欧健 (2009). "两个30年：党的非公有制经济政策演变比较."『中共天津市委党校学报』. 第6期.

欧阳志政·刘安炉 (2023). "新时代民营企业家精神的内涵特征及培育路径."『企业经济』. 第42卷 第12期.

宫秀芬·孙愈 (2023). "国家治理现代化视域下构建新型政商关系路径选择."『辽宁行政学院学报』. 第4期.

郭强 (2022). "社会主义基本经济制度论——习近平关于马克思主义政治经济学的重大原创性贡献."『科学社会主义』. 第3期.

郭伦德 (2023). "中国共产党的民营经济政策发展历程研究."『中央社会主义学院学报』. 第3期.

郭文静·方贤绪 (2023). "深化"双减"政策助推教育公平."『今传媒』. 第31卷 第4期.

郭芳·李永华 (2018). "题四 不存在"国进民退"，但所有制歧视仍待消除."『中国经济周刊』. 第40期.

郭玉亮 (2010). "双赢博弈的产业结构调整还是逆市场化："国进民退"现象透析——以中粮控股蒙牛、山钢重组日钢和山西煤炭兼并重组为例."『探索』. 第3期.

郭全中 (2021). "互联网平台经济反垄断的动因、现状与未来思路探析."『新闻爱好者』. 第9期.

郭占恒 (2022). "全面把握共同富裕的五大基本特性."『观察与思考』. 第1期.

郭朝先 (2008). "民营经济发展30年."『经济研究参考』. 第49期.

金彦海 (2017). "辽宁营商环境存在的问题及对策."『辽宁省社会主义学院学报』. 第1期.

金正·周睿 (2020). "当前民营企业融资难的现状、成因与对策."『中国商论』. 第19期.

冀志罡 (2009). ""国进民退"的政策预期."『新财经』. 第12期.

段文静·李胜·胡永胜·王懿·李钰婷 (2022). ""双减"政策背景下学科类教培机构管理与改革路径研究."『教育进展』. 第12卷 第9期.

段雨·孙艺宁 (2022). ""双减"政策落实背景下基础教育领域内卷化的破解策略."『成都师范学院学报』. 第38卷 第3期.

段维彤·刘瑾瑶·胡阳·郑晓娜·黄玉 (2022). ""双减"政策下英语培训机构的应对策略研究."『企业改革与管理』. 第5期.

谭家超·李芳 (2021). "互联网平台经济领域的反垄断：国际经验与对策建议."『改革』. 第3期.

唐步龙 (2018). "改革开放40周年:从"共同富裕"到"精准扶贫"的实践与创新."『云南民族大学学报(哲学社会科学版)』. 第35卷 第2期.

唐昊 (2018)."广东经验: 以协商民主助力构建新型政商关系."『同舟共进』. 第7期.

唐任伍·李楚翘 (2022). "共同富裕的实现逻辑：基于市场、政府与社会"三轮驱动"的考察."『新疆师范大学学报(哲学社会科学版)』. 第43卷 第1期.

唐任伍·孟娜·叶天希 (2022). "共同富裕思想演进、现实价值与实现路径."『改革』. 第1期.

戴敬 (2009). "改革开放以来我国非公有制经济政策的演变."『环渤海经济瞭望』. 第10期.

戴焰军 (2019). "两个"划时代会议"的重大意义."『前线』. 第3期.

陶云清·张金林 (2023). "社会信用、融资约束与企业金融化——来自"中国社会信用体系建设"的证据."『上海对外经贸大学学报』. 第30卷 第2期.

陶正付 (2012). ""国进民退"视角下公有制经济的地位与作用."『内蒙古社会科学(汉文版)』. 第33卷 第1期.

都晓 (2022). ""双减"背景下的课后服务研究述论."『新疆师范大学学报(哲学社会科学版)』. 第43卷 第4期.

董圣足·黄河·谢锡美 (2022). ""双减"之下校外培训长效治理机制的构建与完善."『苏州大学学报(教育科学版)』. 第4期.

董珊珊 (2014). "中国共产党十八届三中全会:新纲领、新突破、新纪元."『思想政治课教学』. 第1期.

董昕 (2017). "中国房地产业的发展历程与展望: 兼论中国住房制度与土地制度

的改革变迁."『经济研究参考』. 第52期.

杜创 (2021). "平台经济反垄断: 理论框架与若干问题分析."『金融评论』. 第4期.

杜萍秀·刘金润 (2021). "新发展阶段下政府引导基金运作问题研究."『财会学习』. 第29期.

邓国胜 (2021). "第三次分配的价值与政策选择."『人民论坛』. 第24期.

罗珊 (2005). "我国国有企业实行管理层收购面临的十大问题: 由"郎顾之争"引发的思考."『生产力研究』. 第1期.

罗永宽·杨娇 (2023). "学习贯彻习近平总书记促进民营经济高质量发展的重要论述."『上海经济研究』. 第12期.

罗进辉 (2013). ""国进民退":好消息还是坏消息."『金融研究』. 第5期.

罗茜 (2021). "新冠疫情影响下中小企业帮扶政策存在的问题及对策研究."『现代商业』. 第2期.

罗天彪 (2023). "民营经济领域弘扬企业家精神的路径探析."『中国市场』. 第36期.

梁凯丽·辛涛·张琼元·赵茜·李刚·张生 (2022). "落实"双减"与校外培训机构治理."『中国远程教育』. 第4期.

梁朋 (2020). "重视发挥第三次分配在国家治理中的作用."『中国党政干部论坛』. 第2期.

梁小红 (2021). "后疫情时代福建民营企业发展的融资支持体系建设研究."『吉林工程技术师范学院学报』. 第37卷 第2期.

梁荣栋, 黄可 (2022). ""三道红线"下房地产行业信用风险展望."『黑龙江金融』. 第1期.

梁雅楠·张成·王小广 (2024). "以新质生产力赋能民营企业转型发展：困境、溯源和对策."『当代经济管理』. 网络首发, https://link.cnki.net/urlid/13.1356.F.20240711.1513.002. (2024년 11월 6일 검색).

冷兆松 (2013). ""国进民退"争论的兴起与升级、焦点与实质."『海派经济学』. 第11卷 第3期.

厉以宁 (1991). 论共同富裕的经济发展道路."『北京大学学报(哲学社会科学版)』. 第5期.

吕斌 (2021). "政府引导基金发展历程及发展方向."『中国财政』. 第23期.

雷永军 (2009). "中粮入主, 解蒙牛战略困境."『现代企业文化(上旬)』. 第9期.

赖勉珊·杨嘉雨 (2024). ""民营经济31条"背景下大型民营房地产企业困境治理

的对策与建议." 『上海城市管理』. 第1期.

卢均晓 (2021). "平台经济领域资本无序扩张的竞争法规制研究." 『价格理论与实践』. 第7期.

卢盛荣·郭学能·游云星 (2019). "影子银行、信贷资源错配与中国经济波动." 『国际金融研究』. 第4期.

廖军·苏志宏 (2023). "习近平同志关于新社会阶层重要论述的基本内涵、生成逻辑与价值意蕴." 『毛泽东思想研究』. 第40卷 第1期.

廖亮 (2021). 「房地产行业发展的形势与挑战」. 『住宅产业』. 第2-3期.

廖儒凯·任啸辰 (2019). "中国影子银行的风险与监管研究." 『金融监管研究』. 第11期.

龙宝新 (2021). "中小学学业负担的增生机理与根治之道——兼论"双减"政策的限度与增能." 『南京社会科学』. 第10期.

龙宝新·赵婧 (2022). ""双减"政策破解义务教育内卷化困境的机理与路向." 『现代教育管理』. 第4期.

刘强 (2009). "建国60年来私营经济发展的风雨坎坷路." 『兰州学刊』. 第7期.

刘姜婷 (2022). "探究政府调控新政策对房地产市场的影响." 『商业文化』. 第10期.

刘开云 (2005). "国企改革:经济学家的困扰与抉择." 『经济问题』. 第6期.

刘国光 (2102). ""两个毫不动摇"的当前价值——公有制是社会主义初级阶段基本经济制度." 『人民论坛』. 第15期.

刘丹 (2021). "关于构建亲清新型政商关系的调查与思考." 『湖南省社会主义学院学报』. 第22卷 第1期.

刘多多·方芳 (2023). ""双减"政策背景下校外培训治理的新困境及纾解路径." 『教育科学探索』. 第41卷 第3期.

刘明宇 (2012). ""国进民退"长期扩大化对中国市场经济影响分析的综述." 『经济研究导刊』. 第10期.

刘书生·刘德华 (2022). "利益相关者视域下"双减"实施的博弈困境及突破." 『当代教育科学』. 第8期.

刘瑞·王岳 (2010). "从"国进民退"之争看国企在宏观调控中的作用." 『政治经济学评论』. 第1卷 第3期.

刘诚 (2020). "数字经济监管的市场化取向分析." 『中国特色社会主义研究』. 第Z1期.

刘树升 (2019). "新时代企业家精神与亲清新型政商关系研究." 『云南社会主义

학원학보』. 第21卷 第4期.

刘颜 (2018). "中国房地产业发展的历史路径、现状与未来展望." 『中国发展』. 第18卷 第6期.

刘燕 (2019). "国有企业与民营企业的融资问题探讨." 『市场研究』. 第7期.

刘玉江·能建国 (2013). "改革开放三十五年来非公有制经济发展的回顾与启示." 『中央社会主义学院学报』. 第2期.

刘勇 (2022). "'双减'背景下校外培训机构专项督导的政策逻辑与实施路径." 『教育测量与评价』. 第3期.

刘元春 (2018). "中美贸易摩擦的现实影响与前景探究——基于可计算一般均衡方法的经验分析." 『人民论坛·学术前沿』. 第16期.

刘凝霜·程霖 (2021). "中国共产党民营经济政策演变及其理论创新：1921—2021." 『改革』. 第1期.

刘在华 (2017). "浅谈年轻一代非公有制经济人士的健康成长." 『吉林省社会主义学院学报』. 第1期.

刘仲仪 (2022). "落实'双减'政策的内在逻辑与关键举措——对学业过度竞争的考察." 『福建师范大学学报(哲学社会科学版)』. 第4期.

刘俊海 (2018). "优化营商法治环境,必须反对'国进民退'论与'民进国退'论." 『人民法治』. 第19期.

刘晋祎 (2021). "新发展阶段共同富裕的历史逻辑、结构特征与实践路向." 『改革与战略』. 第37卷 第10期.

刘灿 (2019). "完善社会主义市场经济体制与财产权法律保护制度的构建——政治经济学的视角." 『政治经济学评论』. 第10卷 第5期.

刘倩 (2023). "媒体对民营企业转型升级的推动作用." 『中国报业』.

柳苏凌·大野川 (2021). "社会艺术培训能不能在'双减'中获得政策红利." 『乐器』. 第9期.

陆岷峰·欧阳文杰 (2019). "中国房地产与房地产金融七十年运行轨迹、经验与展望：兼论房地产去金融化." 『长春金融高等专科学校学报』. 第5期.

陆聂海 (2020). "促进民营经济'两个健康'的统一战线路径." 『江苏省社会主义学院学报』. 第6期.

_____ (2021). "民营企业统一战线工作的探索和创新——基于理论和实践的分析." 『上海市社会主义学院学报』. 第5期.

陆卫明·王子宜 (2022). "新时代习近平关于共同富裕的重要论述及其时代价值." 『北京工业大学学报(社会科学版)』. 第22卷 第3期.

李江楠·邱小健 (2022). "双剑背景下家校社协同共同生路径探析." 『教学与管理』. 第25期.

李景治 (2021). "共同富裕是中国特色社会主义现代化建设的根本奋斗目标." 『党政研究』. 第1期.

李国强·李初 (2021). "创新制度, 民营经济在党的领导下不断发展壮大." 『智慧中国』. 第7期.

李国庆·钟庭军 (2022). "中国住房制度的历史演进与社会效应." 『社会学研究』. 第4期.

李广海·李海龙 (2022). "博弈论视角下"双减"政策执行的阻滞与疏解." 『现代教育管理』. 第6期.

李军杰·周卫峰 (2005). "基于政府间竞争的地方政府经济行为分析: 以"铁本事件"为例." 『经济社会体制比较』. 第1期.

李桂梅·郑自立 (2016). "我省非公有制经济人士思想动态调研与分析." 『河北省社会主义学院学报』. 第4期.

李锦 (2018). "破除12个国企民企对立思维怪圈." 『人才资源开发』. 第9期.

李其容·王春淼·马源 (2024). ""求亲且求清":新型政商关系对连续创业的影响." 『科技进步与对策』. 网络首发, https://link.cnki.net/urlid/42.1224.g3.20240402.1347.006. (2024년 11월 6일 검색)

李丹 (2021). ""双减"释放教育去产业化信号." 『云南教育(视界综合版)』. 第9期.

李稻葵 (2019). "中美经济新格局." 『中央社会主义学院学报』. 第3期.

李乐帆 (2023). "校外培训机构治理如何做到"久久为功"——基于"责任—利益—制度"框架的分析." 『教育理论与实践』. 第43卷 第7期.

李连仲 (2014). "十八届三中全会的决定与深化经济体制改革的新突破." 『对外经贸实务』. 第3期.

李明洋·高英彤 (2023). "习近平统筹发展和安全重要论述的精髓要义." 『学术探索』. 第9期.

李明峰 (2011). "民营资本非市场国有化对中西部经济的影响: 基于最近民营资本被国有化案例的分析." 『湖南师范大学社会科学学报』. 第40卷 第3期.

_____ (2013). "非市场行为的国进民退是帕累托改进吗?——基于民营经济的视角." 『经济体制改革』. 第3期.

李文喆 (2021). "中国影子银行的经济学分析: 发展驱动因素." 『经济学家』. 第3期.

李敏·赵明仁 (2022). ""双减"背景下课堂教学质量提升：现实困境及其路径选择."『天津师范大学学报(社会科学版)』. 第4期.

李盼盼·解建秀 (2019). "关于深入推进"万人进万企"助力民营企业发展壮大的对策建议."『辽宁经济职业技术学院, 辽宁经济管理干部学院学报』. 第6期.

李斌 (2018). "效率与分化：中国城市住房改革40年回顾."『人民论坛·学术前沿』. 第21期.

李善民·梁星韵 (2020). "创投机构响应政策还是迎合政策？——基于政府引导基金激励下的投资视角."『证券市场导报』. 第9期.

李世伟 (2020). "房地产调控背后的政策选择：我国房地产调控政策评析."『对外经贸』. 第6期.

李小宁 (2018). "党的十九大精神与新时代统一战线——学习习近平总书记关于统一战线的新思想新观点新论断新要求."『广州社会主义学院学报』. 第2期.

李小明·朱超然 (2021). "走向共同富裕需完善反垄断立法."『人民论坛』. 第33期.

李水金·赵新峰 (2021). "第三次分配的正义基础."『山东工商学院学报』. 第35卷第1期.

李淑萍·刘长松 (2018). "现代治理体系下的新型政商关系的构建——以宁夏为例."『陕西社会主义学院学报』. 第1期.

李新 (2022). "房地产税改革试点的原因及其影响分析."『经济师』. 第6期.

李艳 (2017). "我国政府引导基金的发展现状、问题与对策."『宏观观察』. 第25期.

李艳艳 (2021). ""三道红线"压顶,房企高杠杆扩张时代一去不复返."『中国企业家』. 第1期.

李中·张彦 (2023). "政治约束与经济理性的平衡——党组织嵌入对非公企业福利保障制度建设的影响研究."『社会学评论』. 第1期.

李政 (2010). ""国进民退"之争的回顾与澄清：国有经济功能决定国有企业必须有"进"有"退"."『社会科学辑刊』. 第5期.

李正图 (2022). "国有企业混合所有制改革：重大成就和历史经验——学习十九届六中全会 《中共中央关于党的百年奋斗重大成就和历史经验的决议》."『广西财经学院学报』. 第35卷 第4期.

李静波·祁靖 (2021). "新时代中国特色社会主义共同富裕理论演进——基于改

혁개방이래역계당대회보고적문본분석." 『重庆理工大学学报(社会科学)』. 第10期.

李中义 (2014). "国有经济的功能定位与战略调整——兼评"国进民退"."『财经问题研究』. 第2期.

李倩倩·王岩波·李军杰 (2020). ""严监管"促龙头房企减速提质和楼市理性回归: 2020年房地产市场运行分析及2021年展望."

https://www.cnfin.com/upload-xh08/2020/1228/34070d6ab8214f17bf465b5748ce117f.pdf (2022년 10월 30일 검색).

李春晓·刘秋月·李文杰 (2022). "我国房地产市场发展的演变过程及其启示."『广西城镇建设』. 第5期.

李佩珈 (2020). "房地产融资政策调整的背景与建议."『中国国情国力』. 第11期.

李萍·杜乾香 (2019). "新中国70年经济制度变迁:理论逻辑与实践探索."『学术月刊』. 第51卷 第8期.

李学敏 (2023). ""双减"政策背景下家长教育焦虑现状与对策研究."『甘肃开放大学学报』. 第33卷 第2期.

李海涛 (2011). "新中国成立以来党的私营经济政策探析."『改革与战略』. 第27卷 第2期.

李海舰·杜爽 (2021), "推进共同富裕若干问题探析."『改革』. 第12期.

李贤·崔博俊 (2021). "共同富裕视角下的慈善活动."『思想战线』. 第47卷 第6期.

李晓 (2020). "新时代中国企业家精神：特点与培育."『人民论坛』. 第32期.

李晓鹏 (2019). "强大的国有经济是民营经济发展的坚强后盾——驳所谓"国进民退"的谬论."『中华魂』. 第5期.

林中 (2020). ""三道红线"五大指标, 房企需关注."『城市开发』. 第22期.

林昌华 (2022). "中国共产党对民营经济发展探索的历史演进与经验启示."『学术评论』. 第4期.

马东艳 (2018). "经济新常态下国企做强做优做大的策略研究."『企业改革与管理』. 第13期.

马理·范伟 (2021). "促进"房住不炒"的货币政策与宏观审慎"双支柱"调控研究."『中国工业经济』. 第3期.

马立政·陆红红 (2024). "中国共产党所有制思想演变历程及启示."『上海经济研究』. 第6期.

马艳玲 (2021). "推进共同富裕要准确把握三个分配领域的性质和功能."『发展』. 第12期.

马香莲·张琪琪 (2022). ""双减"政策执行的制约因素与破解路径."『教育评论』. 第2期.

马淮 (2012). ""国进民退"争论中应警惕和反思的几个问题."『江西财经大学学报』. 第2期.

_____ (2013). "所谓"国进民退"争论中应反思的几个问题."『先锋队』. 第17期.

莫炳坤·李资源 (2017). "十八大以来党对共同富裕的新探索及十九大的新要求."『探索』. 第6期.

万建民·郭立琦 (2020). "千企调查报告:疫情影响下的10个"二八现象"."『中国企业家』. 第3期.

万长松·王丽媛 (2022). "新时代中国特色企业家精神的培育与弘扬."『长沙理工大学学报(社会科学版)』. 第37卷 第1期.

万海远·陈基平 (2021). "共享发展的全球比较与共同富裕的中国路径."『财政研究』. 第9期.

孟春·郭上·吴昺兵·高雪姮 (2016). "促进我国政府引导基金健康发展的几点思考."『中国财政』. 第11期.

明亮·徐睿·胡燕 (2022). ""双减"的社会反响及深化治理对策研究——基于对成都市民的调查分析."『成都行政学院学报』. 第3期.

毛广澳, 叶松 (2021). ""经济双循环"战略政策下"房住不炒"效果分析."『中国房地产』. 第28期.

毛三元 (1995). "私营经济范畴的理论涵义与中国特色."『中南财经大学学报』. 第1期.

毛传清 (2004). "新时期党对私营经济的认识变化及其经验."『湖北社会科学』. 第4期.

苗正卿 (2021). "教培"资本时代"恐终结."『中国中小企业』. 第8期.

苗驰·丁恒星·丁亚东 (2023). "从"阵痛"到"镇痛"——"双减"政策实施的困境与纾解路径分析."『阜阳职业技术学院学报』. 第34卷 第1期.

武建奇 (2021). "共同富裕: 从远大理想到战略实施的历史性转变."『政治经济学研究』. 第2期.

潘玉娟 (2020). "构建亲清新型政商关系探究."『中共云南省委党校学报』. 第21卷 第3期.

方芳 (2023). ""双减"政策下校外线上培训的治理困境与应对策略."『教学与管理』. 第10期.

方芳·李剑萍 (2021). "校外培训机构治理政策的逻辑演进与现实挑战——兼146

起教育培训纠纷司法案例的实证分析."『复旦教育论坛』. 第19卷 第6期.

方福前 (2021). "从单一公有制到公有制为主体的混合所有制——中国共产党对生产资料所有制形式和结构的百年探索与实践."『中国工业经济』. 第8期.

方松 (2022). ""三道红线"对房企融资的影响及对策研究."『上海国资』. 第6期.

方兴东·钟祥铭 (2021). "互联网平台反垄断的本质与对策."『现代出版』. 第2期.

房地产导刊 (2020). "李迅雷: 迈向共同富裕共识下的投资思考."『房地产导刊』. 第12期.

白光昭 (2020). "第三次分配: 背景、内涵及治理路径."『中国行政管理』. 第12期.

_____ (2021). "正确认识公益慈善."『山东工商学院学报』. 第35卷 第1期.

白彦锋·刘璐 (2022). "平台经济发展"双失序"与共同富裕取向的财政治理选择."『河北大学学报(哲学社会科学版)』. 第47卷 第1期.

白静 (2023). "大政方针引领民营经济走向广阔舞台——十九大以来党对民营经济理论的创新发展."『中国科技产业』. 第8期.

樊文静·潘娴 (2021). "平台经济领域的垄断逻辑与资本无序扩张——以社区团购为例."『吉林工商学院学报』. 第37卷 第4期.

樊鹏·李妍 (2021). "驯服技术巨头: 反垄断行动的国家逻辑."『文化纵横』. 第1期.

保虎 (2024). "新质生产力赋能中国式现代化：理论逻辑、价值意蕴及实践路径."『西北民族大学学报(哲学社会科学版)』. 第4期.

本刊记者 (2022). "新时代国有企业发生根本性转折性全局性重大变化——国务院国资委通报新时代国资国企改革发展情况."『现代国企研究』. 第7期.

付卫东·郭三伟 (2022). ""双减"格局下的中小学课后服务：主要形势与重点任务."『河北师范大学学报(教育科学版)』. 第24卷 第1期.

付卫东·李伟 (2023). ""双减"背景下非学科类校外培训能改善中小学生的心理健康状态吗?——基于东中西部6省30个县（市、区）的调查."『华中师范大学学报(人文社会科学版)』. 第62卷 第1期.

付昨霖 (2019). "福利与市场: 中国住房政策的历史演变与政策取向."『现代营销(信息版)』. 第7期.

付翠莲 (2023). "公权力监督视野下推动亲清政商关系构建的逻辑与对策."『地方治理研究』. 第1期.

傅帅雄 (2021). "厉以宁关于第三次分配的思考与论述."『群言』. 第12期.

史梦丝·王蓉 (2023). ""双减"背景下教师自我减负路径研究."『黑龙江教师发展学院学报』. 第42卷 第3期.

史苏·李小宁 (2024). "中国式现代化视域下民营经济统战工作研究."『湖南省社会主义学院学报』. 第6期.

谢富胜·王松 (2020). "在协同竞争中推动公有制经济与非公有制经济共同发展."『教学与研究』. 第12期.

_____ (2021). "习近平论公有制经济与非公有制经济有机统一."『学术研究』. 第4期.

谢旺润·徐三宝 (2023). "新时代非公有制企业党建工作研究."『世纪桥』. 第5期.

徐丹诚·薛海平 (2022). "学生参与影子教育存在邻里效应吗——基于中国家庭追踪调查数据分析."『现代教育论丛』. 第2期.

徐林·王阿舒 (2023). "协同治理视域下"双减"政策有效实施：逻辑、困境与进路."『教育与经济』. 第39卷. 第2期.

徐蓓 (2022). "数字经济时代平台反垄断规制的困局和调适."『商业经济研究』. 第1期.

徐飞 (2021). "共同富裕的理念演进、实践推动与基础性制度安排."『人民论坛·学术前沿』. 第22期.

徐亚娜 (2010). "建国以来非公有制经济的发展历程."『胜利油田党校学报』. 第23卷 第1期.

徐英 (2020). "中美贸易摩擦对我国民营企业的影响及对策研究."『中国市场』. 第28期.

徐政·吴晓亮·郑霖豪 (2024). "民营经济推进中国式现代化：困境与路径."『当代经济管理』. 第46卷 第4期.

石颖 (2022). "国有企业混合所有制改革的进展与建议."『产权导刊』. 第3期.

石瑶 (2024). "习近平总书记关于做好新时代党的统一战线工作的重要思想探析."『中国井冈山干部学院学报』. 第17卷 第4期.

石云鸣 (2022). "民营经济高质量发展政策现状与对策建议."『科技和产业』. 第22卷 第10期.

_____ (2025). "民营经济发展新质生产力的优势、困境与对策建议."『科技和产业』. 第25卷 第3期.

石云鸣·姚桓 (2024). "党领导民营经济发展壮大的历史脉络和学理逻辑."『北京行政学院学报』. 第2期.

席月民 (2023). "分类推进新时代亲清政商关系的法治化."『政法论坛』. 第6期.

薛书冯 (2022). ""三条红线"背景下房地产企业财务管理应对策略."『财会学习』. 第11期.

薛若禹 (2021). ""房住不炒"新政下房地产企业的应对策略研究."『经济研究导刊』. 第19期.

薛二勇·李健·刘畅 (2022). ""双减"政策执行的舆情监测、关键问题与路径调适."『中国电化教育』. 第4期.

薛海平 (2015). "从学校教育到影子教育：教育竞争与社会再生产."『北京大学教育评论』. 第13卷 第3期.

薛海平·高翔 (2022). "我国基础教育课外补习研究:历程、困境与展望."『教育科学』. 第38卷 第5期.

薛海平·徐丹诚 (2022). "影子教育的剧场效应研究———基于中国教育追踪调查数据分析."『教育经济评论』. 第7卷 第1期.

聂勇钢 (2021). "亲清新型政商关系研究: 回顾与展望."『廉政文化研究』. 第2期.

聂贤苗·马雨欣 (2022). ""双减"背景下教师教学的新困境及其应对."『教学与管理』. 第25期.

聂辉华 (2020). "从政企合谋到政企合作———一个初步的动态政企关系分析框架."『学术月刊』. 第52卷 第6期.

城市开发 (2021). "中国房地产业40年，40个标志性的"第一次"."『城市开发』. 第18期.

苏美玲 (2023). "我国城乡教育投入与城乡收入差距关系研究."『统计学与应用』. 第12卷 第4期.

苏玉萍 (2022). ""房住不炒"背景下相关政策分析."『经济研究导刊』. 第7期.

肖钢 (2019). "中国影子银行的治理与创新."『新金融评论』. 第4期.

肖建平 (2019). "关于年轻一代非公经济人士现状和教育培养的调查研究——以湖北省为例."『天津市社会主义学院学报』. 第1期.

肖剑忠 (2018). "非公有制企业党建:逻辑、经验和前瞻——以杭州为个案."『中共杭州市委党校学报』. 第4期.

肖文 (2021). "多措并举助力民营经济健康发展."『人民论坛』. 4月上.

肖文·谢文武 (2023). "当前民营经济发展的新特征与新挑战."『人民论坛』. 第7期.

肖雅文·傅王倩 (2022). "校外培训机构治理政策的发展、现状与落实路径."『教育与教学研究』. 第36卷 第10期.

束赟 (2021). "制度体系与政治优势: 统一战线与国家制度关系的演变与张力."

『统一战线学研究』. 第4期.

孙桂生·唐少清·陶金元·严家明 (2024). "企业家精神、创新文化与高质量发展的内在逻辑分析." 『中国软科学』. 第S1期.

孙大伟 (2021). "中国共产党共同富裕思想和中国特色社会主义共同富裕道路." 『观察与思考』. 第1期.

孙亮·刘春 (2021). "民营企业因何引入国有股东？－来自向下调整盈余的证据." 『财经研究』. 第47卷 第8期.

孙明华·王继勇·董蕾·徐姝静·国晔 (2022). "大转折——这十年，中国特色现代企业制度成熟定型." 『国企管理』. 第19期.

孙雯·张晓丽·邱峰 (2017). "政府引导基金发展现状及其推进策略." 『国际金融』. 第7期.

孙不凡·贾志国 (2022). ""双减"语境下校外培训机构综合治理的实现路径." 『教育理论与实践』. 第42卷 第14期.

孙不凡·程一可 (2022). ""双减"背景下的校外培训及其机构治理——基于教育生态危机的视角." 『浙江师范大学学报(社会科学版)』. 第47卷 第2期.

_____ (2023). "教育技术赋能的理论省思及实践路径——以推进"双减"改革为例." 『渭南师范学院学报』. 第38卷 第2期.

孙树强 (2020). "系统性金融风险测度、发展和演变：一个综述." 『金融市场研究』. 第10期.

孙业礼 (2010). "共同富裕:六十年来几代领导人的探索和追寻." 『党的文献』. 第1期.

孙榕 (2021). "共同富裕下的"三次分配"——访北京大学光华管理学院教授、北京大学经济政策研究所所长陈玉宇." 『中国金融家』. 第9期.

孙佑海 (2022). "论构建和完善促进共同富裕的法律体系." 『中州学刊』. 第1期.

孙春晨 (2021). "第三次分配的伦理阐释." 『中州学刊』. 第10期.

宋坤·田祥宇 (2021). "国资驰援是"国进民退"还是"国进民进"——基于股权结构变动的分析." 『财经问题研究』. 第6期.

宋方敏 (2018). "论"国有企业做强做优做大"和"国有资本做强做优做大"的一致性." 『政治经济学评论』. 第9卷 第2期.

宋凡·龚向和 (2022). ""双减"政策下影子教育的公益性证成及其法治保障." 『复旦教育论坛』. 第20卷 第4期.

申素平·吴楠 (2022). "合法性与最佳性：行政处罚在校外培训监管中的基本依循." 『探索与争鸣』. 第9期.

新经济导刊 (2009). "中粮"食物链"."『新经济导刊』. 第11期.

新财经 (2009). "日照钢铁 强龙难逃被收购."『新财经』. 第12期.

沈启旺 (2017). "构建新型政商关系存在的问题及对策探讨."『内蒙古农业大学学报(社会科学版)』. 第5期.

沈亚芳·吴方卫·张锦华·陈林艳 (2013). "城乡差异对教育发展的影响：基于Oacaxa-Blinder分解技术的实证研究."『农业技术经济』. 第7期.

沈伟 (2019). ""竞争中性"原则下的国有企业竞争中性偏离和竞争中性化之困."『上海经济研究』. 第5期.

沈在蓉 (2024). "党建引领非公企业高质量发展的内在机理与实现机制."『中共杭州市委党校学报』. 第1期.

沈传亮 (2019). "准确认识党的十八届三中全会的划时代地位."『理论导报』. 第2期.

沈春光 (2006). "十一届三中全会以来我国宪政实践进程论析."『许昌学院学报』. 第4期.

习近平 (2014). "办公厅工作要做到"五个坚持"."『秘书工作』. 第6期.

颜爱民 (2023). "回顾与展望：改革开放与民营经济."『人民论坛』. 第7期.

杨金东 (2022). "结构紧张与公平隐忧："双减"政策的阶层反应与可持续发展研究."『云南民族大学学报(哲学社会科学版)』. 第39卷 第6期.

杨东 (2021). "《中国共产党统一战线工作条例》与《中国共产党统一战线工作条例(试行)》的文本对比."『中央社会主义学院学报』. 第2期.

杨明伟 (2021). "共同富裕：中国共产党的坚定谋划和不懈追求."『马克思主义与现实』. 第3期.

杨瑞龙 (2018). "国有企业改革逻辑与实践的演变及反思."『中国人民大学学报』. 第5期.

杨小微·文琰 (2022). ""双减"政策实施研究的现状、难点及未来之着力点."『新疆师范大学学报(哲学社会科学版)』. 第43卷 第4期.

杨小勇·余乾申 (2022). "新时代共同富裕实现与民营经济发展协同研究."『上海财经大学学报』. 第24卷 第1期.

杨速炎 (2010). "危险的"国进民退"."『上海经济』. 第Z1期.

杨娟 (2021). "唯物史观视野下习近平新时代非公经济领域统战思想探析." 第42卷. 第1期.

杨勇·张晓霞 (2008). "透视"铁本事件"：商业银行贷后管理的操作风险分析."『现代商业银行』. 第5期.

杨卫 (2020). "中国特色社会主义分配制度体系的三个层次."『上海经济研究』. 第2期.

杨卫东 (2013). "国企改革与"再国有化"反思."『华中师范大学学报(人文社会科学版)』. 第52卷. 第1期.

杨卫敏 (2019). "构建新型政商关系的方法论考察——基于浙江省的实践探索分析."『中央社会主义学院学报』. 第2期.

杨宜勇 (2023). "促进民营经济发展壮大 助力中国式现代化建设."『中国新闻发布(实务版)』. 第11期.

杨子晖·陈雨恬·谢锐楷 (2018). "我国金融机构系统性金融风险度量与跨部门风险溢出效应研究."『金融研究』. 第10期.

杨程 (2022). "校外培训机构治理的现实困境及实施对策."『中小学管理』. 第1期.

杨程·秦惠民 (2021). "校外培训的市场失灵与依法治理."『清华大学教育研究』. 第42卷 第6期.

杨静 (2024). ""两个毫不动摇"的理论构建与现实推进——基于系统观念的视角."『马克思主义研究』. 第2期.

杨婷婷·李永山·李佳·边海鹏·吕计跃 (2020). "新时代非公有制企业党建工作的挑战与对策."『淮南师范学院学报』. 第2期.

杨春学·杨新铭 (2015). "关于"国进民退"的思考."『经济纵横』. 第10期.

余雪飞·宋清华 (2013). ""二元"信贷错配特征下的金融加速器效应研究——基于动态随机一般均衡模型的分析."『当代财经』. 第4期.

余秀兰 (2006). "文化再生产: 我国教育的城乡差距探析."『华东师范大学学报(教育科学版)』. 第24卷 第2期.

余菁 (2010). ""国进民退":实质、利弊与演化——兼对2009年几个典型案例的探讨."『学习与实践』. 第1期.

易成栋·高璇·刘威 (2018). "中国城镇住房制度改革的效果: 总体改善、阶层分化以及对房屋普查、人口普查等数据的实证分析."『中国房地产』. 第15期.

易宪容 (2018). "改革开放以来中国房地产市场发展的金融分析."『人民论坛·学术前沿』. 第18期.

燕连福·王亚丽 (2022). "全体人民共同富裕的核心内涵、基本遵循与发展路径."『西安交通大学学报(社会科学版)』. 第42卷 第1期.

冉昊 (2020). "理性看待"国进民退"阵痛期的矛盾:症态、原因与对策分析."『中共杭州市委党校学报』. 第6期.

闫晓红 (2017). "党的十八大以来非公有制经济统战政策的创新与发展."『山西社会主义学院学报』. 第3期.

闫永·郭大鹏·刘青山 (2022). "第一篇章 做强做优做大国有企业, "国家队"战略支撑作用更加突出."『国资报告』. 第10期.

叶春燕·王颜 (2019). "探索特殊管理股在传媒融合发展中的应用."『城市党报研究』. 第9期.

邬志辉·梁号·王秦 (2022). ""双减"政策下的校外培训:生存逻辑、效果反思与体系建构."『湘潭大学学报(哲学社会科学版)』. 第46卷 第3期.

伍山林·周瑞 (2022). "在发展中追求经济安全: 新中国成立以来的演进脉络和总体性分析."『财经研究』. 第48卷 第11期.

吴强 (2010). "从国际金融危机看国有经济控制国家经济命脉的合理性."『红旗文稿』. 第6期.

吴敬琏 (2011). ""十二五"中国宏观经济态势和展望."『探索与争鸣』. 第7期.

吴跃农 (2021). "履行社会责任, 民营经济助力共同富裕."『金融博览』. 第9期.

吴垠 (2021). "平台经济反垄断与保障国家经济安全."『马克思主义研究』. 第12期.

吴振坤 (1999). "以十五大精神为指导 积极发展私营经济."『长白学刊』. 第1期.

敖带芽 (2005). 『私营企业主阶层的政治参与』. 中山大学出版社.

姚坤 (2021). "反垄断亮剑 互联网巨头遭遇监管"紧箍咒"."『中国经济周刊』. 第9期.

姚坤·孙庭阳 (2022). ""普通公司"腾讯."『中国经济周刊』. 第1期.

姚炳宇 (2020). "构建新型政商关系 护航民营经济发展."『新长征』. 第11期.

牛婵 (2014). ""个转企"为纺城提速."『纺织服装周刊』. 第31期.

俞萍 (2014). ""个转企"的法律构造分析."『商场现代化』. 第22期.

隗斌贤 (2019). "新时代民营经济"两个健康"的理论与实践探索."『治理研究』. 第2期.

王佳 (2012). "浅析山西省煤炭企业的资源整合重组的意义及问题."『商品与质量』. 第7期.

王可园 (2021). "习近平关于促进非公有制经济发展的重要论述及其价值."『福州大学学报(哲学社会科学版)』. 第3期.

王建均 (2023). 『民营企业党建工作实务与创新手册』. 中华工商联合出版社.

王京滨·夏贝贝 (2019). "中国房地产改革40年: 市场与政策".『宏观经济研究』.

제10期.

王昆 (2023). "新时代加强民营经济统战工作研究."『陕西社会主义学院学报』. 第1期.

王金柱 (2021). "改革开放以来党领导民营经济的成功之道."『求知』. 第9期.

王德宁 (2017). "关于中小城市建立新型政商关系的思考——以辽宁省铁岭市为例."『中国商论』. 第12期.

王涛·刘国沛 (2022). ""双减"背景下小学生参与非学科类校外培训研究——基于JNL小学的调查数据分析."『绵阳师范学院学报』. 第41卷 第9期.

王憧棋·范雅康 (2020). "从嵌入到融合:政党中心视角下的非公党建."『毛泽东思想研究』. 第37卷 第4期.

王明姬 (2021). "民营企业应在三次分配中发挥更大作用."『中国经贸导刊』. 第23期.

王文泽 (2021). "促进平台经济健康发展必须强化反垄断."『红旗文稿』. 第18期.

王书柏·胡祎 (2021). "民营企业经营状况分析及纾困措施——基于疫情期间全国范围大样本调查."『中国发展』. 第21卷 第2期.

王瑞芳 (2018).『辉煌40年--中国改革开放成就丛书(经济建设卷)』. 安徽教育出版社.

王先林 (2022). "迈向持续性和常态化的中国反垄断."『中国价格监管与反垄断』. 第3期.

王先林·方翔 (2021). "平台经济领域反垄断的趋势、挑战与应对."『山东大学学报(哲学社会科学版)』. 第2期.

王先林·曹汇 (2021). "平台经济领域反垄断的三个关键问题."『探索与争鸣』. 第9期.

王晓琳·何虹 (2017). "年轻一代非公有制经济人士价值观认同问题探析——以陕西省为例."『陕西社会主义学院学报』. 第4期.

王松 (2024). "坚持"两个毫不动摇" 推动经济高质量发展."『红旗文稿』. 第9期.

王若磊 (2021). "完整准确全面理解共同富裕内涵与要求."『人民论坛·学术前沿』. 第6期.

王印成 (2023). "我国民营经济高质量发展研究."『沿海企业与科技』. 第28卷 第5期.

王逸群 (2021). "美团反垄断调查落地."『计算机与网络』. 第20期.

王拴乾 (2023). "完善市场经济体制的创新性理论贡献."『新疆社会科学』. 第6期.

王正攀 (2022). "新世纪以来的共同富裕研究回顾."『西南民族大学学报(人文社会科学版)』. 第3期.

王婷·李政 (2020). "党的十八届三中全会以来国有企业混合所有制改革研究进展与述评."『政治经济学评论』. 第11卷 第6期.

王靓·王正斌·徐建强 (2007). "我国个体经济与经济增长的实证研究."『内蒙古农业大学学报(社会科学版)』. 第5期.

王静文 (2022). "稳地产,政策正发力."『金融博览(财富)』. 第6期.

王俊 (2021). "民营经济基本特征、制约因素以及优化发展路径."『经济界』. 第2期.

王中保 (2010). "从"国进民退"争论谈国有企业改革."『红旗文稿』. 第16期.

王天义 (2020). "论坚持党对民营企业的领导."『山东社会科学』. 第10期.

王哲先·王晨晓 (2022). "超越功利 回归公益——"双减"背景下校外培训机构的问题反思与发展路径."『中小学校长』. 第12期.

王喆 (2021). ""私营企业主"和"民营企业家"称谓的历史内涵辨析."『秘书』. 第4期.

王喆·张明·刘士达 (2017). "从"通道"到"同业"——中国影子银行体系的演进历程、潜在风险与发展方向."『国际经济评论』. 第4期.

王春英·陈宏民·杨云鹏 (2021). "数字经济时代平台经济垄断问题研究及监管建议."『电子政务』. 第5期.

王焕培 (2019). "习近平关于非公有制经济领域"两个健康"思想研究."『湖南省社会主义学院学报』. 第3期.

王红茹·张伟 (2010). ""国进民退"真伪."『中国经济周刊』. 第11期.

王欣 (2022). "新时代推动民营企业高质量发展:制度演进、现实刻画和未来进路."『产业经济评论』. 第4期.

王欣·肖红军 (2022). "推动国有企业与民营企业协同发展:进展、问题与对策."『经济体制改革』. 第5期.

汪立鑫·左川 (2019). "国有经济与民营经济的共生发展关系——理论分析与经验证据."『复旦学报(社会科学版)』. 第4期.

汪海波 (2011). "对"国进民退"问题之我见."『经济学动态』. 第1期.

于小悦·张璠·王竹泉·陈一帆 (2023). "民营经济扶持政策与民营企业全要素生产率提升——来自省级政策文本量化的经验证据."『财务研究』. 第3期.

于波·王威 (2024). "社会信用体系建设对城市经济发展质量影响的统计检验."『统计与决策』. 第14期.

熊艳青·张成龙·陈梦圆 (2023). "影子教育能提高学业成绩吗?——基于35项实证研究的元分析."『现代教育科学』. 第1期.

熊辉·吴晓·谭诗杰 (2013). "改革开放以来党关于私营经济理论政策的演变."『北京党史』. 第1期.

尹晓敏 (2023). "以"自己人"思维推动民营经济高质量发展."『浙江经济』. 第10期.

元晋秋 (2020). "坚持和完善我国基本分配制度要重视发挥第三次分配作用."『现代经济探讨』. 第9期.

袁吉伟·马国新 (2021). "以慈善信托助力三次分配."『金融博览(财富)』. 第9期.

袁莉 (2024). "新发展格局下我国民营经济营商环境的优化策略."『改革』. 第1期.

袁雪飞 (2005). "优化地方政府经济职能的思考：由江苏"铁本"事件引起."『探索』. 第1期.

袁岳 (2025). "2024年民营经济回顾与2025年展望."『企业改革与发展』. 第1期.

袁元·董瑞丰 (2008). "30年历届党的三中全会决策大思路."『决策与信息』. 第12期.

袁银传·高君 (2021). "习近平关于共同富裕重要论述的历史背景、科学内涵和时代价值."『思想理论教育』. 第11期.

袁晶 (2010), "中国式"国进民退"的比较研究:旧酒新瓶还是旧瓶新酒."『中国市场』. 第18期.

原诗萌 (2022). "中国这十年：国有企业发生根本性转折性全局性重大变化."『国资报告』. 第6期.

卫兴华·张福军 (2010). "当前"国进民退"之说不能成立——兼评"国进民退"之争."『马克思主义研究』. 第3期.

魏易 (2018). "2017年中国教育财政家庭调查：中国家庭教育支出现状."『中国教育财政』. 总第152期.

魏倩 (2023). "新时代民营经济统战工作的理论发展与实践创新研究."『成都行政学院学报』. 第2期.

魏楚 (2024). "设立民营经济发展局正当其时."『人民论坛』. 第2期.

依绍华 (2023). "新时期扩大居民消费面临的问题与建议."『价格理论与实践』. 第8期.

任森春·俞飞飞 (2018). "国进民退视角下的银行绩效研究."『武汉商学院学报』. 第32卷 第6期.

任真 (2010). "解析"国进民退"论断真伪."『企业文明』. 第2期.

张嘉昕·孙舒悦 (2020). "改革开放40年我国国有企业改革与发展的理论研究述评."『改革与战略』. 第36卷 第1期.

张刚·闫国 (2023). "关于校外培训机构收费监管的思考."『中国价格监管与反垄断』. 第4期.

张杰·吉振霖·高德步 (2017). "中国创新链 "国进民进"新格局的 形成、障碍与突破路径."『经济理论与经济管理』. 第6期.

张娜·苗增·周立志 (2022). ""三条红线"新政策下中国房地产行业发展趋势分析."『住宅与房地产』. 第15期.

张国 (2018). "习近平有关国有企业改革的重要论述及其贯彻执行."『毛泽东邓小平理论研究』. 第12期.

张国清·马丽·黄芳 (2016). "习近平"亲清论"与建构新型政商关系."『中共中央党校学报』. 第20卷 第5期.

张君 (2009). ""当前抄底海外不如投资国内" 中粮入股蒙牛是最好的见证."『中国经贸』. 第8期.

张雷声 (2022). "中国共产党关于社会主义基本经济制度的发展与创新."『思想理论教育导刊』. 第7期.

张李娟 (2019). "党委政府与民营企业沟通协商制度研究."『重庆行政』. 第1期.

张明 (2013). "中国影子银行:界定、成因、风险与对策."『国际经济评论』. 第3期.

张文宗 (2022). "美国遏压背景下再论统筹发展和安全."『国家安全研究』. 第3期.

张薇 (2020). "中国校外培训规范治理：统一的政策, 多样的回应."『全球教育展望』. 第2期.

张敏 (2012). "改革开放以来党的非公有制经济政策嬗变与评析."『濮阳职业技术学院学报』. 第25卷 第5期 .

张峰 (2018). "吃下定心丸 安心谋发展 习近平总书记对民营企业家有何期待."『人民论坛』. 12月上.

张鹏·侯庆峰·张自然·张小溪 (2023). "新时代国有企业改革成效、难点与重点."『中国西部』. 第1期.

张翔 (2021). ""三道红线"政策环境下房地产企业融资对策."『绿色财会』. 第9期.

张善超·熊乐天 (2022). ""双减"实施过程中的困境与破解之道."『西南大学学报(社会科学版)』. 第48卷 第5期.

张霄 (2019). ""多种所有制经济共同发展制度"的理直和气壮."『科技风』. 第35期.

张晨·马丽亚·赵靖宇·孙静 (2022). "竞争中立原则对我国国有企业竞争优势的影响研究."『中国价格监管与反垄断』. 第11期.

张晨耕 (2012). "对当前"国进民退"的思考——兼论山西煤炭资源整合."『市场周刊(理论研究)』. 第2期.

张永岳·胡金星·王盛 (2018). "中国房地产业快速发展奇迹: 驱动因素与可持续性研究."『华东师范大学学报(哲学社会科学版)』. 第6期.

张玉磊·张璐璐 (2022). ""双减"政策背景下校外培训机构治理研究——基于H市的社会调查分析."『连云港职业技术学院学报』. 第35卷 第4期.

张云·刘芸·章逸飞 (2022). ""房住不炒"政策的股市溢出效应: 包含房产要素的动态均衡模型与资产定价研究."『系统工程理论与实践』. 第42卷 第4期.

张菀洺·刘迎秋 (2021). "开拓政治经济学中国话语新境界——中国民营经济理论的创新发展."『中国社会科学』. 第6期.

张月·刘兴平 (2020). "非公企业党组织建设的历史演变与现实思考."『理论导刊』. 第5期.

张维迎 (2015). "国企改革非改不可."『资本市场』. 第11期.

张怡媛 (2021). "融资新规对房地产企业的影响及应对策略研究."『质量与市场』. 第24期.

张翼飞 (2021). ""三条红线"政策下房地产企业财务风险与应对."『财会学习』. 第22期.

张紫藤 (2016). "国企混合所有制改革与国民进退争论问题的研究: 基于文献(1978-2015年)分析的视角."『商』. 第5期.

张晶 (2023). "国有企业混合所有制改革面临的挑战和新趋势."『现代企业』. 第1期.

张丁予·张端民 (2020). "中美贸易摩擦对我国民营企业的影响及对策研究."『经济视角』. 第1期.

张增磊 (2017). "政府引导基金国际经验借鉴及启示."『地方财政研究』. 第10期.

张志勇 (2021). ""双减"格局下公共教育体系的重构与治理."『中国教育学刊』. 第9期.

张卓元 (2008). "中国国有企业改革三十年: 重大进展、基本经验和攻坚展望."『经济与管理研究』. 第10期.

张品彬 (2024). "深刻把握"把民营企业和民营企业家当作自己人"重要论断的四

重维度."『求知』. 第1期.

张海鹏·张新民 (2022). ""双减"背景下的校外培训机构监管：理念转型与制度优化."『河南师范大学学报(哲学社会科学版)』. 第49卷 第3期.

张厚义 (2016).『中国私营经济与私营企业主阶层研究』. 社会科学文献出版社.

_____ (2019). "中国私营经济是怎样发展壮大的?" 陈光金 主编.『中国私营企业发展报告(2017～2019)』. 社会科学文献出版社.

张厚义·刘平青 (2003). "私营企业发展进入新的历史阶段."『中国党政干部论坛』. 第11期.

张兴峰·王英·侯深燕 (2023). ""双减"政策解读：提出、原因及定位."『德州学院学报』. 第39卷. 第1期.

庄聪生 (2020). "在冲击中找机遇 在危机中求生存 在困境中谋发展——民营企业如何顶住疫情冲击实现逆势成长."『领导科学论坛』. 第7期.

蒋亮 (2019). "我国政府引导基金发展问题思考与建议."『北方金融』. 第1期.

财经新地产 (2022). "2021年楼市或与你想的不太一样."『居舍』. 第7期.

丁晓钦 (2021). ""做强做优做大":国有企业改革理论与实践的逻辑统一——我国国有企业发展历程与展望."『当代经济研究』. 第9期.

田娇·张雷 (2024). "跨区域民营经济联动发展:理论审思与实践路径——以成渝地区双城经济圈为例."『上海城市管理』. 第1期.

田鹏颖·陈飞羽 (2022). "推进共同富裕取得实质性进展的路径探析."『中国劳动关系学院学报』. 第36卷 第1期.

田祖国·赵疆 (2022). "习近平关于住房制度重要论述的科学内涵、理论渊源与时代意蕴."『湖南大学学报(社会科学版)』. 第36卷 第3期.

钱凯 (2010). "关于"国进民退"问题的观点综述."『经济研究参考』. 第60期.

丁少英·颜世磊·刘朱红·任欣虹 (2018). "广州市越秀区构建亲清新型政商关系的实践研究."『探求』. 第6期.

郑吉伟 (2024). "改革开放以来的三中全会：重大成就与历史经验."『人民论坛』. 第10期.

郑默杰 (2013). "激发非公有制经济的活力和创造力."『理论视野』. 第12期.

郑尚植·赵雪 (2020). "新型政商关系推动高质量发展的作用机制与路径选择——以东北地区为例."『中国西部』. 第1期.

郑春勇·杨乾 (2020). ""亲清互挂"：区域政商关系创新的探索与争议."『领导科学论坛』. 第11期.

郑红亮·吕建云 (2008). "中国私营经济发展30年:理论争鸣和改革探索."『管理

世界』. 第10期.

程霖・刘凝霜 (2017). "经济增长、制度变迁与"民营经济"概念的演生." 『学术月刊』. 第49卷 第5期.

程名望・常臻 (2024). "民营经济与新质生产力形成与发展：逻辑与对策." 『应用经济学评论』. 第4卷 第1期.

程艳 (2020). "新冠肺炎疫情影响下我国民营经济恢复发展对策研究——以安徽省为例."『哈尔滨学院学报』. 第41卷 第10期.

程恩富 (2018). "新时代为什么要做强做优做大国有企业." 『世界社会主义研究』. 第3期.

齐彦磊・周洪宇 (2022). ""双减"背景下家校社协同育人遭遇的困境及其应对." 『中国电化教育』. 第11期.

齐洪华・赵艳 (2021). "推进"万人进万企"助力民营企业发展的对策研究."『沈阳干部学刊』. 第23卷. 第1期.

赵可金. 2023. 「推进国家安全体系和能力现代化的政治逻辑」. 『东北亚论坛』. 第1期.

赵可丽 (2022). ""双减"政策下中小学学业减负困境的破解路径." 『西部学刊』. 第12期.

赵建刚 (2016). "中国政府引导基金发展现状的研究." 『生产力研究』. 第10期.

赵丽 (2022). ""十四五"时期我国民营经济高质量发展面临的问题与应对策略." 『中州学刊』. 第2期.

赵文强 (2021).『中国民营经济发展的制度变迁研究』. 中山大学出版社.

赵雨凡・张秋月・严佳欣 (2023). ""双减"政策下各方何去何从及应对模式探讨——以教师、家长、教培机构三方为例."『社会科学前沿』. 第12卷 第8期.

赵润岚 (2022). ""双减"政策背景下义务教育学校提质增效的路径研究." 『郑州师范教育』. 第11卷 第5期.

赵青 (2022), "新时代中国平台经济竞争法治的实践进路."『统一战线学研究』. 第2期.

曹珺 (2011). "我国政府引导基金的风险防范体系构建." 『商业时代』. 第7期.

曹思源 (2010). ""国进民退"不是好现象."『成都大学学报(社会科学版)』. 第2期.

曹兆文・李秋宏 (2021). ""房住不炒"政策对于房地产企业投融资的影响."『重庆理工大学学报(社会科学)』. 第35卷 第9期.

宗良・徐田昊・叶银丹 (2021). "平台经济: 全球反垄断新动向与中国健康发展路径."『新视野』. 第3期.

钟开斌 (2022). "统筹发展和安全：概念演化与理论转化."『政治学研究』. 第3期.

_____ (2023). "构建新安全格局：逻辑起点、理论指引与实践进路."『人民论坛·学术前沿』. 第19期.

钟程·谢均才 (2022). "长效落实"双减"政策的困境与对策——以政策执行网络视角分析."『中国电化教育』. 第7期.

钟春平·魏文江 (2021). "共同富裕：特征、成因及应对措施."『特区实践与理论』. 第6期.

朱建军 (2019). "以政企干部"亲清互挂"为引擎高质量服务企业."『江南论坛』. 第6期.

朱巧玲·万春芳·侯晓东 (2022). "共同富裕视域下数字平台财富创造与分配的政治经济学分析."『改革与战略』. 第38卷 第1期.

朱军 (2022). "校外教育培训的法治化监管."『湖南师范大学教育科学学报』. 第21卷 第5期.

朱克力 (2023). "民营经济新定位：推进中国式现代化的生力军."『检察风云』. 第19期.

朱宁 (2017). "房地产为何是"泡沫之王"."『清华金融评论』. 第2期.

朱鸣 (2021). "加强三次分配制度设计 推动慈善事业健康发展."『中国民政』. 第17期.

朱鹏华 (2023). "民营经济高质量发展的基础、挑战与路径."『理论视野』. 第4期.

周玲 (2023). ""双减"政策现实困境与破解."『合作经济与科技』. 第15期.

周明生 (2012). "实现国有经济和民营经济共赢."『红旗文稿』. 第18期.

周文·白佶 (2023). "民营经济发展与中国式现代化."『社会科学研究』. 第6期.

周文·司婧雯 (2021). "当前民营经济认识的误区与辨析."『学术研究』. 第5期.

周文·肖玉飞, (2021). "共同富裕：基于中国式现代化道路与基本经济制度视角."『兰州大学学报(社会科学版)』. 第49卷 第6期.

周文·张奕涵 (2024). "民营经济高质量发展的现实障碍与破解路径."『西安财经大学学报』. 第37卷 第2期.

周文·何雨晴 (2024). "新质生产力：中国式现代化的新动能与新路径."『财经问题研究』. 第4期.

周文其·李云路·郭鑫 (2023). "设立民营经济发展局，中国释放什么信号？"『中国产经』. 第23期.

周文颖·蒋海松 (2021). "对垄断说"不", 阿里巴巴被罚182亿元."『人民之友』. 第5期.

周芳·常志芳 (2022). ""三道红线"对房地产企业的影响研究."『中国储运』. 第1期.

周序 (2021). "家庭资本与学业焦虑——试论"双减"政策引发的家长焦虑问题."『广西师范大学学报(哲学社会科学版)』. 第57卷 第6期.

周新成 (2010). "毫不动摇地坚持公有制为主体、多种所有制经济共同发展——兼评"国进民退"、"国退民进"的争论."『当代经济研究』. 第4期.

周杨 (2012). "当前经济改革中"国进民退"现象原因浅析."『知识经济』. 第2期.

周如冰 (2019). "引导非公有制经济人士 弘扬优秀企业家精神研究."『沈阳干部学刊』. 第21卷 第2期.

周戎·雷江梅·阳小华 (2022). "习近平关于非公有制经济重要论述的核心要义与时代价值."『江汉论坛』. 第12期.

周志华 (2018). "我国民营企业的现状、问题及对策."『经济与社会发展』. 第3期.

周翠萍 (2020). "论校外培训机构的特点、问题及定位监管."『中小学学校管理』. 第2期.

周洪宇·齐彦磊 (2022a). ""双减"政策落地：焦点、难点与建议."『新疆师范大学学报(哲学社会科学版)』. 第43卷 第1期.

_____ (2022b). "从"双减"到"双增"：焦点、难点与建议."『天津师范大学学报(社会科学版)』. 第3期.

中共河南省委统战部课题组 (2019). "亲清新型政商关系规范化制度化建设研究——以河南为例."『江苏省社会主义学院学报』. 第1期.

中国管理40年项目课题组 (2022). "我国国有企业改革40年历程、经验和展望(上)."『经营与管理』. 第9期.

中国宏观经济分析与预测课题组 (2017). "新时期新国企的新改革思路——国有企业分类改革的逻辑、路径与实施."『经济理论与经济管理』. 第5期.

中国宏观经济研究院对外经济研究所国际经济形势课题组 (2025). "当前世界经济形势及对我国外贸外资影响研究."『中国物价』. 第1期.

中国企业家调查系统 (2020). "新冠肺炎疫情对企业的影响与对策建议——千户企业快速问卷调查报告."『中国经济报告』. 第2期.

中国信息通信研究院 (2021).『中国数字经济发展白皮书』. 中国信息通信研究院.

中国银保监会政策研究局课题组·中国银保监会统计信息与风险监测部课题组 (2020). "中国影子银行报告." 『金融监管研究』. 第11期.

中银研究 (2020). "全面辩证看待债券市场违约问题." 『宏观观察』. 第53期.

曾宪奎 (2024). "新质生产力：内涵、时代价值、核心要素." 『中国劳动关系学院学报』. 第38卷. 第3期.

曾天雄·张晴晴 (2022). "中国共产党百年共同富裕思想的逻辑阐释和时代价值." 『湖南人文科技学院学报』. 第39卷 第1期.

陈珂 (2022). "坚持"房住不炒"，推动房地产业良性循环." 『中国报道』. 第1期.

陈健·郭冠清 (2023). "统筹发展和安全的政治经济学解析." 『财经问题研究』. 第9期.

陈建芬·何伊凡·潘虹秀·杨婧·杜亮 (2009). ""国进民退"之忧." 『中国企业家』. 第8期.

陈杰 (2018). "以供给侧结构性改革实现"房住不炒"." 『人民论坛』. 第6期.

_____ (2019). "新中国70年城镇住房制度的变迁与展望." 『国家治理』. 第2期.

陈功 (2009). "宏观调控推动国有经济再膨胀." 『中国企业家』. 第8期.

陈光标 (2022). "民营企业要争做推动共同富裕的践行者." 『中国经济周刊』.

陈诺·尹勤 (2024). "中国经济高质量发展的测度研究." 『应用数学进展』. 第13卷 第2期.

陈东·刘志彪 (2020). "新中国70年民营经济发展：演变历程、启示及展望." 『统计学报』. 第1卷 第2期.

陈霜·张振改 (2022). "改革开放以来我国校外培训机构治理政策的演变——基于渐进决策模式的分析." 『教育理论与实践』. 第42卷 第16期.

陈始发·毕蕾 (2023). "新安全格局的理论内涵与核心要义." 『江西财经大学学报』. 第3期.

陈新 (2021). "马克思主义财富观下的共同富裕：现实图景及实践路径——兼论对福利政治的超越." 『浙江社会科学』. 第8期.

陈阳 (2009). "改革开放以来中国共产党对私营经济的探索与认识." 『中共合肥市委党校学报』. 第2期.

陈永伟 (2021). "用好竞争政策，推进共同富裕." 『群言』. 第11期.

陈勇鸣 (2022). "实现高质量发展中的共同富裕." 『上海企业』. 第2期.

陈雨涵 (2010). "论建国以来中共领导集体对私营经济认识的嬗变." 『才智』. 第32期.

陈旭东·杨硕·周煜皓 (2020). "政府引导基金与区域企业创新——基于"政府+市

场"模式的有效性分析."『山西财经大学学报』. 第42卷 第11期.

陈赟 (2008). "教育资源不均衡对收入差异影响研究."『中国发展』. 第2期.

陈锡康·杨翠红·祝坤福·王会娟·李鑫茹·赵宇 (2025). "2025年中国经济增长速度预测分析与政策建议."『中国科学院院刊』. 第40卷 第1期.

陈一良 (2019). "百名机关干部进驻百家重点民企 杭州"政府事务代表"机制的喜与忧."『中国经济周刊』. 第19期.

陈秋红·马倩·王书柏 (2023). "党建对民营企业参与贫困治理及其效应的影响：以农业产业为例."『南京农业大学学报(社会科学版)』. 第23卷 第4期.

陈春花·尹俊 (2021). "新个体经济新在何处."『人民论坛』. 第1期.

陈向群 (2012). "在新的历史起点上努力开创非公有制企业党建工作新局面."『求是』. 第15期.

陈向阳 (2023). "以新安全格局保障新发展格局：双治理与双循环."『人民论坛·学术前沿』. 第19期.

陈杏头·楼裕胜 (2024). "社会信用体系建设高质量发展研究：文献综述."『商业经济』. 第5期.

陈晓莉·翟丰 (2023). "开启民营经济统战工作高质量发展新征程."『群言』. 第8期.

戚丹璎·程筱艾 (2022). "两轮疫情背景下全国房地产相关政策对比分析研究."『上海房地』. 第8期.

詹花秀 (2013). "论"国进民退"的症结与发展方式的转变."『经济研究导刊』. 第9期.

清华大学中国经济思想与实践研究院(ACCEPT)宏观预测课题组 (2024). "稳中求进 以进促稳 先立后破——当前中国经济形势分析与2024年展望."『改革』. 第1期.

邹升平·程琳 (2021). "论民营经济参与共同富裕进程的机理、原则与路径."『内蒙古社会科学』. 第42卷 第6期.

祝宝良 (2024). "2024年经济形势分析和2025年经济走势预测."『中国房地产金融』. 第6期.

祝远娟 (2014). "机遇和挑战：十八届三中全会与非公有制经济发展."『广西社会主义学院学报』. 第25卷 第1期.

巴曙松 (2021), "当前强化平台企业反垄断监管的几个重要问题."『中国党政干部论坛』. 第5期.

彭建国 (2020). "疫情之下中国经济走势与企业发展对策."『中国发展观察』. 第

Z2期.

彭腾·詹博 (2010). "关于"国进民退"问题的研究综述."『云南财经大学学报』. 第26卷 第4期.

彭文生·周子彭 (2020). "数字经济：新结构和新问题."『金融市场研究』. 第12期.

彭艺璇 (2024). "习近平关于法治化营商环境重要论述的核心意涵和实践进路."『中南民族大学学报(人文社会科学版)』. 第44卷. 第4期.

彭旭辉·倪鹏飞·徐海东 (2022). "外部冲击下的中国房地产市场发展格局演变及启示."『当代经济管理』. 第6期.

冯君 (2013). "历届三中全会回顾."『中国招标』. 第45期.

冯留建 (2021). "中国共产党民营经济改革的百年历程与历史启示."『四川师范大学学报(社会科学版)』. 第48卷 第3期.

冯小茫 (2019). "企业家精神对改革开放以来民营经济发展的影响研究."『商业流通』. 第19期.

秦丛丛 (2020). "新型政商关系发展趋势研究——以山东省为例."『广西社会主义学院学报』. 第31卷 第3期.

何干强 (2016). "在深化改革中做强做优做大国有企业."『马克思主义研究』. 第2期.

何贵忠 (2005). "从"郎顾之争"到"中国问题"：一个法律经济学的视角."『生产力研究』. 第1期.

何召鹏 (2022). ""国民共进"的政治经济学分析."『政治经济学评论』. 第13卷 第2期.

何伟 (2004). ""铁本事件"引发的思考."『理论探讨』. 第5期.

何泓 (2022). ""国进民退"之争的周期性现象及其实质."『经济研究导刊』. 第10期.

何晓斌·李强·黄迭钦 (2020). "如何构建新时代的新型政商关系?——从新加坡政商关系实践中得到的几点启示."『经济社会体制比较』. 第5期.

贺健 (2011). "回顾新时期私营经济政策 看党驾驭私营经济能力的提升."『社科纵横(新理论版)』. 第26卷 第1期.

夏红莉·张建国·黄亚萍 (2019). "新时代年轻一代非公有制经济人士健康成长问题研究——基于安徽省的调查与思考."『广西社会主义学院学报』. 第30卷 第2期.

韩家平 (2024). "我国社会信用体系建设面临的主要挑战及对策建议."『征信』.

第2期.

韩天时 (2021). "论国家特殊管理股制度的构建."『现代商业』. 第11期.

阚斌斌 (2022). "教育"双减"中家庭阻抗的原因分析及消解对策."『少年儿童研究』. 第6期.

解梅娟 (2021). "中国第三次分配研究观点综述."『长春市委党校学报』. 第6期.

许冰茹·杨英 (2022). ""双减"背景下义务教育减负的困境与出路——基于利益相关者理论."『宜宾学院学报』. 第22卷 第11期.

许英杰·袁东明 (2024). "持续优化发展环境 激发民营经济活力."『前线』. 第7期.

许艳芳 (2009). "强强联合:"蒙牛"与"中粮"的双赢盛宴."『财务与会计』. 第20期.

邢斯达 (2017). "关于我国政府引导基金政策的思考."『商业经济研究』. 第17期.

邢中先 (2019). "新中国成立70年来民营经济发展:历程、经验和启示."『企业经济』. 第1期.

胡乐明·王杰 (2012). "国有企业比重演变特征及趋势分析——兼论"国进民退"与"国退民进"."『中国流通经济』. 第26卷 第1期.

胡梅玲 (2016). "国企与民企关系的发展历程与未来展望."『成都大学学报(社会科学版)』. 第3期.

胡雪萍·许佩 (2020). "FDI质量特征对中国经济高质量发展的影响研究."『国际贸易问题』. 第10期.

胡星斗 (2010). ""国进民退"的十大危害."『银行家』. 第3期.

胡税根·吴逍·弛李超 (2020). "我国优化营商环境政策研究."『领导科学论坛』. 第23期.

胡鞍钢 (2012). ""国进民退"现象的证伪."『国家行政学院学报』. 第1期.

_____ (2023). "新时代中国全面深化改革的成就与评估."『北京工业大学学报(社会科学版)』. 第23卷 第3期.

胡永胜 (2023). ""双减"政策背景下中小学生减负现状调查——以武汉市为例."『教育进展』. 第13卷 第7期.

胡伟 (2020). "年轻一代非公有制经济人士价值观认同问题研究——基于云南省玉溪市的实证分析."『云南社会主义学院学报』. 第3期.

胡迟 (2018). "国企改革:四十年回顾与未来展望."『经济纵横』. 第9期.

胡红亮·张俊祥 (2019). "混合所有制改革:国有科技型企业市场化演进的必然出路."『全球科技经济瞭望』. 第34卷 第3期.

胡晓琼·余来文 (2021). "共同富裕下企业家的新价值主张."『企业管理』. 第12期.

豪冉冉 (2023). ""双减"政策下校外培训机构的现状、困境与出路."『职业教育』. 第12卷 第1期.

洪功翔 (2020). "关于社会主义初级阶段民营经济地位和作用的理论争论."『当代经济研究』. 第6期.

洪功翔·顾青青·董梅生 (2018). "国有经济与民营经济共生发展的理论与实证研究——基于中国2000—2015年省级面板数据."『政治经济学评论』. 第9卷 第5期.

黄姣 (2020). "课程政策对影子教育系统发展的影响与反思."『文学教育(下)』. 第2期.

黄国平 (2021). "消费互联网行业失序发展的深层成因及治理之策."『人民论坛』. 第28期.

黄群慧 (2022). "现代新型国有企业建设六大显著成效."『国资报告』. 第8期.

黄奇帆 (2022). "中国房地产市场: 过去、现在和未来."『管理现代化』. 第2期.

黄雯超 (2021). "房地产企业在"三条红线"影响下财务管理的应对措施探讨."『财会学习』. 第36期.

黄少卿·潘思怡·施浩 (2018). "反腐败、政商关系转型与企业绩效."『学术月刊』. 第50卷 第12期.

黄淑婷 (2011). "中国共产党民营经济政策演变研究."『前沿』. 第5期.

黄语东 (2018). "党的十九大对非公有制经济理论的新发展."『桂海论丛』. 第34卷 第3期.

黄志伟·邝龙 (2012). "蒙牛开启了什么颜色的中粮岁月?"『乳品与人类』. 第2期.

侯立文 (2021). "疫情下民营企业劳动用工状况及援企政策评价——基于上海市的调研."『山东工会论坛』. 第27卷 第3期.

侯忠荔 (2022). "2022年上半年房地产政策特征分析."『中国房地产』. 第19期.

侯晓东·朱巧玲·万春芳 (2022). "百年共同富裕: 演进历程、理论创新与路径选择."『经济问题』. 第2期.

2. 기타

Adler, D. (2022). "Guiding Finance: China's Strategy for Funding Advanced Manufacturing."
https://americanaffairsjournal.org/2022/05/guiding-finance-chinas-strategy-for-funding-advanced-manufacturing/. (2023년 4월 10일 검색)

Albert, E. (2021). "China Targets the Private Tutoring Sector: New scrutiny on the tutoring industry comes amid a broader tightening of regulations in general."
https://thediplomat.com/2021/07/china-targets-the-private-tutoring-sector/. (2023년 8월 15일 검색)

Atlantic Council and Rhodium Group. 2022. "China Pathfinder: Annual Scoreboard".
https://www.atlanticcouncil.org/wp-content/uploads/2022/10/ChinaPathfinder_Annual_2022.pdf (2022년 10월 23일 검색).

Christensen, C. P. (2019) "State Advances, Private Retreats."
https://english.ckgsb.edu.cn/knowledges/soes-versus-private-firms-in-china-retreat/. (2023년 4월 3일 검색)

CRS Report (2020). "China's Corporate Social Credit System."
https://crsreports.congress.gov/product/pdf/IF/IF11342. (2024년 8월 20일 검색)

Duchatel, M. (2023). "Avoiding America's Trap", *China Trends: China's Diplomacy: A Triumph of Cost-Benefit Analysis*. March 2023.
https://www.institutmontaigne.org/ressources/pdfs/publications/china-trends-15-chinas-diplomacy-triumph-of-cost-benefit-analysis.pdf (2024년 3월 5일 검색)

Hirson, M. (2019). "State Capitalism and the Evolution of "China, Inc.": Key Policy Issues for the United States Testimony before the U.S.-China Economic and Security Review Commision on "China's Internal and External Challenges."
https://www.uscc.gov/sites/default/files/Hirson_USCC%20Testimony_FINAL.pdf. (2023년 4월 3일 검색)

Huang, T. and Tan, Y. (2024). "China's upcoming party session is unlikely to reverse its economic troubles"
https://www.piie.com/blogs/realtime-economics/2024/chinas-upcoming-party-session-unlikely-reverse-its-economic-troubles. (2024년 7월 2일 검색)

Kennedy, S. and Mazzocco, I. (2023). "Can Chinese Firms Be Truly Private?"
https://bigdatachina.csis.org/can-chinese-firms-be-truly-private/.

(2024년 8월 24일 검색)

Liu, Y., R. Wang and Z. Chen (2022). "Regulating Private Tutoring: Family Responses to the Double-Reduction Policy in China."
http://dx.doi.org/10.2139/ssrn.4143464. (2023년 8월 15일 검색)

Livingston, Scott. 2020. "The Chinese Communist Party Targets the Private Sector".
https://www.csis.org/analysis/chinese-communist-party-targets-private-sector (2024년 3월 22일 검색)

Lubin, D. (2024). "China's third plenum – watch what they do, not what they say."
https://www.chathamhouse.org/2024/07/chinas-third-plenum-watch-what-they-do-not-what-they-say. (2024년 9월 7일 검색)

Mueller, J., Wen, J. and Wu, C. (2023). "The Party and the Firm." *Working Paper*.
https://www.hbs.edu/ris/Publication%20Files/2023.12.06.%20The_Party_and_the_Firm_5d1d06fd-dcb6-44e5-8edb-4db24d7186c8.pdf. (2024년 9월 1일 검색)

Ong, L. (2024). "Economic Slowdown Will Drive Public Discontent".
https://asiasociety.org/sites/default/files/inline-files/China2024_Econ Slowdown_sect4.pdf (2024년 4월 1일 검색)

Rithmire, M. (2021). "Testimony before the U.S.-China Economic and Security Review Commission: U.S. Investment in China's Capital Markets and Military Industrial Complex."
https://www.uscc.gov/sites/default/files/2021-03/Meg_Rithmire_Testimony.pdf. (2022년 7월 20일 검색)

Roach, S. S. (2024). "Don't Be Fooled by China's Third Plenum."
https://www.project-syndicate.org/commentary/china-third-plenum-about-xi-jinping-governance-priorities-more-than-concrete-policies-by-stephen-s-roach-2024-07. (2024년 7월 18일 검색)

Sun, Y. (2024). "Golden shares Reimagined: Decoding China's Special Management Shares."
https://papers.ssrn.com/sol3/papers.cfm?abstract_id=4765649. (2024년 8월 20일 검색)

Thomas, N. (2024). "Politics First: The Key to Understanding China's Third Plenum."
https://asiasociety.org/policy-institute/politics-first-key-understanding-chinas-third-plenum. (2024년 9월 7일 검색)

Zhong, Y. (2023). "The Chinese Double Reduction Policy: Challenges to Private and Public Education Systems."
https://www.cornellpolicyreview.com/the-chinese-double-reduction-policy-challenges-to-private-and-public-education-systems/ (2023년 8월 15일 검색)

罗志恒 (2021). "政府引导基金：发展历程、运行机制及对隐性债务的影响."
http://www.ykzq.com/products/download/%A1%BE%D4%C1%BF%AA%BA%EA%B9%DB%A1%BF%D5%FE%B8%AE%D2%FD%B5%BC%BB%F9%BD%F0%A3%BA%B7%A2%D5%B9%C0%FA%B3%CC%A1%A2%D4%CB%D0%D0%BB%FA%D6%C6%BC%B0%B6%D4%D2%FE%D0%D4%D5%AE%CE%F1%B5%C4%D3%B0%CF%EC.pdf. (2023년 4월 6일 검색)

马建堂 (2020). "社会主义基本经济制度是党和人民的伟大创造."
http://www.rmlt.com.cn/2020/0102/565528.shtml. (2025년 2월 3일 검색).

杨栋·韩家麒 (2020). "浅析"三道红线"新规对高负债房企的影响."
https://pdf.dfcfw.com/pdf/H3_AP202012311445795629_1.pdf?1609442675000.pdf (2022년 10월 30일 검색).

平言 (2018). ""国企"接盘"民企并非"国进民退"."
http://paper.ce.cn/jjrb/page/1/2018-10/18/09/2018101809_pdf.pdf. (2023년 4월 13일 검색)

恒大研究院. 2019. 「中国住房制度：回顾、成就、反思与改革」.
http://pdf.dfcfw.com/pdf/H3_AP201907111338453600_1.pdf (2022년 10월 24일 검색).

侯春晓·陈历轶 (2019). "政府引导基金的使命、发展与影响——科创行业股权投资机构研究之一."
http://www.sse.com.cn/aboutus/research/report/c/4743535.pdf. (2023년 4월 6일 검색)